· 法律人核心素养丛书 ·

无障碍环境建设法查学用指引

王学堂 / 编著

中国法制出版社
CHINA LEGAL PUBLISHING HOUSE

目 录

中华人民共和国无障碍环境建设法 ················· 1

第一章 总 则 ····································· 18

第 一 条 【立法目的】 ·························· 18

第 二 条 【国家推进无障碍环境建设】 ········· 23

第 三 条 【工作领导机制】 ······················ 24

第 四 条 【建设原则】 ·························· 25

第 五 条 【与经济发展水平相适应】 ············ 28

第 六 条 【经费保障】 ·························· 29

第 七 条 【政府职责】 ·························· 31

第 八 条 【社会团体职责】 ······················ 36

第 九 条 【立法征求意见】 ······················ 43

第 十 条 【国家鼓励支持无障碍建设】 ········· 47

第十一条 【表彰和奖励】 ························ 54

第二章 无障碍设施建设 ···························· 56

第十二条 【无障碍设施工程建设】 ·············· 56

第十三条 【国家鼓励先进的理念技术】 ········· 64

第十四条 【建设经费与验收】 ··················· 65

第十五条 【设计与审查】 ························ 68

第十六条 【施工和监理】 ························ 79

1

第十七条	【意见征询和体验试用】	84
第十八条	【无障碍设施改造】	88
第十九条	【家庭无障碍设施改造】	90
第二十条	【就业场所无障碍设施建设】	96
第二十一条	【配套建设无障碍设施建设】	100
第二十二条	【老旧小区改造】	103
第二十三条	【城市主干路、主要商业区无障碍设施建设】	112
第二十四条	【无障碍停车位】	135
第二十五条	【公共交通运输工具无障碍改造】	142
第二十六条	【所有权人或管理人职责】	148
第二十七条	【临时无障碍设施】	152
第二十八条	【不得擅自改变用途或者非法占用、损坏无障碍设施】	153

第三章　无障碍信息交流　　155

第二十九条	【无障碍获取公共信息】	155
第三十条	【同步字幕与手语节目】	158
第三十一条	【无障碍格式版本】	161
第三十二条	【无障碍网站】	164
第三十三条	【音视频等语音、大字无障碍功能】	166
第三十四条	【无障碍电信服务】	167
第三十五条	【紧急呼救系统无障碍功能】	167
第三十六条	【无障碍公共文化服务】	176
第三十七条	【无障碍格式版本标签、说明书】	178
第三十八条	【手语和盲文】	182

第四章　无障碍社会服务 ……………………………… 184
第三十九条　【公共服务场所无障碍设施】……… 184
第 四 十 条　【低位服务台或者无障碍服务窗口】……… 188
第四十一条　【无障碍法律服务】………………… 189
第四十二条　【无障碍交通运输服务】…………… 205
第四十三条　【无障碍教育服务】………………… 206
第四十四条　【无障碍医疗服务】………………… 222
第四十五条　【服务场所无障碍服务】…………… 223
第四十六条　【服务犬】…………………………… 235
第四十七条　【应急避难场所无障碍服务】……… 237
第四十八条　【无障碍选举服务】………………… 246
第四十九条　【无障碍信息服务平台建设】……… 248

第五章　保障措施 …………………………………… 249
第 五 十 条　【理念宣传】………………………… 249
第五十一条　【无障碍环境建设标准体系】……… 250
第五十二条　【制定标准征求意见】……………… 258
第五十三条　【认证与评测制度】………………… 258
第五十四条　【科技成果的运用】………………… 276
第五十五条　【人才培养机制】…………………… 277
第五十六条　【知识与技能培训】………………… 279
第五十七条　【文明城市等创建活动】…………… 280

第六章　监督管理 …………………………………… 282
第五十八条　【监督检查】………………………… 282
第五十九条　【考核评价制度】…………………… 283

第 六 十 条	【定期评估】	289
第六十一条	【信息公示制度】	290
第六十二条	【意见和建议】	295
第六十三条	【公益诉讼】	297

第七章 法律责任 ······ 300

第六十四条	【违法建设、设计、施工、监理的责任】	300
第六十五条	【未依法维护和使用责任】	302
第六十六条	【未依法履行无障碍信息交流义务责任】	304
第六十七条	【未依法提供无障碍信息服务责任】	305
第六十八条	【未依法提供无障碍社会服务责任】	307
第六十九条	【未依法向有残疾的考生提供便利服务责任】	309
第 七 十 条	【滥用职权、玩忽职守的责任】	312
第七十一条	【造成人身损害、财产损失的责任】	314

第八章 附 则 ······ 319

第七十二条	【时效】	319

附录：

《中华人民共和国无障碍环境建设法》立法文件

关于《中华人民共和国无障碍环境建设法（草案）》的说明 ······ 321

——2022年10月27日在第十三届全国人民代表大会常务委员会第三十七次会议上

全国人民代表大会宪法和法律委员会关于《中华人民共和国无障碍环境建设法（草案）》修改情况的汇报 ·············· 328

全国人民代表大会宪法和法律委员会关于《中华人民共和国无障碍环境建设法（草案）》审议结果的报告 ·············· 333

全国人民代表大会宪法和法律委员会关于《中华人民共和国无障碍环境建设法（草案三次审议稿）》修改意见的报告 ·············· 337

地方立法参考

北京市无障碍环境建设条例 ·············· 339
上海市无障碍环境建设条例 ·············· 352
重庆市无障碍环境建设与管理规定 ·············· 376
江苏省无障碍环境建设实施办法 ·············· 388
海南省无障碍环境建设管理条例 ·············· 401
广州市无障碍环境建设管理规定 ·············· 410
杭州市无障碍环境建设和管理办法 ·············· 421

中华人民共和国无障碍环境建设法

（2023年6月28日第十四届全国人民代表大会常务委员会第三次会议通过　2023年6月28日中华人民共和国主席令第6号公布　自2023年9月1日起施行）

目　　录

第一章　总　　则
第二章　无障碍设施建设
第三章　无障碍信息交流
第四章　无障碍社会服务
第五章　保障措施
第六章　监督管理
第七章　法律责任
第八章　附　　则

第一章　总　　则

第一条　为了加强无障碍环境建设，保障残疾人、老年人平等、充分、便捷地参与和融入社会生活，促进社会全体人员共享经济社会发展成果，弘扬社会主义核心价值观，根据宪法和有关法律，制定本法。

第二条 国家采取措施推进无障碍环境建设，为残疾人、老年人自主安全地通行道路、出入建筑物以及使用其附属设施、搭乘公共交通运输工具，获取、使用和交流信息，获得社会服务等提供便利。

残疾人、老年人之外的其他人有无障碍需求的，可以享受无障碍环境便利。

第三条 无障碍环境建设应当坚持中国共产党的领导，发挥政府主导作用，调动市场主体积极性，引导社会组织和公众广泛参与，推动全社会共建共治共享。

第四条 无障碍环境建设应当与适老化改造相结合，遵循安全便利、实用易行、广泛受益的原则。

第五条 无障碍环境建设应当与经济社会发展水平相适应，统筹城镇和农村发展，逐步缩小城乡无障碍环境建设的差距。

第六条 县级以上人民政府应当将无障碍环境建设纳入国民经济和社会发展规划，将所需经费纳入本级预算，建立稳定的经费保障机制。

第七条 县级以上人民政府应当统筹协调和督促指导有关部门在各自职责范围内做好无障碍环境建设工作。

县级以上人民政府住房和城乡建设、民政、工业和信息化、交通运输、自然资源、文化和旅游、教育、卫生健康等部门应当在各自职责范围内，开展无障碍环境建设工作。

乡镇人民政府、街道办事处应当协助有关部门做好无障碍环境建设工作。

第八条 残疾人联合会、老龄协会等组织依照法律、法规以及各自章程，协助各级人民政府及其有关部门做好无障碍环境建设工作。

第九条 制定或者修改涉及无障碍环境建设的法律、法规、规章、规划和其他规范性文件，应当征求残疾人、老年人代表以及残疾人联合会、老龄协会等组织的意见。

第十条 国家鼓励和支持企业事业单位、社会组织、个人等社会力量，通过捐赠、志愿服务等方式参与无障碍环境建设。

国家支持开展无障碍环境建设工作的国际交流与合作。

第十一条 对在无障碍环境建设工作中做出显著成绩的单位和个人，按照国家有关规定给予表彰和奖励。

第二章 无障碍设施建设

第十二条 新建、改建、扩建的居住建筑、居住区、公共建筑、公共场所、交通运输设施、城乡道路等，应当符合无障碍设施工程建设标准。

无障碍设施应当与主体工程同步规划、同步设计、同步施工、同步验收、同步交付使用，并与周边的无障碍设施有效衔接、实现贯通。

无障碍设施应当设置符合标准的无障碍标识，并纳入周边环境或者建筑物内部的引导标识系统。

第十三条 国家鼓励工程建设、设计、施工等单位采用先进的理念和技术，建设人性化、系统化、智能化并与周边环境相协调的无障碍设施。

第十四条 工程建设单位应当将无障碍设施建设经费纳入工程建设项目概预算。

工程建设单位不得明示或者暗示设计、施工单位违反无障碍设施工程建设标准；不得擅自将未经验收或者验收不合格的无障碍设施交付使用。

第十五条 工程设计单位应当按照无障碍设施工程建设标准进行设计。

依法需要进行施工图设计文件审查的，施工图审查机构应当按照法律、法规和无障碍设施工程建设标准，对无障碍设施设计内容进行审查；不符合有关规定的，不予审查通过。

第十六条 工程施工、监理单位应当按照施工图设计文件以及相关标准进行无障碍设施施工和监理。

住房和城乡建设等主管部门对未按照法律、法规和无障碍设施工程建设标准开展无障碍设施验收或者验收不合格的，不予办理竣工验收备案手续。

第十七条　国家鼓励工程建设单位在新建、改建、扩建建设项目的规划、设计和竣工验收等环节，邀请残疾人、老年人代表以及残疾人联合会、老龄协会等组织，参加意见征询和体验试用等活动。

第十八条　对既有的不符合无障碍设施工程建设标准的居住建筑、居住区、公共建筑、公共场所、交通运输设施、城乡道路等，县级以上人民政府应当根据实际情况，制定有针对性的无障碍设施改造计划并组织实施。

无障碍设施改造由所有权人或者管理人负责。所有权人、管理人和使用人之间约定改造责任的，由约定的责任人负责。

不具备无障碍设施改造条件的，责任人应当采取必要的替代性措施。

第十九条　县级以上人民政府应当支持、指导家庭无障碍设施改造。对符合条件的残疾人、老年人家庭应当给予适当补贴。

居民委员会、村民委员会、居住区管理服务单位以及业主委员会应当支持并配合家庭无障碍设施改造。

第二十条　残疾人集中就业单位应当按照有关标准和要求，建设和改造无障碍设施。

国家鼓励和支持用人单位开展就业场所无障碍设施建设和改造，为残疾人职工提供必要的劳动条件和便利。

第二十一条　新建、改建、扩建公共建筑、公共场所、交通运输设施以及居住区的公共服务设施，应当按照无障碍设施工程建设标准，配套建设无障碍设施；既有的上述建筑、场所和设施不符合无障碍设施工程建设标准的，应当进行必要的改造。

第二十二条 国家支持城镇老旧小区既有多层住宅加装电梯或者其他无障碍设施，为残疾人、老年人提供便利。

县级以上人民政府及其有关部门应当采取措施、创造条件，并发挥社区基层组织作用，推动既有多层住宅加装电梯或者其他无障碍设施。

房屋所有权人应当弘扬中华民族与邻为善、守望相助等传统美德，加强沟通协商，依法配合既有多层住宅加装电梯或者其他无障碍设施。

第二十三条 新建、改建、扩建和具备改造条件的城市主干路、主要商业区和大型居住区的人行天桥和人行地下通道，应当按照无障碍设施工程建设标准，建设或者改造无障碍设施。

城市主干路、主要商业区等无障碍需求比较集中的区域的人行道，应当按照标准设置盲道；城市中心区、残疾人集中就业单位和集中就读学校周边的人行横道的交通信号设施，应当按照标准安装过街音响提示装置。

第二十四条 停车场应当按照无障碍设施工程建设标准，设置无障碍停车位，并设置显著标志标识。

无障碍停车位优先供肢体残疾人驾驶或者乘坐的机动

车使用。优先使用无障碍停车位的，应当在显著位置放置残疾人车辆专用标志或者提供残疾人证。

在无障碍停车位充足的情况下，其他行动不便的残疾人、老年人、孕妇、婴幼儿等驾驶或者乘坐的机动车也可以使用。

第二十五条 新投入运营的民用航空器、客运列车、客运船舶、公共汽电车、城市轨道交通车辆等公共交通运输工具，应当确保一定比例符合无障碍标准。

既有公共交通运输工具具备改造条件的，应当进行无障碍改造，逐步符合无障碍标准的要求；不具备改造条件的，公共交通运输工具的运营单位应当采取必要的替代性措施。

县级以上地方人民政府根据当地情况，逐步建立城市无障碍公交导乘系统，规划配置适量的无障碍出租汽车。

第二十六条 无障碍设施所有权人或者管理人应当对无障碍设施履行以下维护和管理责任，保障无障碍设施功能正常和使用安全：

（一）对损坏的无障碍设施和标识进行维修或者替换；

（二）对需改造的无障碍设施进行改造；

（三）纠正占用无障碍设施的行为；

（四）进行其他必要的维护和保养。

所有权人、管理人和使用人之间有约定的，由约定的责任人负责维护和管理。

第二十七条　因特殊情况设置的临时无障碍设施，应当符合无障碍设施工程建设标准。

第二十八条　任何单位和个人不得擅自改变无障碍设施的用途或者非法占用、损坏无障碍设施。

因特殊情况临时占用无障碍设施的，应当公告并设置护栏、警示标志或者信号设施，同时采取必要的替代性措施。临时占用期满，应当及时恢复原状。

第三章　无障碍信息交流

第二十九条　各级人民政府及其有关部门应当为残疾人、老年人获取公共信息提供便利；发布涉及自然灾害、事故灾难、公共卫生事件、社会安全事件等突发事件信息时，条件具备的同步采取语音、大字、盲文、手语等无障碍信息交流方式。

第三十条　利用财政资金设立的电视台应当在播出电视节目时配备同步字幕，条件具备的每天至少播放一次配播手语的新闻节目，并逐步扩大配播手语的节目范围。

国家鼓励公开出版发行的影视类录像制品、网络视频节目加配字幕、手语或者口述音轨。

第三十一条　国家鼓励公开出版发行的图书、报刊配备有声、大字、盲文、电子等无障碍格式版本，方便残疾人、老年人阅读。

国家鼓励教材编写、出版单位根据不同教育阶段实际，编写、出版盲文版、低视力版教学用书，满足盲人和其他有视力障碍的学生的学习需求。

第三十二条 利用财政资金建立的互联网网站、服务平台、移动互联网应用程序，应当逐步符合无障碍网站设计标准和国家信息无障碍标准。

国家鼓励新闻资讯、社交通讯、生活购物、医疗健康、金融服务、学习教育、交通出行等领域的互联网网站、移动互联网应用程序，逐步符合无障碍网站设计标准和国家信息无障碍标准。

国家鼓励地图导航定位产品逐步完善无障碍设施的标识和无障碍出行路线导航功能。

第三十三条 音视频以及多媒体设备、移动智能终端设备、电信终端设备制造者提供的产品，应当逐步具备语音、大字等无障碍功能。

银行、医院、城市轨道交通车站、民用运输机场航站区、客运站、客运码头、大型景区等的自助公共服务终端设备，应当具备语音、大字、盲文等无障碍功能。

第三十四条 电信业务经营者提供基础电信服务时，应当为残疾人、老年人提供必要的语音、大字信息服务或者人工服务。

第三十五条 政务服务便民热线和报警求助、消防应急、交通事故、医疗急救等紧急呼叫系统，应当逐步具备语音、大字、盲文、一键呼叫等无障碍功能。

第三十六条　提供公共文化服务的图书馆、博物馆、文化馆、科技馆等应当考虑残疾人、老年人的特点，积极创造条件，提供适合其需要的文献信息、无障碍设施设备和服务等。

第三十七条　国务院有关部门应当完善药品标签、说明书的管理规范，要求药品生产经营者提供语音、大字、盲文、电子等无障碍格式版本的标签、说明书。

国家鼓励其他商品的生产经营者提供语音、大字、盲文、电子等无障碍格式版本的标签、说明书，方便残疾人、老年人识别和使用。

第三十八条　国家推广和使用国家通用手语、国家通用盲文。

基本公共服务使用手语、盲文以及各类学校开展手语、盲文教育教学时，应当采用国家通用手语、国家通用盲文。

第四章　无障碍社会服务

第三十九条　公共服务场所应当配备必要的无障碍设备和辅助器具，标注指引无障碍设施，为残疾人、老年人提供无障碍服务。

公共服务场所涉及医疗健康、社会保障、金融业务、生活缴费等服务事项的，应当保留现场指导、人工办理等传统服务方式。

第四十条 行政服务机构、社区服务机构以及供水、供电、供气、供热等公共服务机构，应当设置低位服务台或者无障碍服务窗口，配备电子信息显示屏、手写板、语音提示等设备，为残疾人、老年人提供无障碍服务。

第四十一条 司法机关、仲裁机构、法律援助机构应当依法为残疾人、老年人参加诉讼、仲裁活动和获得法律援助提供无障碍服务。

国家鼓励律师事务所、公证机构、司法鉴定机构、基层法律服务所等法律服务机构，结合所提供的服务内容提供无障碍服务。

第四十二条 交通运输设施和公共交通运输工具的运营单位应当根据各类运输方式的服务特点，结合设施设备条件和所提供的服务内容，为残疾人、老年人设置无障碍服务窗口、专用等候区域、绿色通道和优先坐席，提供辅助器具、咨询引导、字幕报站、语音提示、预约定制等无障碍服务。

第四十三条 教育行政部门和教育机构应当加强教育场所的无障碍环境建设，为有残疾的师生、员工提供无障碍服务。

国家举办的教育考试、职业资格考试、技术技能考试、招录招聘考试以及各类学校组织的统一考试，应当为有残疾的考生提供便利服务。

第四十四条 医疗卫生机构应当结合所提供的服务内容,为残疾人、老年人就医提供便利。

与残疾人、老年人相关的服务机构应当配备无障碍设备,在生活照料、康复护理等方面提供无障碍服务。

第四十五条 国家鼓励文化、旅游、体育、金融、邮政、电信、交通、商业、餐饮、住宿、物业管理等服务场所结合所提供的服务内容,为残疾人、老年人提供辅助器具、咨询引导等无障碍服务。

国家鼓励邮政、快递企业为行动不便的残疾人、老年人提供上门收寄服务。

第四十六条 公共场所经营管理单位、交通运输设施和公共交通运输工具的运营单位应当为残疾人携带导盲犬、导听犬、辅助犬等服务犬提供便利。

残疾人携带服务犬出入公共场所、使用交通运输设施和公共交通运输工具的,应当遵守国家有关规定,为服务犬佩戴明显识别装备,并采取必要的防护措施。

第四十七条 应急避难场所的管理人在制定以及实施工作预案时,应当考虑残疾人、老年人的无障碍需求,视情况设置语音、大字、闪光等提示装置,完善无障碍服务功能。

第四十八条 组织选举的部门和单位应当采取措施,为残疾人、老年人选民参加投票提供便利和必要协助。

第四十九条 国家鼓励和支持无障碍信息服务平台建设,为残疾人、老年人提供远程实时无障碍信息服务。

第五章 保障措施

第五十条 国家开展无障碍环境理念的宣传教育，普及无障碍环境知识，传播无障碍环境文化，提升全社会的无障碍环境意识。

新闻媒体应当积极开展无障碍环境建设方面的公益宣传。

第五十一条 国家推广通用设计理念，建立健全国家标准、行业标准、地方标准，鼓励发展具有引领性的团体标准、企业标准，加强标准之间的衔接配合，构建无障碍环境建设标准体系。

地方结合本地实际制定的地方标准不得低于国家标准的相关技术要求。

第五十二条 制定或者修改涉及无障碍环境建设的标准，应当征求残疾人、老年人代表以及残疾人联合会、老龄协会等组织的意见。残疾人联合会、老龄协会等组织可以依法提出制定或者修改无障碍环境建设标准的建议。

第五十三条 国家建立健全无障碍设计、设施、产品、服务的认证和无障碍信息的评测制度，并推动结果采信应用。

第五十四条 国家通过经费支持、政府采购、税收优惠等方式，促进新科技成果在无障碍环境建设中的运用，鼓励无障碍技术、产品和服务的研发、生产、应用和推广，支持无障碍设施、信息和服务的融合发展。

第五十五条 国家建立无障碍环境建设相关领域人才培养机制。

国家鼓励高等学校、中等职业学校等开设无障碍环境建设相关专业和课程，开展无障碍环境建设理论研究、国际交流和实践活动。

建筑、交通运输、计算机科学与技术等相关学科专业应当增加无障碍环境建设的教学和实践内容，相关领域职业资格、继续教育以及其他培训的考试内容应当包括无障碍环境建设知识。

第五十六条 国家鼓励机关、企业事业单位、社会团体以及其他社会组织，对工作人员进行无障碍服务知识与技能培训。

第五十七条 文明城市、文明村镇、文明单位、文明社区、文明校园等创建活动，应当将无障碍环境建设情况作为重要内容。

第六章 监督管理

第五十八条 县级以上人民政府及其有关主管部门依法对无障碍环境建设进行监督检查，根据工作需要开展联合监督检查。

第五十九条 国家实施无障碍环境建设目标责任制和

考核评价制度。县级以上地方人民政府根据本地区实际，制定具体考核办法。

第六十条　县级以上地方人民政府有关主管部门定期委托第三方机构开展无障碍环境建设评估，并将评估结果向社会公布，接受社会监督。

第六十一条　县级以上人民政府建立无障碍环境建设信息公示制度，定期发布无障碍环境建设情况。

第六十二条　任何组织和个人有权向政府有关主管部门提出加强和改进无障碍环境建设的意见和建议，对违反本法规定的行为进行投诉、举报。县级以上人民政府有关主管部门接到涉及无障碍环境建设的投诉和举报，应当及时处理并予以答复。

残疾人联合会、老龄协会等组织根据需要，可以聘请残疾人、老年人代表以及具有相关专业知识的人员，对无障碍环境建设情况进行监督。

新闻媒体可以对无障碍环境建设情况开展舆论监督。

第六十三条　对违反本法规定损害社会公共利益的行为，人民检察院可以提出检察建议或者提起公益诉讼。

第七章　法律责任

第六十四条　工程建设、设计、施工、监理单位未按照本法规定进行建设、设计、施工、监理的，由住房和城乡建设、民政、交通运输等相关主管部门责令限期改正；逾期未改正的，依照相关法律法规的规定进行处罚。

第六十五条　违反本法规定，有下列情形之一的，由住房和城乡建设、民政、交通运输等相关主管部门责令限期改正；逾期未改正的，对单位处一万元以上三万元以下罚款，对个人处一百元以上五百元以下罚款：

（一）无障碍设施责任人不履行维护和管理职责，无法保障无障碍设施功能正常和使用安全；

（二）设置临时无障碍设施不符合相关规定；

（三）擅自改变无障碍设施的用途或者非法占用、损坏无障碍设施。

第六十六条　违反本法规定，不依法履行无障碍信息交流义务的，由网信、工业和信息化、电信、广播电视、新闻出版等相关主管部门责令限期改正；逾期未改正的，予以通报批评。

第六十七条　电信业务经营者不依法提供无障碍信息服务的，由电信主管部门责令限期改正；逾期未改正的，处一万元以上十万元以下罚款。

第六十八条　负有公共服务职责的部门和单位未依法提供无障碍社会服务的，由本级人民政府或者上级主管部门责令限期改正；逾期未改正的，对直接负责的主管人员和其他直接责任人员依法给予处分。

第六十九条　考试举办者、组织者未依法向有残疾的考生提供便利服务的，由本级人民政府或者上级主管部门予以批评并责令改正；拒不改正的，对直接负责的主管人员和其他直接责任人员依法给予处分。

第七十条 无障碍环境建设相关主管部门、有关组织的工作人员滥用职权、玩忽职守、徇私舞弊的，依法给予处分。

第七十一条 违反本法规定，造成人身损害、财产损失的，依法承担民事责任；构成犯罪的，依法追究刑事责任。

第八章　附　　则

第七十二条 本法自 2023 年 9 月 1 日起施行。

第一章 总 则

第一条 立法目的[①]

为了加强无障碍环境建设,保障残疾人、老年人平等、充分、便捷地参与和融入社会生活,促进社会全体人员共享经济社会发展成果,弘扬社会主义核心价值观,根据宪法和有关法律,制定本法。

● 理解要点

每个人都是潜在的无障碍需求者,无障碍环境是保障全体社会成员平等参与、平等发展权利的重要条件。在人口老龄化持续加深和数字化加快发展的背景下,无障碍环境已从残疾人的特需特惠转变为全体社会成员的普惠。

近几年,一些地方在无障碍环境建设立法中也特别注重更新理念,扩展受益人群范围,如《北京市无障碍环境建设条例》规定"保障社会成员平等参与社会生活的权利";《深圳经济特区无障碍城市建设条例》规定"保障残疾人和其他

---

① 条文主旨为编者所加,全书同。

有需要者平等参与社会生活的权利";《上海市无障碍环境建设条例》规定"增进民生福祉，提高人民生活品质，促进全体社会成员平等、充分、便捷地参与和融入社会生活，共享经济社会发展成果，不断开创人民城市建设的新局面"。

根据国际无障碍理念与实践的发展，进一步将受益人群界定为全体社会成员。

无障碍环境建设是保障残疾人、老年人等平等、充分参与社会生活的一项重要工作，是国家和社会文明的标志。制定无障碍环境建设法，提升无障碍环境建设质量，对于加强残疾人、老年人等权益保障，增进民生福祉，提高人民生活品质具有重要意义。[1]

《无障碍环境建设法》[2] 包括总则、无障碍设施建设、无障碍信息交流、无障碍社会服务、保障措施、监督管理、法律责任、附则，共 8 章 72 条。

◼ 学习指引

无障碍环境建设是保障残疾人、老年人等平等、充分、便捷地参与社会生活，促进全民共享经济社会发展成果的一项重要工作，对于促进社会融合和人的全面发展具有重

---

[1] 《全国人民代表大会宪法和法律委员会关于〈中华人民共和国无障碍环境建设法（草案）〉修改情况的汇报》，载中国人大网，http://www.npc.gov.cn/npc/c30834/202306/965a693676984b93bce94748bf0a5789.shtml，最后访问时间：2023 年 7 月 8 日。

[2] 本书"理解要点"和"学习指引"部分法律规定名称使用简称，以下不再标注。

要意义,党和国家一直高度重视。

全国人大常委会法工委社会法室主任石宏在接受记者采访时指出,制定无障碍环境建设法是贯彻落实党中央决策部署的重要举措,是保障残疾人与老年人权益、推动我国人权事业发展进步的内在要求,是提升无障碍环境建设质量、提高人民生活品质的有力保障。

石宏介绍说,本法是关于无障碍环境建设的专门立法,虽然属于"小切口"立法,但意义大、影响广。无障碍环境建设法在现有法律法规的基础上,积极适应新时代、新任务、新要求,从设施建设、信息交流、社会服务等方面,全面系统地对无障碍环境建设主要制度机制作出规定。[1]

● 关联规定

中华人民共和国宪法

(2018年3月11日)

第四十五条 中华人民共和国公民在年老、疾病或者丧失劳动能力的情况下,有从国家和社会获得物质帮助的权利。国家发展为公民享受这些权利所需要的社会保险、社会救济和医疗卫生事业。

国家和社会保障残废军人的生活,抚恤烈士家属,优

---

[1] 蒲晓磊:《全国人大常委会法工委相关负责人解读无障碍环境建设法》,载正义网,http://www.jcrb.com/xztpd/ZT2023/2023066/3th/rdgz/wzahjjs/202306/t20230629_2537202.html,最后访问时间:2023年7月8日。

待军人家属。

国家和社会帮助安排盲、聋、哑和其他有残疾的公民的劳动、生活和教育。

中华人民共和国残疾人保障法

（2018 年 10 月 26 日）

第七章 无障碍环境

第五十二条 国家和社会应当采取措施，逐步完善无障碍设施，推进信息交流无障碍，为残疾人平等参与社会生活创造无障碍环境。

各级人民政府应当对无障碍环境建设进行统筹规划，综合协调，加强监督管理。

第五十三条 无障碍设施的建设和改造，应当符合残疾人的实际需要。

新建、改建和扩建建筑物、道路、交通设施等，应当符合国家有关无障碍设施工程建设标准。

各级人民政府和有关部门应当按照国家无障碍设施工程建设规定，逐步推进已建成设施的改造，优先推进与残疾人日常工作、生活密切相关的公共服务设施的改造。

对无障碍设施应当及时维修和保护。

第五十四条 国家采取措施，为残疾人信息交流无障碍创造条件。

各级人民政府和有关部门应当采取措施，为残疾人获取公共信息提供便利。

国家和社会研制、开发适合残疾人使用的信息交流技术和产品。

国家举办的各类升学考试、职业资格考试和任职考试，有盲人参加的，应当为盲人提供盲文试卷、电子试卷或者由专门的工作人员予以协助。

第五十五条 公共服务机构和公共场所应当创造条件，为残疾人提供语音和文字提示、手语、盲文等信息交流服务，并提供优先服务和辅助性服务。

公共交通工具应当逐步达到无障碍设施的要求。有条件的公共停车场应当为残疾人设置专用停车位。

第五十六条 组织选举的部门应当为残疾人参加选举提供便利；有条件的，应当为盲人提供盲文选票。

第五十七条 国家鼓励和扶持无障碍辅助设备、无障碍交通工具的研制和开发。

第五十八条 盲人携带导盲犬出入公共场所，应当遵守国家有关规定。

中华人民共和国老年人权益保障法

（2018 年 12 月 29 日）

第六十四条 国家制定无障碍设施工程建设标准。新建、改建和扩建道路、公共交通设施、建筑物、居住区等，应当符合国家无障碍设施工程建设标准。

各级人民政府和有关部门应当按照国家无障碍设施工程建设标准，优先推进与老年人日常生活密切相关的公共服务设施的改造。

无障碍设施的所有人和管理人应当保障无障碍设施正常使用。

第六十五条 国家推动老年宜居社区建设，引导、支持老年宜居住宅的开发，推动和扶持老年人家庭无障碍设施的改造，为老年人创造无障碍居住环境。

第二条　国家推进无障碍环境建设

国家采取措施推进无障碍环境建设，为残疾人、老年人自主安全地通行道路、出入建筑物以及使用其附属设施、搭乘公共交通运输工具，获取、使用和交流信息，获得社会服务等提供便利。

残疾人、老年人之外的其他人有无障碍需求的，可以享受无障碍环境便利。

● 理解要点

参考联合国《残疾人权利公约》关于无障碍环境的界定以及国内外无障碍环境发展实践，参考国内最近两年出台的无障碍环境建设地方立法，立法对无障碍环境建设范围的界定包括道路、建筑物、交通、信息交流和社会服务。其中，道路、建筑物、交通属于设施，在第二章中按照具体场景进行了细分；在《无障碍环境建设条例》的基础上，把"无障碍社区服务"拓展为"无障碍社会服务"。

无障碍环境建设是为残疾人、老年人等提供服务便利。第一条在立法目的中，将无障碍环境建设的保障对象扩大为全体社会成员。有人提出，无障碍环境建设应当突出基本定位，重点保障残疾人、老年人，同时惠及其他人。宪法和法律委员会经研究，建议修改有关规定，明确本法的立法目的："为了加强无障碍环境建设，保障残疾人、老年人等平等、充分、便捷地参与和融入社会生活，促进社会全体人员共享经济社会发展成果，弘扬社会主义核心价值观，根据宪法和有关法律，制定本法。"同时明确规定："残疾人、老年人之外的其他人有无障碍需求的，可以享受无障碍环境便利。"[1]

第三条　工作领导机制

无障碍环境建设应当坚持中国共产党的领导，发挥政府主导作用，调动市场主体积极性，引导社会组织和公众广泛参与，推动全社会共建共治共享。

理解要点

无障碍环境建设是一项系统工程，渗透于社会生活的

---

[1] 《全国人民代表大会宪法和法律委员会关于〈中华人民共和国无障碍环境建设法（草案）〉修改情况的汇报》，载中国人大网，http://www.npc.gov.cn/npc/c30834/202306/965a693676984b93bce94748bf0a5789.shtml，最后访问时间：2023年7月8日。

方方面面，涉及政府职责、市场行为、社会公益等不同层面，公众对无障碍的认知也直接或间接地影响其发展。无障碍环境建设不是某一部门或单一主体的责任，而是需要建立并完善多元主体共建共治共享的体制机制。本条根据中央有关文件精神，总结我国无障碍环境建设长期实践经验并借鉴国际成熟理念，对工作体制作出规定。

立法中坚持政府主导，推动共建共享。无障碍环境建设长期被人们视为残疾人的"特惠"、与自身关系不大，甚至是浪费社会资源，因此社会认知度不高、参与不足，资金投入主要依靠政府。本法坚持政府在无障碍环境建设中的主导地位，同时重视发挥市场在资源配置中的作用，通过财政补贴、经费支持、政府采购等方式，充分调动市场主体的积极性，促进相关产业发展；通过加强理论研究、宣传教育、奖励激励，鼓励全社会积极参与，实现无障碍环境共建共享。

第四条 建设原则

无障碍环境建设应当与适老化改造相结合，遵循安全便利、实用易行、广泛受益的原则。

● **理解要点**

本条参考《无障碍环境建设条例》的规定。无障碍环境建设不能长期滞后于经济和社会发展，同时推进这项工作也要充分考虑我国国情，注意前瞻性和可操作性的平衡。遵循安全便利、实用易行、广泛受益的原则更容易得到社会各方面的接受和支持，有利于节约资源，惠及更广泛人群。

立法中要立足国情实际，实行适度前瞻。与经济社会发展水平相适应，是无障碍环境建设推得动、可持续的客观要求。本法在无障碍实现程度上，把建设目标建立在财力可持续和社会可承受的基础之上，坚持尽力而为、量力而行，合理安排无障碍环境建设达标时序，对新建与改造、不同领域和场所等，作出适度区别的规定，不搞过高标准、齐步走、"一刀切"；在实现形式上，实行因地制宜，既高度重视技术标准，也鼓励配套服务，同时充分考虑科技赋能因素，对于未来可能通过高科技实现无障碍的领域不做过细的规范，为科技发展留下充足空间。[1]

◐ 关联规定

中华人民共和国残疾人保障法

（2018年10月26日）

第十六条 康复工作应当从实际出发，将现代康复技术与我国传统康复技术相结合；以社区康复为基础，康复机构为骨干，残疾人家庭为依托；以实用、易行、受益广

---

[1]《关于〈中华人民共和国无障碍环境建设法（草案）〉的说明》，载中国人大网，http://www.npc.gov.cn/npc/c30834/202306/897ff8202f714e229e2ba94719b6d197.shtml，最后访问时间：2023年7月8日。

的康复内容为重点，优先开展残疾儿童抢救性治疗和康复；发展符合康复要求的科学技术，鼓励自主创新，加强康复新技术的研究、开发和应用，为残疾人提供有效的康复服务。

国务院办公厅关于推进养老服务发展的意见

(2019年4月16日)

（二十六）实施老年人居家适老化改造工程。2020年底前，采取政府补贴等方式，对所有纳入特困供养、建档立卡范围的高龄、失能、残疾老年人家庭，按照《无障碍设计规范》实施适老化改造。有条件的地方可积极引导城乡老年人家庭进行适老化改造，根据老年人社会交往和日常生活需要，结合老旧小区改造等因地制宜实施。（民政部、住房城乡建设部、财政部、卫生健康委、扶贫办、中国残联按职责分工负责，地方各级人民政府负责）

（二十八）完善养老服务设施供地政策。举办非营利性养老服务机构，可凭登记机关发给的社会服务机构登记证书和其他法定材料申请划拨供地，自然资源、民政部门要积极协调落实划拨用地政策。鼓励各地探索利用集体建设用地发展养老服务设施。存量商业服务用地等其他用地用于养老服务设施建设的，允许按照适老化设计要求调整户均面积、租赁期限、车位配比及消防审验等土地和规划要求。（自然资源部、住房城乡建设部、民政部按职责分工负责，地方各级人民政府负责）

第五条 与经济发展水平相适应

> 无障碍环境建设应当与经济社会发展水平相适应，统筹城镇和农村发展，逐步缩小城乡无障碍环境建设的差距。

● 理解要点

当前的无障碍环境建设主要集中在城市，农村的无障碍环境建设水平低于城市。而数量庞大的残疾人、老年人生活在农村，有必要根据城乡实际，对农村的无障碍环境建设予以重视。该条对农村无障碍环境建设作出原则性规定，为工作探索提供可行性空间。

● 关联规定

中华人民共和国基本医疗卫生与健康促进法

（2019年12月28日）

第十五条 基本医疗卫生服务，是指维护人体健康所必需、与经济社会发展水平相适应、公民可公平获得的，采用适宜药物、适宜技术、适宜设备提供的疾病预防、诊断、治疗、护理和康复等服务。

基本医疗卫生服务包括基本公共卫生服务和基本医疗服务。基本公共卫生服务由国家免费提供。

第六条　经费保障

> 县级以上人民政府应当将无障碍环境建设纳入国民经济和社会发展规划，将所需经费纳入本级预算，建立稳定的经费保障机制。

● **理解要点**

从"十一五"到"十四五"，无障碍已经连续四次被纳入国民经济和社会发展五年规划；截至《无障碍环境建设"十四五"实施方案》出台，国家已连续出台五个无障碍专项规划。在城市更新、乡村振兴、国家综合立体交通网、数字中国、健康老龄化、基本公共服务等相关规划中统筹纳入无障碍环境建设是落实经费保障的有效途径。在近几年的地方实践中，《北京市进一步促进无障碍环境建设2019—2021年行动方案》《杭州市"迎亚（残）运"无障碍环境建设行动计划（2020—2022年）》《湖南省无障碍环境建设五年行动计划（2021—2025年）》等地方文件都明确规定在年度预算中保障专项经费，取得了良好效果。重庆、深圳在无障碍环境建设地方立法中，明确规定将无障碍环境建设经费纳入财政预算。

● **关联规定**

中华人民共和国预算法

（2018年12月29日）

第二十七条　一般公共预算收入包括各项税收收入、

行政事业性收费收入、国有资源（资产）有偿使用收入、转移性收入和其他收入。

一般公共预算支出按照其功能分类，包括一般公共服务支出，外交、公共安全、国防支出，农业、环境保护支出，教育、科技、文化、卫生、体育支出，社会保障及就业支出和其他支出。

一般公共预算支出按照其经济性质分类，包括工资福利支出、商品和服务支出、资本性支出和其他支出。

第四十八条 全国人民代表大会和地方各级人民代表大会对预算草案及其报告、预算执行情况的报告重点审查下列内容：

（一）上一年预算执行情况是否符合本级人民代表大会预算决议的要求；

（二）预算安排是否符合本法的规定；

（三）预算安排是否贯彻国民经济和社会发展的方针政策，收支政策是否切实可行；

（四）重点支出和重大投资项目的预算安排是否适当；

（五）预算的编制是否完整，是否符合本法第四十六条的规定；

（六）对下级政府的转移性支出预算是否规范、适当；

（七）预算安排举借的债务是否合法、合理，是否有偿还计划和稳定的偿还资金来源；

（八）与预算有关重要事项的说明是否清晰。

第七条 政府职责

县级以上人民政府应当统筹协调和督促指导有关部门在各自职责范围内做好无障碍环境建设工作。

县级以上人民政府住房和城乡建设、民政、工业和信息化、交通运输、自然资源、文化和旅游、教育、卫生健康等部门应当在各自职责范围内，开展无障碍环境建设工作。

乡镇人民政府、街道办事处应当协助有关部门做好无障碍环境建设工作。

● 理解要点

无障碍环境建设涉及领域多，是一项综合性、跨部门的系统工程，需要各部门责任明确、齐抓共管，才能全面推进。政府建立协调机制，有助于形成合力，增强无障碍环境建设的协调性、系统性。上海、重庆等地的无障碍环境建设地方立法也明确规定建立健全综合协调机制。至于协调机制的牵头部门，经广泛征求意见，建议由住房和城乡建设部门牵头较为适宜。

无障碍环境建设涉及众多部门，从文本表述角度考虑，仅规定主管部门在各自职责范围内开展无障碍环境建设相关工作，并特别列举与无障碍环境建设最为紧密相关的住房和城乡建设、工业和信息化、交通运输等部门。

关联规定

中华人民共和国地方各级人民代表大会和地方各级人民政府组织法

(2022年3月11日)

第七十三条 县级以上的地方各级人民政府行使下列职权:

(一)执行本级人民代表大会及其常务委员会的决议,以及上级国家行政机关的决定和命令,规定行政措施,发布决定和命令;

(二)领导所属各工作部门和下级人民政府的工作;

(三)改变或者撤销所属各工作部门的不适当的命令、指示和下级人民政府的不适当的决定、命令;

(四)依照法律的规定任免、培训、考核和奖惩国家行政机关工作人员;

(五)编制和执行国民经济和社会发展规划纲要、计划和预算,管理本行政区域内的经济、教育、科学、文化、卫生、体育、城乡建设等事业和生态环境保护、自然资源、财政、民政、社会保障、公安、民族事务、司法行政、人口与计划生育等行政工作;

(六)保护社会主义的全民所有的财产和劳动群众集体所有的财产,保护公民私人所有的合法财产,维护社会秩序,保障公民的人身权利、民主权利和其他权利;

（七）履行国有资产管理职责；

（八）保护各种经济组织的合法权益；

（九）铸牢中华民族共同体意识，促进各民族广泛交往交流交融，保障少数民族的合法权利和利益，保障少数民族保持或者改革自己的风俗习惯的自由，帮助本行政区域内的民族自治地方依照宪法和法律实行区域自治，帮助各少数民族发展政治、经济和文化的建设事业；

（十）保障宪法和法律赋予妇女的男女平等、同工同酬和婚姻自由等各项权利；

（十一）办理上级国家行政机关交办的其他事项。

第七十六条 乡、民族乡、镇的人民政府行使下列职权：

（一）执行本级人民代表大会的决议和上级国家行政机关的决定和命令，发布决定和命令；

（二）执行本行政区域内的经济和社会发展计划、预算，管理本行政区域内的经济、教育、科学、文化、卫生、体育等事业和生态环境保护、财政、民政、社会保障、公安、司法行政、人口与计划生育等行政工作；

（三）保护社会主义的全民所有的财产和劳动群众集体所有的财产，保护公民私人所有的合法财产，维护社会秩序，保障公民的人身权利、民主权利和其他权利；

（四）保护各种经济组织的合法权益；

（五）铸牢中华民族共同体意识，促进各民族广泛交往交流交融，保障少数民族的合法权利和利益，保障少数民族保持或者改革自己的风俗习惯的自由；

（六）保障宪法和法律赋予妇女的男女平等、同工同酬和婚姻自由等各项权利；

（七）办理上级人民政府交办的其他事项。

第七十九条 地方各级人民政府根据工作需要和优化协同高效以及精干的原则，设立必要的工作部门。

县级以上的地方各级人民政府设立审计机关。地方各级审计机关依照法律规定独立行使审计监督权，对本级人民政府和上一级审计机关负责。

省、自治区、直辖市的人民政府的厅、局、委员会等工作部门和自治州、县、自治县、市、市辖区的人民政府的局、科等工作部门的设立、增加、减少或者合并，按照规定程序报请批准，并报本级人民代表大会常务委员会备案。

第八十条 县级以上的地方各级人民政府根据国家区域发展战略，结合地方实际需要，可以共同建立跨行政区划的区域协同发展工作机制，加强区域合作。

上级人民政府应当对下级人民政府的区域合作工作进行指导、协调和监督。

第八十三条 省、自治区、直辖市的人民政府的各工作部门受人民政府统一领导，并且依照法律或者行政法规的规定受国务院主管部门的业务指导或者领导。

自治州、县、自治县、市、市辖区的人民政府的各工作部门受人民政府统一领导，并且依照法律或者行政法规的规定受上级人民政府主管部门的业务指导或者领导。

第八十四条 省、自治区、直辖市、自治州、县、自治县、市、市辖区的人民政府应当协助设立在本行政区域内不属于自己管理的国家机关、企业、事业单位进行工作，并且监督它们遵守和执行法律和政策。

第八十五条 省、自治区的人民政府在必要的时候，经国务院批准，可以设立若干派出机关。

县、自治县的人民政府在必要的时候，经省、自治区、直辖市的人民政府批准，可以设立若干区公所，作为它的派出机关。

市辖区、不设区的市的人民政府，经上一级人民政府批准，可以设立若干街道办事处，作为它的派出机关。

第八十六条 街道办事处在本辖区内办理派出它的人民政府交办的公共服务、公共管理、公共安全等工作，依法履行综合管理、统筹协调、应急处置和行政执法等职责，反映居民的意见和要求。

第八十七条 乡、民族乡、镇的人民政府和市辖区、不设区的市的人民政府或者街道办事处对基层群众性自治组织的工作给予指导、支持和帮助。基层群众性自治组织协助乡、民族乡、镇的人民政府和市辖区、不设区的市的人民政府或者街道办事处开展工作。

第八十八条 乡、民族乡、镇的人民政府和街道办事处可以根据实际情况建立居民列席有关会议的制度。

第八条 社会团体职责

> 残疾人联合会、老龄协会等组织依照法律、法规以及各自章程，协助各级人民政府及其有关部门做好无障碍环境建设工作。

● 理解要点

实践中，群团组织特别是残联组织在无障碍环境建设中发挥了积极作用。结合此次立法将无障碍受益人群范围扩大的情况，本条在明确残联组织具有协助开展无障碍环境建设工作职能的同时，将协助工作的组织范围扩大。

● 典型案例

浙江省检察机关督促规范无障碍环境建设行政公益诉讼系列案

【基本案情】

2020年1月，浙江省杭州市人民检察院（以下简称杭州市院）在杭州市人大常委会的监督支持下，积极稳妥探索将无障碍环境建设纳入公益诉讼新领域，结合实地踏勘、走访调查发现，全市范围内无障碍环境建设不规范、不均衡、不系统问题较为普遍，涉及交通出行、日常生活、办公办事等多重环境维度，侵犯了残疾人、老年人、儿童、孕妇等特殊群体平等参与社会生活的基本权利，相关职能部门未能依法履职，存在监督管理缺位现象。浙江省人民检察院（以下简称浙江省院）经调研发现，全省同样存在类似问题，损害了社会公共利益。

【调查和督促履职】

（一）杭州市院履职情况

杭州市院在前期调研走访的基础上，于2020年1月印发《关于开展无障碍环境建设检察公益诉讼专项监督行动的实施方案》，在全市部署开展无障碍环境建设检察公益诉讼专项监督。截至2020年底，杭州检察机关共排查发现无障碍环境建设违法点130处，发出行政公益诉讼诉前检察建议36份，督促城管、住建、文广、市监、港航、园文等职能部门依法履行监管职责，加强和规范无障碍环境建设。相关职能部门收到检察建议后，均高度重视，认真进行整改落实，并按期进行了书面回复，检察建议相关违法点全部整改到位。

2020年5月，杭州市院组织召开全市无障碍环境建设检察公益诉讼专项监督座谈会，推动相关职能部门开展行业内部专项排查，促进系统治理。各行业主管部门主动作为、举一反三，除检察建议涉及的违法点外，另有68个公共停车场共计617个无障碍停车位已完成增设或整改，4045处城市主要道路上的盲道障碍物被清除，674处破损、缺失的无障碍设施（不含盲道）恢复正常使用功能，20座人行天桥配套无障碍设施实施改造，客运码头无障碍通道设置率达78%，轮椅配备率达85%，1座县级公共图书馆增设盲人阅读专区，实现了"办理一案、治理一片"的监督效果。

2020年10月，杭州市院联合杭州市无障碍环境建设领导小组办公室制定《关于强化检察公益诉讼职能 服务保障无障碍环境建设的十一条意见》，为进一步深化无障碍环境建设检察公益诉讼监督提供制度保障。

(二) 浙江省院履职情况

浙江省院全程跟进、指导杭州市检察机关开展无障碍环境建设检察公益诉讼专项监督行动，组织开展专题调研并形成报告，深入分析全省无障碍环境建设存在的主要问题。一是建设管理方面缺乏规范，表现为尚未配置无障碍设施、设施配置不健全、设施功能发挥受限等。二是建设进程碎片化问题突出，表现为设施衔接不到位、服务指引不充分、区域发展不平衡等。三是监管领域全流程把控不严，表现为建设环节主体责任落空、审核环节行政监管缺失、使用环节维护管养不力等。浙江省院认为，相关职能部门无障碍环境设施的规划建设、改造提升和运行维护等监督管理职责缺位情况不是个别现象，在全省各界冲刺筹备2022年杭州亚（残）运会的背景下，有必要在全省范围内开展系统化的专项监督。

2020年7月，在最高检指导下，浙江省院印发公益诉讼检察办案指引，全面梳理无障碍环境建设违法点、部门职责、相关法律法规等，推广杭州市检察机关办案经验，供全省公益诉讼检察部门学习借鉴。2020年9月，浙江省院印发《关于开展无障碍环境建设检察公益诉讼专项监督行动的通知》，决定在全省范围内开展无障碍环境建设检察公益诉讼专项监督行动，重点针对全省58个2022年杭州亚（残）运会比赛场馆及城市相关配套设施开展专项监督。

浙江省院围绕机场、铁路客站等站内站外无障碍环境设施衔接等重点问题自行立案办理，与浙江省住建、交通运输、国资等部门开展磋商，推动相关问题解决。杭州铁路运输检察院开展浙江铁路无障碍环境建设检察公益诉讼专项监督行动，共排查发现232处问题点，立案8件，制发检察建议8份，组织召开问题整改协调会，推动铁路部门将整改资金纳入经费预算，确保整改到位。宁波市鄞州区人民检察院召开公开听证会，推动全区830处不规范无障碍设施引导标识专项治理。金华市金东区人民检察院对辖区范围主干道进行详细排查，发现包括提示盲道设置不规范、盲道引导错误等18个大问题、428个问题点，并会同金东区住建、综合执法、文明办、残联等单位召开圆桌会议，共同保障盲人脚下安全。截至2021年3月底，全省检察机关立案办理无障碍环境建设行政公益诉讼案264件，发送检察建议245份。全省11个地市检察院和相关基层院实现无障碍环境公益诉讼案件办理"全覆盖"，推动相关问题的系统治理和有效解决。

2021年3月,浙江省院与浙江省残疾人联合会共同出台《关于建立公益诉讼配合协作机制的意见》,明确对口联系、信息通报、线索移送、办案协作等工作机制,充分发挥检察机关和残疾人联合会专业优势,形成工作合力,促进长效机制建设,共同保护残疾人合法权益。

创造无障碍环境,是保障残疾人等特殊群体平等参与社会生活的重要条件,也事关每个公民有特殊需求时的应急保障,体现社会文明进步和公平正义。浙江省检察机关找准无障碍环境建设与2022年杭州亚(残)运会的切入点与着力点,以专项监督为手段,抓住多发性、普遍性问题长期存在的症结,以系统化专项监督推动系统性治理。同时,联合相关职能部门建立长效机制,切实增强检察监督的整体性、协同性与全面性。针对部分行业垂直管理体制造成的客观监管障碍,由省级检察院指导地方检察机关与专门检察机关形成协同办案的"一体化"格局,提升检察监督合力。[1]

青海省人民检察院督促维护公共交通领域残疾人权益行政公益诉讼案

【基本案情】

近年来,青海省残疾人联合会(以下简称残联)多次接到举报反映,称残疾人长期无法享受免费乘坐公交车的

---

[1] 2021年最高人民检察院发布10起无障碍环境建设公益诉讼典型案例,载中华人民共和国最高人民检察院网站,https://www.spp.gov.cn/xwfbh/wsfbh/202105/t20210514_518136.shtml,最后访问时间:2023年7月8日。

优惠政策。自2012年以来，青海省残联、西宁市残联等单位多次与公交集团对接沟通落实残疾人免费乘坐市内公交车事宜，因受多种因素制约和影响，该优惠政策长期未能落地见效。青海省残联、西宁市残联、公交集团等部门每年因此接到大量残疾人投诉，成为长期以来亟待解决而未能解决的"老大难"问题，不仅侵害了残疾人等特殊群体权益，也损害了社会公共利益。

【调查和督促履职】

2021年2月，青海省人民检察院（以下简称青海省院）在立案办理公交卡消费民事公益诉讼案件过程中，发现存在现役军人、残疾人等特殊群体享有免费乘坐市区公交车的优待、优惠政策，但未有效落实的问题。2021年4月23日，青海省院以行政公益诉讼正式立案。检察人员先后走访青海省民政厅、省残联和西宁市残联，查阅了相关法律法规和政策规定，根据《青海省残疾人保障条例》第四十条第二款、《青海省扶助残疾人规定》第四十四条和《西宁市人民政府关于加快推进残疾人小康进程的实施意见》等规定，青海省残疾人享有免费乘坐城市公共交通工具的优惠权益，但因公交集团相关配套技术措施尚未落实到位，暂未执行该项政策。同时在对西宁市公交车和公交车站的无障碍设施的维护、使用情况进行摸底和排查中发现，一些无障碍设施不符合工程建设标准，需进行升级和改造。

检察人员又走访青海省发改委、公交集团等单位，多次组织召开落实残疾人免费乘坐公交车优惠政策工作磋商会，认真听取公交集团在落实这项政策过程中存在的困难和问题，共同研究并多次调整实施方案，结合西宁市实际制定残疾人免费乘坐公交车"爱心卡"办理和使用办法；走访省财政厅等单位，就给予公交集团适当补贴等事宜进行衔接沟通，就残疾人免费乘坐公交车相关事宜达成共识。

2021年4月30日，青海省院与省残联、西宁市残联、公交集团等单位专门形成会议纪要：（1）持有第二代《中华人民共和国残疾人证》的残疾人，凭有效证件办理"爱心卡"后，可免费乘坐西宁市内公交车；（2）将落实残疾人免费乘坐城市公交车的优惠政策，作为践行党史学习教育，落实"我为群众办实事"要求的具体举措，在5月16日"全国助残日"前完成办理残疾人免费乘车"爱心卡"的各项前期准备工作，结合"全国助残日"活动举办残疾人免费乘车"爱心卡"发放仪式，用3个月时间深入西宁市各个社区为残疾人办理"爱心卡"；（3）积极争取相关单位给予公交集团适当补贴，降低公交企业运行成本；（4）针对西宁市公交车和公交车站一些不符合工程建设标准的无障碍设施，抓紧时间分阶段、分步骤地进行升级和改造。同时，青海省院还会同省残联、公交集团对公交车和公交车站的无障碍设施的维护、使用情况进行调研，对不符合无障碍设施工程建设标准的，制定无障碍设施改造计划并组织实施，通过跟进监督，努力保障残疾人自主安全搭乘公共交通工具。

本案中，青海省院牵头直接办理公益受损面大、社会反映强烈、长期得不到解决、相关部门存在职能交叉的残疾人权益保障新领域公益诉讼案件，通过召开磋商会议，充分发挥牵引、协同、沟通、协调作用，督促相关行政机关、社会组织和公交企业消除分歧、增进共识、达成一致，共同制定落实方案，落实残疾人免费乘坐城市公交车优惠政策，推动升级和改造西宁市公交车和公交车站不符合工程建设标准的无障碍设施，促进残疾人共享社会发展成果。同时，积极探索"检察机关—政府部门—社会组织—国有企业"良性互动的新型协作机制，协调、督促政府部门和社会组织积极履行扶残助残责任，积极争取财政补贴资金，降低企业运营成本，服务和保障国有企业健康发展，从更高层面、更广范围、更深层次促进相关社会治理，取得双赢多赢共赢的办案效果。[①]

第九条　立法征求意见

制定或者修改涉及无障碍环境建设的法律、法规、规章、规划和其他规范性文件，应当征求残疾人、老年人代表以及残疾人联合会、老龄协会等组织的意见。

[①] 2021年最高人民检察院发布10起无障碍环境建设公益诉讼典型案例，载中华人民共和国最高人民检察院网站，https://www.spp.gov.cn/xwfbh/wsfbh/202105/t20210514_518136.shtml，最后访问时间：2023年7月8日。

理解要点

国际无障碍环境建设经验表明，残疾人、老年人等组织的参与十分重要。联合国《残疾人权利公约》规定，残疾人应当有机会积极参与政策和方案的决策过程，包括与残疾人直接相关的政策和方案的决策过程。《残疾人保障法》《老年人权益保障法》规定，制定相关政策时应当听取残疾人、老年人及其组织的意见。地方立法中也鼓励和支持社会组织的参与。

2023年6月13日，全国人大常委会法制工作委员会召开会议，邀请基层有关政府部门、残联、残疾人代表和专家学者等就草案主要制度规范的可行性、出台时机、实施的社会效果和可能出现的问题等进行评估。与会人员一致认为，草案坚持以人民为中心，从设施建设、信息交流、社会服务等方面对无障碍环境建设作出全面规定，着力解决人民群众的"急难愁盼"问题，积极回应社会关切，内容全面、结构合理，主要制度规范是可行的；草案充分吸收了各方面意见，已经比较成熟，建议尽快出台。[①]

[①] 《全国人民代表大会宪法和法律委员会关于〈中华人民共和国无障碍环境建设法（草案）〉审议结果的报告》，载中国人大网，http://www.npc.gov.cn/npc/c30834/202306/9bdc85dacc6340faa91761dff8a690ae.shtml，最后访问时间：2023年7月8日。

● 关联规定

中华人民共和国立法法

（2023 年 3 月 13 日）

第三十九条 列入常务委员会会议议程的法律案，宪法和法律委员会、有关的专门委员会和常务委员会工作机构应当听取各方面的意见。听取意见可以采取座谈会、论证会、听证会等多种形式。

法律案有关问题专业性较强，需要进行可行性评价的，应当召开论证会，听取有关专家、部门和全国人民代表大会代表等方面的意见。论证情况应当向常务委员会报告。

法律案有关问题存在重大意见分歧或者涉及利益关系重大调整，需要进行听证的，应当召开听证会，听取有关基层和群体代表、部门、人民团体、专家、全国人民代表大会代表和社会有关方面的意见。听证情况应当向常务委员会报告。

常务委员会工作机构应当将法律草案发送相关领域的全国人民代表大会代表、地方人民代表大会常务委员会以及有关部门、组织和专家征求意见。

行政法规制定程序条例

（2017 年 12 月 22 日）

第十七条 起草部门将行政法规送审稿报送国务院审查时，应当一并报送行政法规送审稿的说明和有关材料。

行政法规送审稿的说明应当对立法的必要性、主要思路、确立的主要制度、征求有关机关、组织和公民意见的情况、各方面对送审稿主要问题的不同意见及其协调处理情况、拟设定、取消或者调整行政许可、行政强制的情况等作出说明。有关材料主要包括所规范领域的实际情况和相关数据、实践中存在的主要问题、国内外的有关立法资料、调研报告、考察报告等。

第二十条第一款 国务院法制机构应当将行政法规送审稿或者行政法规送审稿涉及的主要问题发送国务院有关部门、地方人民政府、有关组织和专家等各方面征求意见。国务院有关部门、地方人民政府应当在规定期限内反馈书面意见，并加盖本单位或者本单位办公厅（室）印章。

规章制定程序条例

（2017年12月22日）

第十五条 起草规章，应当深入调查研究，总结实践经验，广泛听取有关机关、组织和公民的意见。听取意见可以采取书面征求意见、座谈会、论证会、听证会等多种形式。

起草规章，除依法需要保密的外，应当将规章草案及其说明等向社会公布，征求意见。向社会公布征求意见的期限一般不少于30日。

起草专业性较强的规章，可以吸收相关领域的专家参与起草工作，或者委托有关专家、教学科研单位、社会组织起草。

国务院办公厅关于加强行政规范性文件制定和监督管理工作的通知

（2018年5月6日）

（五）广泛征求意见。除依法需要保密的外，对涉及群众切身利益或者对公民、法人和其他组织权利义务有重大影响的行政规范性文件，要向社会公开征求意见。起草部门可以通过政府网站、新闻发布会以及报刊、广播、电视等便于群众知晓的方式，公布文件草案及其说明等材料，并明确提出意见的方式和期限。对涉及群众重大利益调整的，起草部门要深入调查研究，采取座谈会、论证会、实地走访等形式充分听取各方面意见，特别是利益相关方的意见。建立意见沟通协商反馈机制，对相对集中的意见建议不予采纳的，公布时要说明理由。

第十条　国家鼓励支持无障碍建设

国家鼓励和支持企业事业单位、社会组织、个人等社会力量，通过捐赠、志愿服务等方式参与无障碍环境建设。

国家支持开展无障碍环境建设工作的国际交流与合作。

理解要点

无障碍环境建设不能仅靠政府，还需要广泛动员社会力量的支持。社会力量除了依照法律明确规定进行无障碍环境建设外，也可以采取捐赠、志愿服务等方式自愿参与其中。

◐ 关联规定

中华人民共和国公益事业捐赠法

(1999年6月28日)

第一章 总 则

第一条 为了鼓励捐赠，规范捐赠和受赠行为，保护捐赠人、受赠人和受益人的合法权益，促进公益事业的发展，制定本法。

第二条 自然人、法人或者其他组织自愿无偿向依法成立的公益性社会团体和公益性非营利的事业单位捐赠财产，用于公益事业的，适用本法。

第三条 本法所称公益事业是指非营利的下列事项：

（一）救助灾害、救济贫困、扶助残疾人等困难的社会群体和个人的活动；

（二）教育、科学、文化、卫生、体育事业；

（三）环境保护、社会公共设施建设；

（四）促进社会发展和进步的其他社会公共和福利事业。

第四条 捐赠应当是自愿和无偿的，禁止强行摊派或者变相摊派，不得以捐赠为名从事营利活动。

第五条 捐赠财产的使用应当尊重捐赠人的意愿，符合公益目的，不得将捐赠财产挪作他用。

第六条 捐赠应当遵守法律、法规，不得违背社会公德，不得损害公共利益和其他公民的合法权益。

第七条 公益性社会团体受赠的财产及其增值为社会公共财产，受国家法律保护，任何单位和个人不得侵占、挪用和损毁。

第八条 国家鼓励公益事业的发展，对公益性社会团体和公益性非营利的事业单位给予扶持和优待。

国家鼓励自然人、法人或者其他组织对公益事业进行捐赠。

对公益事业捐赠有突出贡献的自然人、法人或者其他组织，由人民政府或者有关部门予以表彰。对捐赠人进行公开表彰，应当事先征求捐赠人的意见。

第二章 捐赠和受赠

第九条 自然人、法人或者其他组织可以选择符合其捐赠意愿的公益性社会团体和公益性非营利的事业单位进行捐赠。捐赠的财产应当是其有权处分的合法财产。

第十条 公益性社会团体和公益性非营利的事业单位可以依照本法接受捐赠。

本法所称公益性社会团体是指依法成立的，以发展公益事业为宗旨的基金会、慈善组织等社会团体。

本法所称公益性非营利的事业单位是指依法成立的，

从事公益事业的不以营利为目的的教育机构、科学研究机构、医疗卫生机构、社会公共文化机构、社会公共体育机构和社会福利机构等。

第十一条 在发生自然灾害时或者境外捐赠人要求县级以上人民政府及其部门作为受赠人时，县级以上人民政府及其部门可以接受捐赠，并依照本法的有关规定对捐赠财产进行管理。

县级以上人民政府及其部门可以将受赠财产转交公益性社会团体或者公益性非营利的事业单位；也可以按照捐赠人的意愿分发或者兴办公益事业，但是不得以本机关为受益对象。

第十二条 捐赠人可以与受赠人就捐赠财产的种类、质量、数量和用途等内容订立捐赠协议。捐赠人有权决定捐赠的数量、用途和方式。

捐赠人应当依法履行捐赠协议，按照捐赠协议约定的期限和方式将捐赠财产转移给受赠人。

第十三条 捐赠人捐赠财产兴建公益事业工程项目，应当与受赠人订立捐赠协议，对工程项目的资金、建设、管理和使用作出约定。

捐赠的公益事业工程项目由受赠单位按照国家有关规定办理项目审批手续，并组织施工或者由受赠人和捐赠人共同组织施工。工程质量应当符合国家质量标准。

捐赠的公益事业工程项目竣工后，受赠单位应当将工程建设、建设资金的使用和工程质量验收情况向捐赠人通报。

第十四条 捐赠人对于捐赠的公益事业工程项目可以留名纪念；捐赠人单独捐赠的工程项目或者主要由捐赠人出资兴建的工程项目，可以由捐赠人提出工程项目的名称，报县级以上人民政府批准。

第十五条 境外捐赠人捐赠的财产，由受赠人按照国家有关规定办理入境手续；捐赠实行许可证管理的物品，由受赠人按照国家有关规定办理许可证申领手续，海关凭许可证验放、监管。

华侨向境内捐赠的，县级以上人民政府侨务部门可以协助办理有关入境手续，为捐赠人实施捐赠项目提供帮助。

第三章 捐赠财产的使用和管理

第十六条 受赠人接受捐赠后，应当向捐赠人出具合法、有效的收据，将受赠财产登记造册，妥善保管。

第十七条 公益性社会团体应当将受赠财产用于资助符合其宗旨的活动和事业。对于接受的救助灾害的捐赠财产，应当及时用于救助活动。基金会每年用于资助公益事业的资金数额，不得低于国家规定的比例。

公益性社会团体应当严格遵守国家的有关规定，按照合法、安全、有效的原则，积极实现捐赠财产的保值增值。

公益性非营利的事业单位应当将受赠财产用于发展本单位的公益事业，不得挪作他用。

对于不易储存、运输和超过实际需要的受赠财产，受赠人可以变卖，所取得的全部收入，应当用于捐赠目的。

第十八条 受赠人与捐赠人订立了捐赠协议的，应当按照协议约定的用途使用捐赠财产，不得擅自改变捐赠财产的用途。如果确需改变用途的，应当征得捐赠人的同意。

第十九条 受赠人应当依照国家有关规定，建立健全财务会计制度和受赠财产的使用制度，加强对受赠财产的管理。

第二十条 受赠人每年度应当向政府有关部门报告受赠财产的使用、管理情况，接受监督。必要时，政府有关部门可以对其财务进行审计。

海关对减免关税的捐赠物品依法实施监督和管理。

县级以上人民政府侨务部门可以参与对华侨向境内捐赠财产使用与管理的监督。

第二十一条 捐赠人有权向受赠人查询捐赠财产的使用、管理情况，并提出意见和建议。对于捐赠人的查询，受赠人应当如实答复。

第二十二条 受赠人应当公开接受捐赠的情况和受赠财产的使用、管理情况，接受社会监督。

第二十三条 公益性社会团体应当厉行节约，降低管理成本，工作人员的工资和办公费用从利息等收入中按照国家规定的标准开支。

第四章 优惠措施

第二十四条 公司和其他企业依照本法的规定捐赠财

产用于公益事业，依照法律、行政法规的规定享受企业所得税方面的优惠。

第二十五条 自然人和个体工商户依照本法的规定捐赠财产用于公益事业，依照法律、行政法规的规定享受个人所得税方面的优惠。

第二十六条 境外向公益性社会团体和公益性非营利的事业单位捐赠的用于公益事业的物资，依照法律、行政法规的规定减征或者免征进口关税和进口环节的增值税。

第二十七条 对于捐赠的工程项目，当地人民政府应当给予支持和优惠。

第五章　法律责任

第二十八条 受赠人未征得捐赠人的许可，擅自改变捐赠财产的性质、用途的，由县级以上人民政府有关部门责令改正，给予警告。拒不改正的，经征求捐赠人的意见，由县级以上人民政府将捐赠财产交由与其宗旨相同或者相似的公益性社会团体或者公益性非营利的事业单位管理。

第二十九条 挪用、侵占或者贪污捐赠款物的，由县级以上人民政府有关部门责令退还所用、所得款物，并处以罚款；对直接责任人员，由所在单位依照有关规定予以处理；构成犯罪的，依法追究刑事责任。

依照前款追回、追缴的捐赠款物，应当用于原捐赠目的和用途。

第三十条 在捐赠活动中，有下列行为之一的，依照法律、法规的有关规定予以处罚；构成犯罪的，依法追究刑事责任：

（一）逃汇、骗购外汇的；

（二）偷税、逃税的；

（三）进行走私活动的；

（四）未经海关许可并且未补缴应缴税额，擅自将减税、免税进口的捐赠物资在境内销售、转让或者移作他用的。

第三十一条 受赠单位的工作人员，滥用职权，玩忽职守，徇私舞弊，致使捐赠财产造成重大损失的，由所在单位依照有关规定予以处理；构成犯罪的，依法追究刑事责任。

第六章 附 则

第三十二条 本法自1999年9月1日起施行。

第十一条 表彰和奖励

对在无障碍环境建设工作中做出显著成绩的单位和个人，按照国家有关规定给予表彰和奖励。

理解要点

现代社会，"法律是治国之重器"，刑赏二柄皆归于法治。因此，表彰和奖励是法治建设中不可忽视的重要方面。我国关于表彰和奖励的相关规定经过多年的发展，已经在内容上形成了涵盖社会主义发展事业各个领域的庞杂群列。主要是鼓励、调动法律贯彻落实的积极性，表述时，要加上"按照国家有关规定"的前提，常用表述方式为"对……作出显著成绩的单位和个人，按照国家有关规定给予表彰和奖励"。如《乡村振兴促进法》第十一条第二款规定，对在乡村振兴促进工作中作出显著成绩的单位和个人，按照国家有关规定给予表彰和奖励。

第二章　无障碍设施建设

第十二条　无障碍设施工程建设

新建、改建、扩建的居住建筑、居住区、公共建筑、公共场所、交通运输设施、城乡道路等，应当符合无障碍设施工程建设标准。

无障碍设施应当与主体工程同步规划、同步设计、同步施工、同步验收、同步交付使用，并与周边的无障碍设施有效衔接、实现贯通。

无障碍设施应当设置符合标准的无障碍标识，并纳入周边环境或者建筑物内部的引导标识系统。

理解要点

无障碍环境建设是残疾人、老年人等权益保障的重要内容，对于促进社会融合和人的全面发展具有重要价值，党和国家一直高度重视。自党的十八大以来，党中央就推动我国加强残疾人和老年人等的权益保障、推进无障碍环境建设等，作出一系列决策部署。为做好无障碍环境建设工作、开展相应立法指明了方向、提供了遵循。

我国的无障碍环境建设从20世纪80年代起步，2012年《无障碍环境建设条例》颁布实施后快速发展，为包括残疾人、老年人在内的全体社会成员参与融入社会生活、共享改革发展成果发挥了重要作用，展示了我国经济社会发展等成就。新时代人民群众对美好生活的向往和我国人口老龄化的加速发展，对无障碍环境建设提出了新的更高的要求。面对无障碍环境建设需求多样、基数庞大、主体多元的现实，《民法典》《残疾人保障法》《老年人权益保障法》等法律中对无障碍的相关规定过于零散、缺乏衔接，有的内容交叉重叠；《城乡规划法》《建筑法》《民用航空法》《铁路法等》与无障碍环境建设密切相关的法律中则没有直接涉及；现行《无障碍环境建设条例》位阶不高、规定较为原则、监管力度不足、约束力不强，已不适应形势发展的需要。迫切需要制定一部专门的法律，对无障碍环境建设进行集中规范。[1]

立法对设施建设和改造提出更高要求。一是从城乡一体化发展考虑，不再对城市和农村的无障碍设施建设分别表述；二是明确工程建设、设计、施工、监理、审查、验收备案各单位的相应职责；三是要求地方政府制定对不符合强制性标准的既有设施进行无障碍改造的计划并组织实

---

[1] 《关于〈中华人民共和国无障碍环境建设法（草案）〉的说明》，载中国人大网，http://www.npc.gov.cn/npc/c30834/202306/897ff8202f714e229e2ba94719b6d197.shtml，最后访问时间：2023年7月8日。

施，对家庭、居住区、就业场所、道路、公共交通运输工具等的无障碍设施以及无障碍卫生间和停车位，提出明确要求；四是对无障碍设施维护和管理等作出细化规定。[①]

　　国际无障碍设施建设的实践表明，以立法强化标准规范的实施，是推动无障碍设施建设高质量发展的重要手段。2022年4月1日实施的《建筑与市政工程无障碍通用规范》是当前最重要的无障碍设施工程建设领域强制性国家标准。本条规定无障碍设施建设应当符合无障碍设施工程建设强制性标准。工程建设阶段即考虑无障碍设施及相互间的衔接问题，不仅增加的建设成本有限，还可以避免日后改造带来的成本增加。无障碍标识是无障碍环境建设的重要元素，标识具有导向性和说明性，发挥传递信息和吸引注意力的功能。

　　本条列举的居住建筑、居住区、公共建筑、公共场所、交通运输设施、城乡道路等六大类场所，是在《无障碍环境建设条例》列举的"道路、公共建筑、公共交通设施、居民建筑、居住区"五类场所基础上拓展完善形成的。其中增加"公共场所"主要源于广场、绿地、公园、户外停车场等缺少构筑物的开阔场所不能被《无障碍环境建设条例》的五类场所所涵盖。但"公共场所"又与"公共建筑"有所重

[①] 《关于〈中华人民共和国无障碍环境建设法（草案）〉的说明》，载中国人大网，http://www.npc.gov.cn/npc/c30834/202306/897ff8202f714e229e2ba94719b6d197.shtml，最后访问时间：2023年7月8日。

叠，考虑到《无障碍环境建设条例》列举的"公共建筑"与"公共交通设施"也是存在重叠关系的，因此，立法本着宁重毋缺的原则，列举了六类场所。

● 关联规定

中华人民共和国无障碍环境建设法

（2023年6月28日）

第六十四条 工程建设、设计、施工、监理单位未按照本法规定进行建设、设计、施工、监理的，由住房和城乡建设、民政、交通运输等相关主管部门责令限期改正；逾期未改正的，依照相关法律法规的规定进行处罚。

● 典型案例

福建省晋江市人民检察院督促执行无障碍设计规范行政公益诉讼案

【基本案情】

2019年以来，福建省晋江市在辖区主干道道路两旁，新建并投入使用公共停车位3200余位，未按照《城市停车规划规范》的有关规定配置无障碍机动车停车位，不符合"残疾人专用停车泊位数应不少于停车泊位总数2%"的国家标准。因未设置无障碍停车位、停车扫码付费缺乏残疾人减免通道，给残障人士出行造成不便，也带来相关安全隐患。

【调查和督促履职】

福建省晋江市人民检察院（以下简称晋江市院）在开展无障碍环境建设公益诉讼专项监督行动中发现上述线索，遂决定立案调查。通过走访调查、调取证据、查阅资料等方式，查明如下事实：一是市政公共停车场3200余个停车位设置于中心城区主干道两边，占用的是公共道路资源；二是晋江市共有持证残疾人2.9万多名，其中肢残人1.2万多名，对无障碍停车位需求较大。上述问题已造成残障人士车辆停放于普通车位共计665车次，且存在未扫码付费被贴单锁车现象。2021年4月，因本案涉及部门多，协调难度大，晋江市院主动召集住建、公安、交通等相关部门及残联代表、人大代表、政协委员、专家学者、中心城区市民代表、人民监督员召开圆桌会议，共同研究市政公共停车位无障碍停车整改方案，并取得共识。会后，晋江市院向住建、公安等部门发出诉前检察建议书，督促其依据各自职责，对市政公共停车场无障碍停车位配置进行系统整改。

收到检察建议后，相关职能部门成立了专项整改小组，由住建部门牵头公安、财政、残联等部门，对无障碍停车位进行规划整改。在足额配备无障碍专用停车位的基础上，适当增加特殊教育学校、社保中心、医院等场所的配置比例；选择进出方便且平整的停车位作为无障碍停车位，并设置醒目标识牌、指示牌；为每个无障碍停车位都配置了

1.2米宽的无障碍通道，方便残疾人上下车；升级停车扫码收费系统，开通残疾人信息录入通道和无障碍停车位智慧指引功能；加强维护并加大对随意占用无障碍停车位行为的处罚力度。

为推动全市无障碍环境建设工作全面开展，晋江市院在服务保障第18届世界中学生运动会的基础上，深入推进无障碍环境建设公益诉讼专项监督行动，共发现无障碍环境建设检察公益诉讼案件线索14件，向公安、住建等相关职能部门制发诉前检察建议书9份，督促纠正违法点21处，落实了110户残疾人家庭无障碍设施的配置，获评"全国无障碍环境达标市县村镇"。通过联合市文明办、团市委、残联等部门开展"发现身边最美无障碍"活动，为社会了解残障人士提供窗口，让无障碍理念融入日常生活，提升群众对城市无障碍环境建设参与度。目前，紧急呼叫、重要政务信息无障碍交流等整改工作正在有序推进中。

一座城市对无障碍环境建设及其细节的关注，体现着这座城市的文明程度。城市无障碍设施的规范建设，应当作为保障残疾人等特殊群体平等参与社会生活以及满足公众应急需求的标准配置。检察机关开展无障碍环境建设公益诉讼，除了发现并督促协同行政机关整改纠正现存的违法违规问题，还应变事后监督为事前服务，注重从规划设计源头防范不合格的无障碍设施造成资源浪费、影响使用功能，并推动建立无障碍设施维护和管理的全流程监督机制,打好跟进监督的持久战,切实加强残疾人、老年人等特殊群体权益保护。[①]

浙江省宁波市鄞州区人民检察院督促整治无障碍指引标识行政公益诉讼案

【基本案情】

近年来,浙江省宁波市鄞州区辖区内公共场所及大型商场无障碍指引标识体系存在诸多不规范,残障人士进入公共场所后无法准确、便捷地获取无障碍设施位置,造成出行不便,侵害了特殊群体权益,也损害了社会公共利益。

【调查和督促履职】

2020年3月,浙江省宁波市鄞州区残疾人联合会(以下简称鄞州区残联)向鄞州区人民检察院(以下简称鄞州区院)反映上述问题,鄞州区院经分析研判决定立案,并邀请区残联一起开展调查。经调查查明:鄞州区有2个大中型公共设施和5个大型商场内存在无障碍环境设施引导标识数量缺少、功能欠缺等不规范问题,严重影响无障碍设施正常使用。同时,因无障碍环境设施引导标识不清、出行不便等,残障人士很少外出购物休闲,无障碍设施实际使用率低。鄞州区院认为,鄞州区商务局、区综合行政执法局对案涉无障碍标识负有监管职责,因其未依法履职,

---

① 2021年最高人民检察院发布10起无障碍环境建设公益诉讼典型案例,载中华人民共和国最高人民检察院网站,https://www.spp.gov.cn/xwfbh/wsfbh/202105/t20210514_518136.shtml,最后访问时间:2023年7月8日。

导致公共利益受损。

2020年7月27日,鄞州区院召开公开听证会,邀请群众代表、残联代表、行政机关代表、涉案企业代表参会。各方围绕"是否违反法定标准""行政监管部门是否依法履职""如何提升无障碍设施运行与维护水平"等问题,全面陈述意见并充分研究,达成由相关职能部门依照法定标准设立无障碍标识体系、确保公共场所无障碍标识设置全覆盖、残联参与对无障碍标识的实用性进行评价等共识。会后,该院制发诉前检察建议,督促区商务局、区综合行政执法局对涉案企业依法治理,并在全区开展无障碍设施专项治理活动。

两单位收到检察建议后,区商务局约谈并责令案涉企业纠正违法行为,指导相关企业提升无障碍设施运维水平;区综合行政执法局迅速进行实地勘察,责令相关企业对42块不规范引导标识进行改造,同时推动全区830块无障碍设施引导标识专项治理。截至2020年9月底,全区主要道路、公共建筑物附近无障碍引导标识已完成全覆盖。

无障碍标识是供残障人士及其他有特殊需求人群使用的无障碍设施标志及公共信息图形符号,是提升无障碍设施使用效率的服务指引。无障碍标识应当设置在公共设施显著位置,应当清晰指明无障碍设施的走向及位置。当前,我国城市无障碍指引标识有较大改进空间,标识设置的不规范问题降低了特殊群体生活便利性。以检察公益诉讼推动无障碍标识规范化，对维护社会公共利益、推进市域社会治理现代化、提升特殊群体生活幸福指数具有重要意义。本案中，检察机关积极回应特殊群体关切，以公开听证方式督促监管部门开展专项治理，在市域范围形成规范管理使用无障碍标识的共识，取得良好办案效果和社会效果。①

第十三条　国家鼓励先进的理念技术

国家鼓励工程建设、设计、施工等单位采用先进的理念和技术，建设人性化、系统化、智能化并与周边环境相协调的无障碍设施。

● 理解要点

无障碍环境特别是无障碍设施只有做到系统、连续、规范、安全才更有意义，孤立的、不规范的、损毁的设施，不仅会造成大量资源浪费，还会带来生活的不便，甚至形成严重的安全隐患。新时代无障碍环境建设在继续解决"有没有"的同时，更要努力解决"好不好""管不管用"的问题。加强无障碍环境建设，拓展无障碍的内涵，普及正确理念，强化源头治理，压实各方责任，扩大社会参与，提升技术水平，将会有力推动无障碍环境建设更加科学、

---

① 2021年最高人民检察院发布10起无障碍环境建设公益诉讼典型案例，载中华人民共和国最高人民检察院网站，https：//www.spp.gov.cn/xwfbh/wsfbh/202105/t20210514_518136.shtml，最后访问时间：2023年7月8日。

节约、创新、融合。①

在无障碍设施建设或者改造时,应当尽量避免以往"加外挂""打补丁"的方式,设法将无障碍设施融入主体设施,让使用者更坦然、舒适、方便地使用。

第十四条 建设经费与验收

工程建设单位应当将无障碍设施建设经费纳入工程建设项目概预算。

工程建设单位不得明示或者暗示设计、施工单位违反无障碍设施工程建设标准;不得擅自将未经验收或者验收不合格的无障碍设施交付使用。

关联规定

中华人民共和国民法典

(2020 年 5 月 28 日)

第二百九十三条 建造建筑物,不得违反国家有关工程建设标准,不得妨碍相邻建筑物的通风、采光和日照。

中华人民共和国老年人权益保障法

(2018 年 12 月 29 日)

第六十四条 国家制定无障碍设施工程建设标准。新

---

① 《关于〈中华人民共和国无障碍环境建设法(草案)〉的说明》,载中国人大网,http://www.npc.gov.cn/npc/c30834/202306/897ff8202f714e229e2ba94719b6d197.shtml,最后访问时间:2023 年 7 月 8 日。

建、改建和扩建道路、公共交通设施、建筑物、居住区等，应当符合国家无障碍设施工程建设标准。

各级人民政府和有关部门应当按照国家无障碍设施工程建设标准，优先推进与老年人日常生活密切相关的公共服务设施的改造。

无障碍设施的所有人和管理人应当保障无障碍设施正常使用。

典型案例

廖某龙诉某宾馆侵权责任纠纷案

廖某龙系肢体残障人士。2018年7月13日下午3点，廖某龙到某宾馆东苑会议厅参加会议，廖某龙乘坐电动轮椅从某宾馆东苑接待大厅外的无障碍通行坡道进入接待大厅，在经过接待大厅内的无障碍通行坡道前往东苑会议厅时，电动轮椅无法上坡，在现场工作人员帮助下，人力推行轮椅上坡，过程中，廖某龙腰、腹部被轮椅靠背挤压。

诉讼过程中，廖某龙向一审法院申请对某宾馆东苑会议厅接待大厅内的无障碍通行坡道是否符合中华人民共和国国家标准进行司法鉴定。

另查明，肢体残障人士乘坐轮椅从某宾馆东苑接待大厅外的无障碍通行坡道进入接待大厅，必须经过接待大厅内三步梯台阶左侧的唯一案涉无障碍通行坡道才能到达会议厅。

一审法院判决：某宾馆于判决生效之日起十日内向廖某龙支付363元。

二审法院认为：关于改造案涉坡道的问题。经司法鉴定，案涉坡道不符合轮椅坡道相关条款要求及相应国家标准，但根据《残疾人保障法》第五十三条第三款"各级人民政府和有关部门应当按照国家无障碍设施工程建设规定，逐步推进已建成设施的改造，优先推进与残疾人日常工作、生活密切相关的公共服务设施的改造"及第六十六条"违反本法规定，新建、改建和扩建建筑物、道路、交通设施，不符合国家有关无障碍设施工程建设标准，或者对无障碍设施未进行及时维修和保护造成后果的，由有关主管部门依法处理"之规定，对无障碍设施改造的监督、处理权应由有关行政主管部门行使。同时，根据《无障碍环境建设条例》第三十一条"城镇新建、改建、扩建道路、公共建筑、公共交通设施、居住建筑、居住区，不符合无障碍设施工程建设标准的，由住房和城乡建设主管部门责令改正，依法给予处罚"及第三十三条"无障碍设施的所有权人或者管理人对无障碍设施未进行保护或者及时维修，导致无法正常使用的，由有关主管部门责令限期维修；造成使用人人身、财产损害的，无障碍设施的所有权人或者管理人应当承担赔偿责任"之规定，以及参照《住房和城乡建设部关于贯彻落实〈无障碍环境建设条例〉进一步加强无障碍环境建设工作的通知》中"各级住房和城乡建设主管部门要不断加强对无障碍设施建设和改造的监督管理,把好规划、设计、施工以及竣工验收备案关,确保无障碍设施建设落到实处"之内容可以看出,无障碍设施不符合建设标准的,应当由住房和城乡建设主管部门责令改正。无障碍设施监督改造、责令维修之主体亦系各级住房和城乡建设主管部门。故一审法院对廖某龙诉请要求判令某宾馆对案涉坡道改造至符合国家规定的强制性标准的请求不予处理并无不当。[1]

第十五条 设计与审查

工程设计单位应当按照无障碍设施工程建设标准进行设计。

依法需要进行施工图设计文件审查的,施工图审查机构应当按照法律、法规和无障碍设施工程建设标准,对无障碍设施设计内容进行审查;不符合有关规定的,不予审查通过。

● 关联规定

中华人民共和国老年人权益保障法

(2018 年 12 月 29 日)

第六十四条 国家制定无障碍设施工程建设标准。新

---

[1] 四川省成都市中级人民法院 (2019) 川 01 民终 6248 号,载中国裁判文书网。

建、改建和扩建道路、公共交通设施、建筑物、居住区等，应当符合国家无障碍设施工程建设标准。

各级人民政府和有关部门应当按照国家无障碍设施工程建设标准，优先推进与老年人日常生活密切相关的公共服务设施的改造。

无障碍设施的所有人和管理人应当保障无障碍设施正常使用。

中华人民共和国标准化法

（2017年11月4日）

第一章 总　　则

第一条 为了加强标准化工作，提升产品和服务质量，促进科学技术进步，保障人身健康和生命财产安全，维护国家安全、生态环境安全，提高经济社会发展水平，制定本法。

第二条 本法所称标准（含标准样品），是指农业、工业、服务业以及社会事业等领域需要统一的技术要求。

标准包括国家标准、行业标准、地方标准和团体标准、企业标准。国家标准分为强制性标准、推荐性标准，行业标准、地方标准是推荐性标准。

强制性标准必须执行。国家鼓励采用推荐性标准。

第三条 标准化工作的任务是制定标准、组织实施标准以及对标准的制定、实施进行监督。

县级以上人民政府应当将标准化工作纳入本级国民经

济和社会发展规划，将标准化工作经费纳入本级预算。

第四条 制定标准应当在科学技术研究成果和社会实践经验的基础上，深入调查论证，广泛征求意见，保证标准的科学性、规范性、时效性，提高标准质量。

第五条 国务院标准化行政主管部门统一管理全国标准化工作。国务院有关行政主管部门分工管理本部门、本行业的标准化工作。

县级以上地方人民政府标准化行政主管部门统一管理本行政区域内的标准化工作。县级以上地方人民政府有关行政主管部门分工管理本行政区域内本部门、本行业的标准化工作。

第六条 国务院建立标准化协调机制，统筹推进标准化重大改革，研究标准化重大政策，对跨部门跨领域、存在重大争议标准的制定和实施进行协调。

设区的市级以上地方人民政府可以根据工作需要建立标准化协调机制，统筹协调本行政区域内标准化工作重大事项。

第七条 国家鼓励企业、社会团体和教育、科研机构等开展或者参与标准化工作。

第八条 国家积极推动参与国际标准化活动，开展标准化对外合作与交流，参与制定国际标准，结合国情采用国际标准，推进中国标准与国外标准之间的转化运用。

国家鼓励企业、社会团体和教育、科研机构等参与国际标准化活动。

第九条 对在标准化工作中做出显著成绩的单位和个人，按照国家有关规定给予表彰和奖励。

第二章 标准的制定

第十条 对保障人身健康和生命财产安全、国家安全、生态环境安全以及满足经济社会管理基本需要的技术要求，应当制定强制性国家标准。

国务院有关行政主管部门依据职责负责强制性国家标准的项目提出、组织起草、征求意见和技术审查。国务院标准化行政主管部门负责强制性国家标准的立项、编号和对外通报。国务院标准化行政主管部门应当对拟制定的强制性国家标准是否符合前款规定进行立项审查，对符合前款规定的予以立项。

省、自治区、直辖市人民政府标准化行政主管部门可以向国务院标准化行政主管部门提出强制性国家标准的立项建议，由国务院标准化行政主管部门会同国务院有关行政主管部门决定。社会团体、企业事业组织以及公民可以向国务院标准化行政主管部门提出强制性国家标准的立项建议，国务院标准化行政主管部门认为需要立项的，会同国务院有关行政主管部门决定。

强制性国家标准由国务院批准发布或者授权批准发布。

法律、行政法规和国务院决定对强制性标准的制定另有规定的，从其规定。

第十一条 对满足基础通用、与强制性国家标准配套、对各有关行业起引领作用等需要的技术要求，可以制定推荐性国家标准。

推荐性国家标准由国务院标准化行政主管部门制定。

第十二条 对没有推荐性国家标准、需要在全国某个行业范围内统一的技术要求，可以制定行业标准。

行业标准由国务院有关行政主管部门制定，报国务院标准化行政主管部门备案。

第十三条 为满足地方自然条件、风俗习惯等特殊技术要求，可以制定地方标准。

地方标准由省、自治区、直辖市人民政府标准化行政主管部门制定；设区的市级人民政府标准化行政主管部门根据本行政区域的特殊需要，经所在地省、自治区、直辖市人民政府标准化行政主管部门批准，可以制定本行政区域的地方标准。地方标准由省、自治区、直辖市人民政府标准化行政主管部门报国务院标准化行政主管部门备案，由国务院标准化行政主管部门通报国务院有关行政主管部门。

第十四条 对保障人身健康和生命财产安全、国家安全、生态环境安全以及经济社会发展所急需的标准项目，制定标准的行政主管部门应当优先立项并及时完成。

第十五条 制定强制性标准、推荐性标准，应当在立项时对有关行政主管部门、企业、社会团体、消费者和教育、科研机构等方面的实际需求进行调查,对制定标准的必要性、可行性进行论证评估;在制定过程中,应当按照便捷有效的原则采取多种方式征求意见,组织对标准相关事项进行调查分析、实验、论证,并做到有关标准之间的协调配套。

第十六条 制定推荐性标准,应当组织由相关方组成的标准化技术委员会,承担标准的起草、技术审查工作。制定强制性标准,可以委托相关标准化技术委员会承担标准的起草、技术审查工作。未组成标准化技术委员会的,应当成立专家组承担相关标准的起草、技术审查工作。标准化技术委员会和专家组的组成应当具有广泛代表性。

第十七条 强制性标准文本应当免费向社会公开。国家推动免费向社会公开推荐性标准文本。

第十八条 国家鼓励学会、协会、商会、联合会、产业技术联盟等社会团体协调相关市场主体共同制定满足市场和创新需要的团体标准,由本团体成员约定采用或者按照本团体的规定供社会自愿采用。

制定团体标准,应当遵循开放、透明、公平的原则,保证各参与主体获取相关信息,反映各参与主体的共同需求,并应当组织对标准相关事项进行调查分析、实验、论证。

国务院标准化行政主管部门会同国务院有关行政主管部门对团体标准的制定进行规范、引导和监督。

第十九条 企业可以根据需要自行制定企业标准,或者与其他企业联合制定企业标准。

第二十条 国家支持在重要行业、战略性新兴产业、关键共性技术等领域利用自主创新技术制定团体标准、企业标准。

第二十一条 推荐性国家标准、行业标准、地方标准、团体标准、企业标准的技术要求不得低于强制性国家标准的相关技术要求。

国家鼓励社会团体、企业制定高于推荐性标准相关技术要求的团体标准、企业标准。

第二十二条 制定标准应当有利于科学合理利用资源，推广科学技术成果，增强产品的安全性、通用性、可替换性，提高经济效益、社会效益、生态效益，做到技术上先进、经济上合理。

禁止利用标准实施妨碍商品、服务自由流通等排除、限制市场竞争的行为。

第二十三条 国家推进标准化军民融合和资源共享，提升军民标准通用化水平，积极推动在国防和军队建设中采用先进适用的民用标准，并将先进适用的军用标准转化为民用标准。

第二十四条 标准应当按照编号规则进行编号。标准的编号规则由国务院标准化行政主管部门制定并公布。

第三章 标准的实施

第二十五条 不符合强制性标准的产品、服务，不得生产、销售、进口或者提供。

第二十六条 出口产品、服务的技术要求，按照合同的约定执行。

第二十七条 国家实行团体标准、企业标准自我声明公开和监督制度。企业应当公开其执行的强制性标准、推荐性标准、团体标准或者企业标准的编号和名称；企业执行自行制定的企业标准的，还应当公开产品、服务的功能指标和产品的性能指标。国家鼓励团体标准、企业标准通过标准信息公共服务平台向社会公开。

企业应当按照标准组织生产经营活动，其生产的产品、提供的服务应当符合企业公开标准的技术要求。

第二十八条 企业研制新产品、改进产品，进行技术改造，应当符合本法规定的标准化要求。

第二十九条 国家建立强制性标准实施情况统计分析报告制度。

国务院标准化行政主管部门和国务院有关行政主管部门、设区的市级以上地方人民政府标准化行政主管部门应当建立标准实施信息反馈和评估机制，根据反馈和评估情况对其制定的标准进行复审。标准的复审周期一般不超过五年。经过复审，对不适应经济社会发展需要和技术进步的应当及时修订或者废止。

第三十条 国务院标准化行政主管部门根据标准实施信息反馈、评估、复审情况，对有关标准之间重复交叉或者不衔接配套的，应当会同国务院有关行政主管部门作出处理或者通过国务院标准化协调机制处理。

第三十一条 县级以上人民政府应当支持开展标准化试点示范和宣传工作，传播标准化理念，推广标准化经验，推动全社会运用标准化方式组织生产、经营、管理和服务，发挥标准对促进转型升级、引领创新驱动的支撑作用。

第四章 监督管理

第三十二条 县级以上人民政府标准化行政主管部门、有关行政主管部门依据法定职责，对标准的制定进行指导和监督，对标准的实施进行监督检查。

第三十三条 国务院有关行政主管部门在标准制定、实施过程中出现争议的，由国务院标准化行政主管部门组织协商；协商不成的，由国务院标准化协调机制解决。

第三十四条 国务院有关行政主管部门、设区的市级以上地方人民政府标准化行政主管部门未依照本法规定对标准进行编号、复审或者备案的，国务院标准化行政主管部门应当要求其说明情况，并限期改正。

第三十五条 任何单位或者个人有权向标准化行政主管部门、有关行政主管部门举报、投诉违反本法规定的行为。

标准化行政主管部门、有关行政主管部门应当向社会公开受理举报、投诉的电话、信箱或者电子邮件地址，并安排人员受理举报、投诉。对实名举报人或者投诉人，受理举报、投诉的行政主管部门应当告知处理结果，为举报人保密，并按照国家有关规定对举报人给予奖励。

第五章　法律责任

第三十六条　生产、销售、进口产品或者提供服务不符合强制性标准，或者企业生产的产品、提供的服务不符合其公开标准的技术要求的，依法承担民事责任。

第三十七条　生产、销售、进口产品或者提供服务不符合强制性标准的，依照《中华人民共和国产品质量法》、《中华人民共和国进出口商品检验法》、《中华人民共和国消费者权益保护法》等法律、行政法规的规定查处，记入信用记录，并依照有关法律、行政法规的规定予以公示；构成犯罪的，依法追究刑事责任。

第三十八条　企业未依照本法规定公开其执行的标准的，由标准化行政主管部门责令限期改正；逾期不改正的，在标准信息公共服务平台上公示。

第三十九条　国务院有关行政主管部门、设区的市级以上地方人民政府标准化行政主管部门制定的标准不符合本法第二十一条第一款、第二十二条第一款规定的，应当及时改正；拒不改正的，由国务院标准化行政主管部门公告废止相关标准；对负有责任的领导人员和直接责任人员依法给予处分。

社会团体、企业制定的标准不符合本法第二十一条第一款、第二十二条第一款规定的，由标准化行政主管部门责令限期改正；逾期不改正的，由省级以上人民政府标准化行政主管部门废止相关标准，并在标准信息公共服务平台上公示。

违反本法第二十二条第二款规定，利用标准实施排除、限制市场竞争行为的，依照《中华人民共和国反垄断法》等法律、行政法规的规定处理。

第四十条 国务院有关行政主管部门、设区的市级以上地方人民政府标准化行政主管部门未依照本法规定对标准进行编号或者备案，又未依照本法第三十四条的规定改正的，由国务院标准化行政主管部门撤销相关标准编号或者公告废止未备案标准；对负有责任的领导人员和直接责任人员依法给予处分。

国务院有关行政主管部门、设区的市级以上地方人民政府标准化行政主管部门未依照本法规定对其制定的标准进行复审，又未依照本法第三十四条的规定改正的，对负有责任的领导人员和直接责任人员依法给予处分。

第四十一条 国务院标准化行政主管部门未依照本法第十条第二款规定对制定强制性国家标准的项目予以立项，制定的标准不符合本法第二十一条第一款、第二十二条第一款规定，或者未依照本法规定对标准进行编号、复审或者予以备案的，应当及时改正；对负有责任的领导人员和直接责任人员可以依法给予处分。

第四十二条 社会团体、企业未依照本法规定对团体标准或者企业标准进行编号的，由标准化行政主管部门责令限期改正；逾期不改正的，由省级以上人民政府标准化行政主管部门撤销相关标准编号，并在标准信息公共服务平台上公示。

第四十三条　标准化工作的监督、管理人员滥用职权、玩忽职守、徇私舞弊的，依法给予处分；构成犯罪的，依法追究刑事责任。

第六章　附　　则

第四十四条　军用标准的制定、实施和监督办法，由国务院、中央军事委员会另行制定。

第四十五条　本法自2018年1月1日起施行。

建设工程质量管理条例

（2019年4月23日）

第十一条　施工图设计文件审查的具体办法，由国务院建设行政主管部门、国务院其他有关部门制定。

施工图设计文件未经审查批准的，不得使用。

第十六条　施工和监理

工程施工、监理单位应当按照施工图设计文件以及相关标准进行无障碍设施施工和监理。

住房和城乡建设等主管部门对未按照法律、法规和无障碍设施工程建设标准开展无障碍设施验收或者验收不合格的，不予办理竣工验收备案手续。

● 理解要点

无障碍设施建设涉及的主体多、环节多,需要在立法中明确各主体各环节的职责。立法中参考一般设施工程的建设流程,从无障碍设施的预算、设计、施工、监理、验收等各环节明确了相关主体的责任,促进全流程监管,确保每个环节符合标准规范,从源头上保障无障碍设施建设的系统化和规范化。近几年,北京、上海、江苏、海南、重庆、杭州等地的无障碍环境建设地方立法,都通过强调全流程监管,压实各单位的责任。

● 关联规定

房屋建筑和市政基础设施工程竣工验收规定

(2013年11月23日)

第一条 为规范房屋建筑和市政基础设施工程的竣工验收,保证工程质量,根据《中华人民共和国建筑法》和《建设工程质量管理条例》,制定本规定。

第二条 凡在中华人民共和国境内新建、扩建、改建的各类房屋建筑和市政基础设施工程的竣工验收(以下简称工程竣工验收),应当遵守本规定。

第三条 国务院住房和城乡建设主管部门负责全国工程竣工验收的监督管理。

县级以上地方人民政府建设主管部门负责本行政区域

内工程竣工验收的监督管理，具体工作可以委托所属的工程质量监督机构实施。

第四条 工程竣工验收由建设单位负责组织实施。

第五条 工程符合下列要求方可进行竣工验收：

（一）完成工程设计和合同约定的各项内容。

（二）施工单位在工程完工后对工程质量进行了检查，确认工程质量符合有关法律、法规和工程建设强制性标准，符合设计文件及合同要求，并提出工程竣工报告。工程竣工报告应经项目经理和施工单位有关负责人审核签字。

（三）对于委托监理的工程项目，监理单位对工程进行了质量评估，具有完整的监理资料，并提出工程质量评估报告。工程质量评估报告应经总监理工程师和监理单位有关负责人审核签字。

（四）勘察、设计单位对勘察、设计文件及施工过程中由设计单位签署的设计变更通知书进行了检查，并提出质量检查报告。质量检查报告应经该项目勘察、设计负责人和勘察、设计单位有关负责人审核签字。

（五）有完整的技术档案和施工管理资料。

（六）有工程使用的主要建筑材料、建筑构配件和设备的进场试验报告，以及工程质量检测和功能性试验资料。

（七）建设单位已按合同约定支付工程款。

（八）有施工单位签署的工程质量保修书。

（九）对于住宅工程，进行分户验收并验收合格，建设单位按户出具《住宅工程质量分户验收表》。

（十）建设主管部门及工程质量监督机构责令整改的问题全部整改完毕。

（十一）法律、法规规定的其他条件。

第六条 工程竣工验收应当按以下程序进行：

（一）工程完工后，施工单位向建设单位提交工程竣工报告，申请工程竣工验收。实行监理的工程，工程竣工报告须经总监理工程师签署意见。

（二）建设单位收到工程竣工报告后，对符合竣工验收要求的工程，组织勘察、设计、施工、监理等单位组成验收组，制定验收方案。对于重大工程和技术复杂工程，根据需要可邀请有关专家参加验收组。

（三）建设单位应当在工程竣工验收 7 个工作日前将验收的时间、地点及验收组名单书面通知负责监督该工程的工程质量监督机构。

（四）建设单位组织工程竣工验收。

1. 建设、勘察、设计、施工、监理单位分别汇报工程合同履约情况和在工程建设各个环节执行法律、法规和工程建设强制性标准的情况；

2. 审阅建设、勘察、设计、施工、监理单位的工程档案资料；

3. 实地查验工程质量；

4. 对工程勘察、设计、施工、设备安装质量和各管理环节等方面作出全面评价,形成经验收组人员签署的工程竣工验收意见。

参与工程竣工验收的建设、勘察、设计、施工、监理等各方不能形成一致意见时,应当协商提出解决的方法,待意见一致后,重新组织工程竣工验收。

第七条 工程竣工验收合格后,建设单位应当及时提出工程竣工验收报告。工程竣工验收报告主要包括工程概况,建设单位执行基本建设程序情况,对工程勘察、设计、施工、监理等方面的评价,工程竣工验收时间、程序、内容和组织形式,工程竣工验收意见等内容。

工程竣工验收报告还应附有下列文件:

(一)施工许可证。

(二)施工图设计文件审查意见。

(三)本规定第五条(二)、(三)、(四)、(八)项规定的文件。

(四)验收组人员签署的工程竣工验收意见。

(五)法规、规章规定的其他有关文件。

第八条 负责监督该工程的工程质量监督机构应当对工程竣工验收的组织形式、验收程序、执行验收标准等情况进行现场监督,发现有违反建设工程质量管理规定行为的,责令改正,并将对工程竣工验收的监督情况作为工程质量监督报告的重要内容。

第九条 建设单位应当自工程竣工验收合格之日起15

日内,依照《房屋建筑和市政基础设施工程竣工验收备案管理办法》(住房和城乡建设部令第2号)的规定,向工程所在地的县级以上地方人民政府建设主管部门备案。

第十条 抢险救灾工程、临时性房屋建筑工程和农民自建低层住宅工程,不适用本规定。

第十一条 军事建设工程的管理,按照中央军事委员会的有关规定执行。

第十二条 省、自治区、直辖市人民政府住房和城乡建设主管部门可以根据本规定制定实施细则。

第十三条 本规定由国务院住房和城乡建设主管部门负责解释。

第十四条 本规定自发布之日起施行。《房屋建筑工程和市政基础设施工程竣工验收暂行规定》(建建〔2000〕142号)同时废止。

第十七条　意见征询和体验试用

国家鼓励工程建设单位在新建、改建、扩建建设项目的规划、设计和竣工验收等环节,邀请残疾人、老年人代表以及残疾人联合会、老龄协会等组织,参加意见征询和体验试用等活动。

● **理解要点**

在项目竣工验收时,体验试用无障碍设施是残疾人、老年人等充分参与无障碍环境建设的重要途径。很多无障碍设施建设过程中由于缺少残疾人、老年人等的亲身体验与参与,工程建设相关各方不了解真实的无障碍需求,容易造成细节不到位、人性化不足、便利化不够,导致无障碍设施在投入使用后仍是障碍重重。关于体验试用的规定将有利于无障碍环境建设从源头上把关,避免后期改造带来的浪费。体验试用已经在部分地方探索开展,取得了较好效果,相关规定也出现在北京、上海、重庆、江苏等地的无障碍环境建设地方立法中。

◐ 典型案例

北京市延庆区人民检察院督促整治无障碍设施问题行政公益诉讼案

【基本案情】

城市公厕无障碍设施、无障碍机动车停车位是与残疾人日常生活密切相关的公共服务设施。北京市延庆区部分社区的无障碍设施普遍存在不规范、不便利、不实用等问题,相关行政部门未尽到监督管理职责,未有效保障残疾人等特殊群体平等参与社会生活的权利。

【调查和督促履职】

2021年1月,北京市延庆区人民检察院(以下简称延庆区院)按照北京市人民检察院部署开展的"无障碍环境建设公益诉讼专项监督活动"相关要求,结合服务保障北京 2022 年冬奥会和冬残奥会的筹办举办工作,通过实地测量、谈话询问、现场拍照等方式,对辖区内人流量较大的城市公厕及冬奥会和冬残奥会定点医院、商业中心停车场的无障碍设施进行实地摸排。现查明:城市公厕无障碍设施普遍存在无障碍厕所标志混用、安全抓杆设计不规范、救助呼叫按钮设置超高、挂衣钩高度不符合规范等现象;无障碍机动车停车位存在数量不达标、指示标识不清晰、轮椅通道线宽度不足及位置设置不利于残疾人通行等问题,侵害了残疾人等特殊群体合法权益。为提升办案专业化水平,检察机关注重用外脑、借外力,邀请北京市无障碍中心、住建部无障碍专家委员会、北京市无障碍专家委员会的三名无障碍专家,从行业标准、法律规定及政策要求等方面针对发现的问题进行充分论证,为公益诉讼检察监督提供有力的专业支撑。

延庆区院认为,延庆区城市管理委员会(以下简称延庆区城管委)作为城市公厕无障碍设施的监管部门、区交通局作为无障碍机动车停车场的监管部门、儒林街道办作为具有执法权的单位,对无障碍设施存在的问题均未依法全面履行各自职责,致使社会公共利益持续受到侵害。2021 年 2 月 24 日和 3 月 4 日,延庆区院分别向上述三个行政机关制发诉前检察建议,建议其全面履行各自监管职责,严格按照有关要求,规范无障碍厕所标识、增设垂直抓杆、调低救助呼叫按钮高度;施划无障碍停车位标线、增设数量、合理设置停车位位置等,并由点及面对全区内的无障碍设施进行全面排查,为特殊群体提供更加优质安全、高效便捷的城市服务。同时,延庆区院将检察建议书抄送延庆区残联,建议其为行政机关整改提供行业支持和专业指导,确保无障碍设施达标、实用和便利。

收到检察建议后,各行政机关高度重视、积极履职,迅速组织整改落实。延庆区城管委第一时间与区残联对接,争取技术支持,按照设计规范对涉案公厕进行整改,并对排查出的部分公厕存在的小便器安全抓杆与洗手盆安全抓杆设置不标准问题进行整改。延庆区交通局成立专项工作领导小组推动整改,一个月内对全区经营性停车场进行全覆盖检查,累计出动检查人员18人次,检查车辆9车次,检查停车场42家次,发现问题33项;儒林街道办专题研究整改措施,约谈停车场运营公司负责人,并下达责令整改通知书;延庆区无障碍环境建设专班、区残联相关人员进行现场指导,为各行政机关的整改工作解决技术困难。

2021年5月12日,延庆区院对整改情况进行了跟进监督,邀请专业人士和残障人士作为公益观察员现场查看并实地体验整改后的城市公厕和无障碍停车位。公益观察员通过亲身体验,对整改效果给予高度肯定。延庆区残联为表感谢赠送锦旗:"公益诉讼担当有为让'无障碍'为'无限爱'"。北京市检察机关开展专项监督行动以来,延庆、丰台、大兴、朝阳、门头沟、平谷等6个基层检察院已开展案件办理工作，目前受理案件线索23件，立案23件，发出诉前检察建议17件，取得良好社会效果。

本案中，检察机关主动担当作为，积极履行公益诉讼检察职能，借助"外脑"优势，提升精准监督水平，督促各行政机关依法履职、齐抓共管，同时以点带面同步开展专项监督，推动区域内同类问题得到全面整治，实现了"无碍"变"有爱"，提升了辖区无障碍设施的规范化、精细化、常态化管理水平，以更加优质的公益诉讼检察产品为北京2022年冬奥会和冬残奥会的筹办举办工作提供有力法治保障。①

第十八条　无障碍设施改造

对既有的不符合无障碍设施工程建设标准的居住建筑、居住区、公共建筑、公共场所、交通运输设施、城乡道路等，县级以上人民政府应当根据实际情况，制定有针对性的无障碍设施改造计划并组织实施。

无障碍设施改造由所有权人或者管理人负责。所有权人、管理人和使用人之间约定改造责任的，由约定的责任人负责。

不具备无障碍设施改造条件的，责任人应当采取必要的替代性措施。

---

① 2021年最高人民检察院发布10起无障碍环境建设公益诉讼典型案例，载中华人民共和国最高人民检察院网站，https：//www.spp.gov.cn/xwfbh/wsfbh/202105/t20210514_518136.shtml，最后访问时间：2023年7月8日。

● 理解要点

现实中存在个别"应建而未建"或者"已建但不达标"的无障碍设施。由于法律法规强制性不足，相关主体改造意愿低、改造工作进展缓慢。立法对不符合强制性标准的无障碍设施改造作出明确规定，将有利于推进无障碍设施改造工作。考虑到无障碍设施改造成本高、改造资金不足、改造难度大等因素，立法将改造工作的主动权交给县级以上人民政府，由其制订计划并逐步推进。改造责任人根据政府的改造计划，承担改造责任。鉴于有些设施的客观条件，确实不具备改造条件或者改造价值，立法规定可以采取变通替代性措施，以减轻改造压力。

● 关联规定

中华人民共和国民法典

（2020年5月28日）

第一千二百五十二条 建筑物、构筑物或者其他设施倒塌、塌陷造成他人损害的，由建设单位与施工单位承担连带责任，但是建设单位与施工单位能够证明不存在质量缺陷的除外。建设单位、施工单位赔偿后，有其他责任人的，有权向其他责任人追偿。

因所有人、管理人、使用人或者第三人的原因，建筑物、构筑物或者其他设施倒塌、塌陷造成他人损害的，由所有人、管理人、使用人或者第三人承担侵权责任。

第十九条 家庭无障碍设施改造

县级以上人民政府应当支持、指导家庭无障碍设施改造。对符合条件的残疾人、老年人家庭应当给予适当补贴。

居民委员会、村民委员会、居住区管理服务单位以及业主委员会应当支持并配合家庭无障碍设施改造。

● 理解要点

对家庭无障碍改造进行规定具有重要的实践基础和强烈的现实需求。从公共领域延伸到残疾人、老年人家庭私领域，是我国无障碍环境建设的特色之处，体现了社会主义国家对特殊群体的特别关爱。随着人口老龄化的持续加深，残疾人、老年人家庭数量和无障碍改造需求会越来越大。中国残联等六部门印发《关于"十四五"推进困难重度残疾人家庭无障碍改造工作的指导意见》。

虽然无障碍环境惠及全体社会成员，但家庭无障碍改造涉及私领域，同时也考虑到政府财力保障能力，因此，家庭无障碍改造相关补贴，仅限于符合特定条件的残疾人、老年人家庭享受。

● 关联规定

中国残疾人联合会、国家发展和改革委员会、民政部等关于"十四五"推进困难重度残疾人家庭无障碍改造工作的指导意见

(2021年10月28日)

对困难重度残疾人家庭进行无障碍改造,是提高残疾人生活质量、解放残疾人家庭劳动力、促进残疾人参与社会生活、共享改革发展成果的一项重要举措。《中华人民共和国国民经济和社会发展第十四个五年规划和2035年远景目标纲要》第五十章第四节"提升残疾人保障和发展能力"提出"支持困难残疾人家庭无障碍设施改造","专栏19社会关爱服务行动"明确"补贴110万户困难重度残疾人家庭无障碍设施改造"。为推进"十四五"困难重度残疾人家庭无障碍改造工作,制定本意见。

一、指导思想

以习近平新时代中国特色社会主义思想为指导,全面贯彻党的十九大和十九届二中、三中、四中、五中全会精神,认真落实习近平总书记关于残疾人事业重要论述、关于无障碍环境建设重要指示精神,坚持以人民为中心的发展思想,立足新发展阶段,贯彻新发展理念,构建新发展格局,坚持问题导向、目标导向、结果导向,着力消除残疾人家庭生活障碍,提高残疾人居住环境和生活品质,助

力残疾人全面发展和共同富裕。

二、目标任务

"十四五"期间补贴110万户困难重度残疾人家庭无障碍设施改造,优先安排一户多残、老残一体等特殊困难残疾人家庭,兼顾各类别残疾人需求,扩大残疾人家庭无障碍改造覆盖面。

三、基本原则

(一)聚焦重点,统筹规划。

立足经济发展水平和城乡发展实际,聚焦城乡困难重度残疾人家庭,因地制宜推进改造工作;完成困难重度残疾人家庭无障碍改造任务的,可对其他有需求的残疾人家庭进行无障碍改造。

(二)政府主导,社会参与。

部门加强合作,整合资源,统一部署改造工作,形成政策合力;采取措施调动社会力量参与困难重度残疾人家庭无障碍改造,建立可持续发展长效机制。

(三)保障基本,分类施策。

依据经济发展水平、城乡地域差别,按照保基本、广覆盖的原则,根据各类别残疾人的特点、需求与居住环境,充分尊重残疾人家庭意愿,兼顾共性与个性,不搞一刀切。

(四)精细管理,加强监督。

完善和规范困难重度残疾人家庭无障碍改造、验收等工作流程,确保工作程序规范,改造方案落实落细,改造质量安全可靠，资金使用合规有效。

四、工作措施

（一）科学分解任务。

各地要坚持需求和问题导向，根据当地确定的困难家庭认定标准和办法，对"十四五"困难重度残疾人家庭无障碍改造任务（见附件）做进一步细化分解，编制资金预算，落实改造措施。

（二）纳入党委、政府工作大局。

各地要积极向党委、政府汇报"十四五"困难重度残疾人家庭无障碍改造需求，汇报家庭无障碍改造对于提高残疾人生活质量、促进残疾人共同富裕的重要意义和典型事例，推动将困难重度残疾人家庭无障碍改造纳入党委、政府工作大局，纳入本省（区、市）"十四五"残疾人保障和发展规划及相关规划，纳入党委、政府为民办实事工程等相关行动计划，切实加大改造力度。

（三）分级分类施策。

各地要根据区域经济水平和残疾人类别、程度、特点及需求，科学确定困难重度残疾人家庭无障碍改造内容，完善改造方案，杜绝以简单配发辅助器具代替家庭无障碍改造的情况，有条件的地方可研究丰富本地区改造项目，引入新技术、新材料，增加智能化改造内容；根据地域特点和改造规模，可采取集中改造、个人分散改造并行，通过政府采购法规定的采购方式确定改造承接单位或者发放补贴等多种形式，丰富改造工作模式，确保改造落到实处。

（四）加强工作考核。

各地要切实制定并落实困难重度残疾人家庭无障碍改造实施方案和年度计划；将困难重度残疾人家庭无障碍改造工作纳入各职能部门工作绩效评价和考核体系，加大督促检查力度；按照要求持续开展项目绩效评价，对项目完成时限、资金使用效益、残疾人满意度实施细化量化考核，根据考核结果及时调整项目方案，完善管理制度。

（五）录入汇总数据。

各地民政、住房和城乡建设、残联等部门在开展相关无障碍改造工作时，同步统计实施困难重度残疾人家庭无障碍改造数据，实现部门间数据共享互认。各省级残联要指导地方加强对一线数据库录入人员的培训，明确工作职责，规定完成时限，将"十四五"各渠道支持完成的改造数据一并准确录入、导入中国残联"困难重度残疾人家庭无障碍改造数据库系统"；要建立抽查验收制度，每年随机抽取数据库中的残疾人家庭进行回访和满意度调查，加强对数据库录入情况监督和检查。

五、组织保障

（一）明确责任分工。

发展改革委指导各地切实将困难重度残疾人家庭无障碍改造工作纳入政府规划，并作为重大工程项目予以保障，压实地方责任；民政部门在实施特殊困难老年人家庭适老化改造工作中，与困难重度残疾人家庭无障碍改造工作有效衔接，将特殊困难重度残疾老年人家庭作为重点改造对象之一予以优先支持；财政部门按规定对困难重度残疾人家庭无障碍改造予以支持，加强资金使用监管；住房和城乡建设部门加强家庭无障碍设施建设技术指导，结合推进城镇老旧小区改造和农村危房改造等工作，支持有需求的困难重度残疾人家庭同步实施无障碍改造；乡村振兴部门将困难重度残疾人家庭无障碍改造纳入巩固拓展脱贫攻坚成果同乡村振兴有效衔接工作统筹推进，指导各地在乡村振兴工作中加强困难重度残疾人家庭无障碍改造工作；残联积极向相关部门反映残疾人家庭无障碍改造需求，协调共同推进困难重度残疾人家庭无障碍改造工作。

（二）完善投入机制。

"十四五"困难重度残疾人家庭无障碍改造责任主体是地方人民政府，地方政府统筹落实投入责任；中央财政通过现行渠道给予支持；推动将困难重度残疾人家庭无障碍改造纳入东西部协作、对口支援等帮扶机制；要充分动员发挥红十字会、狮子会、慈善协会、相关基金会等作用，出台政策鼓励和引导社会力量，倡导爱心企业、社会组织通过捐款捐赠、志愿服务、设立基金等多种参与方式，对困难重度残疾人家庭无障碍改造工作予以支持；发挥社区居（村）委会或居民自治组织作用，通过鼓励居民捐资捐物、组织党员开展帮扶等多种形式筹资落实改造任务。

（三）加大宣传力度。

各地要通过多种途径广泛宣传开展困难重度残疾人家庭无障碍改造工作的意义，宣传残疾人的特殊困难和需求，宣传家庭无障碍改造给残疾人生活带来的便利，发挥典型案例的示范效应和带动作用，进一步争取政府、社会等各方力量支持，营造全社会关心支持残疾人事业、帮助残疾人的浓厚氛围。

中国残联、国家发展改革委、民政部、财政部、住房和城乡建设部、国家乡村振兴局将加强调研督导，对年度工作实施情况进行检查，并适时公布各省（区、市）工作实施情况。

第二十条 就业场所无障碍设施建设

残疾人集中就业单位应当按照有关标准和要求，建设和改造无障碍设施。

国家鼓励和支持用人单位开展就业场所无障碍设施建设和改造，为残疾人职工提供必要的劳动条件和便利。

● 理解要点

残疾人集中就业是国家一项重要制度安排，集中就业场所的无障碍设施是保障残疾人就业的基础条件。《"十四五"残疾人保障和发展规划》提出，用人单位应当为残疾职工提供适合其身心特点的劳动条件、劳动保护、无障碍环境及合理便利。2021年，中组部等五部门印发《机关、事业单位、国有企业带头安排残疾人就业办法》，对就业场所进行无障碍环境改造、合理便利申请等进行了明确规定。为避免立法要求过高给用人单位造成过重负担，立法对非残疾人集中就业单位的无障碍设施建设和改造仅作引导性规定。

关联规定

中华人民共和国残疾人保障法

（2018年10月26日）

第三十条 国家保障残疾人劳动的权利。

各级人民政府应当对残疾人劳动就业统筹规划，为残疾人创造劳动就业条件。

第三十一条 残疾人劳动就业，实行集中与分散相结合的方针，采取优惠政策和扶持保护措施，通过多渠道、多层次、多种形式，使残疾人劳动就业逐步普及、稳定、合理。

第三十二条 政府和社会举办残疾人福利企业、盲人按摩机构和其他福利性单位，集中安排残疾人就业。

第三十三条 国家实行按比例安排残疾人就业制度。

国家机关、社会团体、企业事业单位、民办非企业单位应当按照规定的比例安排残疾人就业，并为其选择适当的工种和岗位。达不到规定比例的，按照国家有关规定履行保障残疾人就业义务。国家鼓励用人单位超过规定比例安排残疾人就业。

残疾人就业的具体办法由国务院规定。

第三十四条 国家鼓励和扶持残疾人自主择业、自主创业。

第三十五条 地方各级人民政府和农村基层组织，应当组织和扶持农村残疾人从事种植业、养殖业、手工业和其他形式的生产劳动。

第三十六条 国家对安排残疾人就业达到、超过规定比例或者集中安排残疾人就业的用人单位和从事个体经营的残疾人，依法给予税收优惠，并在生产、经营、技术、资金、物资、场地等方面给予扶持。国家对从事个体经营的残疾人，免除行政事业性收费。

县级以上地方人民政府及其有关部门应当确定适合残疾人生产、经营的产品、项目，优先安排残疾人福利性单位生产或者经营，并根据残疾人福利性单位的生产特点确定某些产品由其专产。

政府采购，在同等条件下应当优先购买残疾人福利性单位的产品或者服务。

地方各级人民政府应当开发适合残疾人就业的公益性岗位。

对申请从事个体经营的残疾人，有关部门应当优先核发营业执照。

对从事各类生产劳动的农村残疾人，有关部门应当在生产服务、技术指导、农用物资供应、农副产品购销和信贷等方面，给予帮助。

第三十七条 政府有关部门设立的公共就业服务机构，应当为残疾人免费提供就业服务。

残疾人联合会举办的残疾人就业服务机构，应当组织开展免费的职业指导、职业介绍和职业培训，为残疾人就业和用人单位招用残疾人提供服务和帮助。

第三十八条 国家保护残疾人福利性单位的财产所有权和经营自主权，其合法权益不受侵犯。

在职工的招用、转正、晋级、职称评定、劳动报酬、生活福利、休息休假、社会保险等方面，不得歧视残疾人。

残疾职工所在单位应当根据残疾职工的特点，提供适当的劳动条件和劳动保护，并根据实际需要对劳动场所、劳动设备和生活设施进行改造。

国家采取措施，保障盲人保健和医疗按摩人员从业的合法权益。

第三十九条 残疾职工所在单位应当对残疾职工进行岗位技术培训，提高其劳动技能和技术水平。

第四十条 任何单位和个人不得以暴力、威胁或者非法限制人身自由的手段强迫残疾人劳动。

第二十一条 配套建设无障碍设施建设

> 新建、改建、扩建公共建筑、公共场所、交通运输设施以及居住区的公共服务设施，应当按照无障碍设施工程建设标准，配套建设无障碍设施；既有的上述建筑、场所和设施不符合无障碍设施工程建设标准的，应当进行必要的改造。

● 理解要点

我国现有残疾人约8500万，截至2021年底60岁及以上的老年人已有2.67亿人，加上有无障碍需求的孕妇、儿童、伤病人员等，人数合计数亿人。加强无障碍环境建设，消除公共设施、交通出行、信息交流、社会服务等领域的障碍，使这些人平等参与到社会生活中，保障其生活尊严，提升其生活品质，是坚持以人民为中心的发展思想、落实宪法法律要求和党中央有关决策部署、推动我国人权事业进步的内在要求，也是我国履行联合国《残疾人权利公约》等国际公约义务的重要内容，体现了国家的责任和社会的温情。[1]

---

[1] 《关于〈中华人民共和国无障碍环境建设法（草案）〉的说明》，载中国人大网，http://www.npc.gov.cn/npc/c30834/202306/897ff8202f714e229e2ba94719b6d197.shtml，最后访问时间：2023年7月8日。

典型案例

广东省深圳市宝安区人民检察院督促整治道路无障碍设施行政公益诉讼案

【基本案情】

2021年1月,知名残疾公益人士陈某某乘坐电动轮椅车经过广东省深圳市宝安区某路口时,因人行道无障碍设施破损从轮椅摔落,经抢救无效死亡。经调查,宝安区存在多处无障碍设施破损和不符合建设标准的问题,给残障人士造成生活不便及安全隐患,严重损害社会公共利益。

【调查和督促履职】

2021年1月,最高检将上述线索交由广东省人民检察院(以下简称广东省院)调查,广东省院迅速成立专案组,形成由最高检统筹指挥,省市两级检察院实时指导,宝安区人民检察院(以下简称宝安区院)具体办理的一体化办案模式。2021年1月15日,宝安区院对事发地快速勘查和调研后,决定立案调查,督促行政机关立即整改。1月16日,深圳市交通局宝安管理局(以下简称宝安交通局)完成事故现场整改,并于2月6日完成周边9个路口的整治工作。

为彻底消除隐患,宝安区院以个案为契机,于2021年1月中旬在全区部署开展专项监督行动,向宝安交通局、深圳市宝安区住房和建设局等14家相关职能部门制发诉前检察建议,督促各职能部门依法对辖区内的无障碍设施进行排查、整改,行政单位收到检察建议后,均积极配合、迅速整改。同时,该院还不定期邀请人大代表、政协委员、公益监督员同步跟进监督。

办案过程中,为提升全区无障碍环境建设,宝安区院积极向宝安区委做专题汇报并获得支持,同时逐一走访相关职能部门,形成全面推动全区无障碍设施改造工程的共识。在检察机关的推动下,2021年1月19日,宝安区委区政府组织22个相关行政单位召开"宝安区人行道无障碍畅通专项工作联席会议",出台《宝安区道路无障碍畅通专项行动工作方案(2021—2022年)》等一系列规定,计划截至2022年底完成全区无障碍立体化改造工作,全方位改善提升宝安区无障碍环境建设水平。方案实施以来,宝安区已完成新增改设盲道中断、阻断等问题122处,完善盲道592米,改造人行道坡口147处;对全区175个在建工程开展无障碍设施专项整治行动,对43个需建设无障碍设施的在建房屋建筑和市政基础设施工程项目开展专项检查;处罚违规占用盲道等7255件。2021年2月25日,深圳市人民检察院在全市范围内全面开展"深圳市无障碍出行设施专项检察监督"工作,重点关注无障碍出行设施的规划、建设、管理是否符合国家安全标准,是否影响残障人士安全通行等问题。

本案中,检察机关发挥一体化办案优势,提升监督水平，通过个案办理推动系统综合治理，最大限度地争取当地党委、政府的支持，充分调动各职能部门协同履职的积极性、主动性，填补监管漏洞，激活配套机制，顺畅衔接机制，实现无障碍立体化改造，为推进城市综合治理、服务中国特色社会主义"先行示范区"法治建设大局贡献了检察智慧和检察方案。[①]

第二十二条 老旧小区改造

国家支持城镇老旧小区既有多层住宅加装电梯或者其他无障碍设施，为残疾人、老年人提供便利。

县级以上人民政府及其有关部门应当采取措施、创造条件，并发挥社区基层组织作用，推动既有多层住宅加装电梯或者其他无障碍设施。

房屋所有权人应当弘扬中华民族与邻为善、守望相助等传统美德，加强沟通协商，依法配合既有多层住宅加装电梯或者其他无障碍设施。

● 理解要点

2020年7月，国务院办公厅《关于全面推进城镇老旧小区改造工作的指导意见》提出，重点改造2000年底前建

[①] 2021年最高人民检察院发布10起无障碍环境建设公益诉讼典型案例，载中华人民共和国最高人民检察院网站，https://www.spp.gov.cn/xwfbh/wsfbh/202105/t20210514_518136.shtml，最后访问时间：2023年7月8日。

成的老旧小区，有条件的楼栋加装电梯。《既有住宅建筑功能改造技术规范》等行业标准，对既有住宅的出入口、楼梯、公共走道、加装电梯等公用部分的适老化改造作出规定。

● 关联规定

最高人民法院对十三届
全国人大五次会议第 6150 号建议的答复

（2022 年 7 月 28 日）

老旧小区加装电梯工作，是党中央、国务院作出的一项重大决策部署，是一项重要的民生工程，对于解决老旧小区居民出行困难，提升人民群众幸福感、获得感具有重要作用。目前，我国已经进入老龄化社会，推进老旧小区加装电梯工作刻不容缓。您提出的建议对于推进住宅适老化改造、加强无障碍设施建设、加快构建老年友好型社会具有积极意义。

近年来，相关单位为推进老旧小区加装电梯开展了大量工作。

全国人大及其常委会高度重视老年人、残疾人等特殊群体利益，通过立法等多种方式保障其参与融入社会生活、共享改革发展成果。老年人权益保障法和残疾人保障法分别设立"宜居环境""无障碍环境"专章，明确规定国家采取措施，推进宜居环境建设，逐步完善无障碍设施，为老年人提供安全、便利和舒适的环境，为残疾人平等参与社会生活创造无障碍条件。为进一步保障包括老年人、残疾人在内的社会成员独立、平等、充分地参与和融入社会生活的权利，今年全国人大常委会将无障碍环境建设法列入2022年度立法工作计划。目前，全国人大社会建设委员会已经启动无障碍环境建设立法工作，形成了征求意见稿并广泛征求各方面意见，下一步将继续加强对相关问题的研究，进一步修改完善征求意见稿，切实促进友好人居环境建设，满足新时代人民群众对美好生活的向往。

司法部高度重视老旧小区适老化改造和无障碍设施建设工作。2012年出台的《无障碍环境建设条例》从无障碍设施建设、无障碍信息交流、无障碍社区服务等方面，对无障碍环境建设作了全面规定，对创造无障碍环境，保障残疾人等社会成员平等参与社会生活发挥了重要作用。下一步，司法部将根据职责，认真研究相关立法建议，研究论证无障碍环境范围、无障碍环境设施改造、资金保障、执法监督等问题，密切配合全国人大社会建设委员会等部门做好无障碍环境建设等相关立法工作。

......

2021年以来，中国普法微信公众号共发布老旧小区加装电梯相关文章4篇，总阅读量84.6万。

......

住房和城乡建设部认真贯彻落实党中央、国务院决策部署，指导各地结合城镇老旧小区改造等工作，完善加装电梯工作机制和政策体系，积极推进既有住宅加装电梯，取得积极成效。具体包括：第一，加强政策指导。会同相关部门认真落实《国务院办公厅关于全面推进城镇老旧小区改造工作的指导意见》，指导各地将加装电梯纳入"完善类"改造内容，结合城乡老旧小区改造年度计划，积极推进有条件的楼栋加装电梯，力争做到能改则改；结合工程审批制度改革，精简优化加装电梯项目审批事项和环节。2021年，全国加装电梯2.1万部。第二，健全动员居民参与机制。既有住宅加装电梯属于应当由业主共同决定的重大事项。会同相关部门指导各地按照相关法律规定，充分发挥社区党组织的领导作用，搭建沟通议事平台，开展小区党组织引领的多种形式基层协商，充分发挥基层党员及热心群众、专业技术人员作用，及时化解加装电梯过程中存在的矛盾分歧，促进居民就加装电梯费用分摊及补偿、电梯选型、后续维护管理等达成共识。第三，总结推广好的经验做法。梳理各地在老旧小区加装电梯方面出台的政策文件、标准规范等，总结推广上海、广州、成都等地坚持居民主体、社区协商、多方参与的经验做法，印发可复制政策机制清单，推广加装电梯方面可复制政策机制40余条，指导各地学习借鉴先行地区经验做法，加快完善加装电梯工作机制及政策体系。第四，多渠道筹措加装电梯资金。一是政府给予资金补助。按照《中央财政城镇保障性安居工程专项资金管理办法》规定，老旧小区改造加装电梯支出列入补助资金支持范围。各地结合实际，根据当地财力状况，给予适当补偿支持。二是合理落实居民出资责任。引导居民按照谁受益、谁出资原则，承担加装电梯出资责任。支持小区居民提取住房公积金、住宅专项维修资金用于加装电梯等自住住房改造。三是推动社会力量参与。通过政府采购、新增设施有偿使用、落实资产权益等方式，吸引专业机构参与电梯加装和运营。从杭州等先行地区实践看，采取企业投资建设、业主自愿付费使用方式加装电梯，推进顺利。第五，健全激励先进、督促落后机制。2022年12月，会同相关部门印发《关于进一步明确城镇老旧小区改造工作要求的通知》，明确城镇老旧小区改造工作衡量标准，将加装电梯情况列为指标内容，指导各地对改造工作开展成效评价，把评价结果作为中央补偿资金、确定国务院督促激励名单的重要依据，推动各地聚焦加装电梯达成共识难等难题攻坚，不断提升工作质量和效果。

最高人民法院和地方各级人民法院亦大力支持老旧小区适老化改造工作。老旧社区适老化改造关系到人民群众最关心最直接最现实的利益问题，增设电梯是其中最重要的改造项目。现实生活中，由于增设电梯是对于既有房屋的改造建设，不可避免会对相关业主的生活产生重大影响，不同业主基于不同的生活习惯、居住楼层等差异，对于加装电梯事项存在很大争议，尤其是低层住户和高层住户的利益冲突最为典型。虽然对于老旧小区加装电梯事项是否属于"改建、重建建筑物及其附属设施"有不同意见，对于加装电梯决策程序的表决范围也有一定争议，但立法、司法和实践中都在积极推进业主加装电梯这一工作。从立法上来看，民法典第二百七十八条将业主共同决定事项参与表决的范围由原物权法的全体业主参与表决修改为由专有部分面积占比三分之二以上的业主且人数占比三分之二以上的业主参与表决，这在一定程度上降低了业主共同决定事项的表决门槛，为老旧小区加装电梯事项在业主共同表决时能够顺利通过创造了有利条件。实践中，虽然民法典未明确加装电梯属于哪一类业主共同决定事项，但认为加装电梯事项属于民法典第二百七十八条规定的"改建、重建建筑物及其附属设施"的意见在实践中占据主流，各地在加装电梯事项表决时基本按照民法典此条规定进行操作。关于表决范围是电梯所在单元、楼栋还是所在小区的问题，各地根据具体情况都在进行有益探索，均有一定合理性。从各地法院司法实践看，各地法院对于老旧小区加装电梯这一关系民生的事项也是大力支持的。如重庆某法院判决的一起案件中，法院认为案涉楼房加装电梯事项，已经过该单元专有部分占建筑物总面积三分之二以上的业主且占总户数三分之二以上的业主同意，并依法履行了其他程序，故案涉楼房加装电梯施工符合法律规定。今年3月最高人民法院发布的第二批社会主义核心价值观典型案例中的第六个案例"方某某、黄某诉周某、陈某某等物权保护纠纷案"也明确指出,老旧小区加装电梯涉及广大群众的出行方便,关系到社会的和谐稳定,经民主决策以合理方式在老旧小区加装电梯受法律保护。

关于完善相关立法,请最高人民法院就加装电梯事项出台相关司法解释的问题。我们认为,加装电梯事项表决范围应当如何确定,还有赖于实践中进一步摸索和尝试。关于民法典该条规定在适用过程中是否需要解释以及如何解释的问题,我们将加强调研,认真研究,确保民法典该条规定正确实施。

关于加强纠纷调解的建议。最高人民法院高度重视矛盾纠纷调解工作,各级人民法院在工作中亦严格贯彻"调解优先、调判结合"的原则。下一步,人民法院将继续严格贯彻调解法,在涉及电梯加装工作中加强与人民调解在程序对接、效力确认、法律指导等方面的协调配合,强化矛盾纠纷源头治理,健全诉前、诉中和诉后一体化调解机制。同时,准确把握人民法院职能定位,既积极参与、主动融入党委领导下的诉源治理工作,发挥专业优势,为非诉讼方式解决纠纷提供司法保障;又认真把好案件"入口关",对起诉到人民法院的纠纷,发挥主导作用,促进涉电梯加装矛盾纠纷一站式多元化解。

关于强化执法普法的建议。您建议总结一批加装电梯相关纠纷的典型案例,与我们计划开展的工作十分契合。

下一步，我们将继续坚持以人民为中心的理念，按照工作计划，适时开展涉及电梯加装纠纷案例的收集、筛选、讨论及发布工作，在司法层面推动电梯加装工作有法必依、有例可循。同时，注重在审判和执行活动中通过新闻媒体等形式大力宣传老旧小区适老化改造、无障碍设施建设、严格依法办事等理念，在全社会形成学法、懂法、用法的良好氛围。就老旧小区加装电梯在司法实践中遇到的新情况新问题，我们将持续保持关注，认真研究加以解决。

感谢您对人民法院工作的关心和支持。

典型案例

经民主决策以合理方式在老旧小区加装电梯受法律保护

——方某某、黄某某诉周某、陈某某等物权保护纠纷案

【基本案情】

某老旧小区业主打算加装电梯。经业主讨论后，绝大多数业主签字同意加装电梯。同意安装电梯的业主占比和其所有的专有部分占建筑物总面积的比例均达到法律规定的要求。根据该小区业主的申请，有关部门于2020年10月22日对该小区加装电梯进行了批前公示并按照相关要求办理了《建设工程规划许可证》。2021年6月，该小区加装的电梯安装完毕并投入使用。2单元102号房的业主方某

某、黄某某以建设电梯未有效公示，建设电梯造成其住宅的通风、采光、日照、隐私等权利受到侵害为由，向人民法院起诉请求判令周某、陈某某等人停止使用电梯、拆除电梯设施、恢复原状，并向其赔偿损失10万元。

【裁判结果】

人民法院认为，案涉电梯的加装符合法律规定的程序。基于现场查看情况，案涉电梯与2单元房屋之间留有足够的距离，对该单元业主的通行并没有造成妨碍；案涉电梯正对2单元楼道的中部，长度为2.9米，超过楼道两侧的距离分别只有0.4米，而面对电梯的阳台长度达到5.7米，电梯对2单元房屋的采光和通风没有造成妨碍，且电梯运行声响很小，未产生明显噪声。老旧小区加装电梯涉及广大群众的出行方便，关系到社会的和谐稳定。即便加装电梯确实给低层住户的居住环境带来一定的变化，但在整体上不妨碍采光、通行、通风等相应权利的情况下，低层住户对小区加装电梯的行为，应负有一定的容忍义务。故判决驳回方某某、黄某某的全部诉讼请求。

崇德修睦、包容互让是构建和谐邻里关系的重要条件。人们生活的距离越近，越需要包容和体谅。城市化让建筑物区分所有成为房屋所有权的常见形式。在多户同住一栋楼的情况下，无论是使用专有部分还是管理共有部分，都需要考虑其他业主的利益，按照法律规定的方式和程序进行。为老旧小区加装电梯，方便住在高层的住户出行，尤其是老年人出行，具有重要意义。当前，这一问题具有普遍性。各地政府亦纷纷出台政策支持老旧住宅加装电梯。由该问题引发楼上楼下的纠纷，不仅涉及每栋住宅中住户的权益，亦关系到社会和谐稳定。本案中安装电梯的决定经过绝大部分住户同意，未明显影响低层住户利益。在个别低层住户反对时，人民法院通过明确低层住户对加装电梯的适度容忍义务，既保障了高楼层住户的通行方便，体现了和谐、友善的社会主义核心价值观，充分彰显了司法裁判在社会治理中的规则引领和价值导向作用，对于维护团结互助的社区环境，营造和谐友爱的邻里关系具有积极意义。[①]

第二十三条　城市主干路、主要商业区无障碍设施建设

新建、改建、扩建和具备改造条件的城市主干路、主要商业区和大型居住区的人行天桥和人行地下通道，应当按照无障碍设施工程建设标准，建设或者改造无障碍设施。

城市主干路、主要商业区等无障碍需求比较集中的区域的人行道，应当按照标准设置盲道；城市中心区、残疾人集中就业单位和集中就读学校周边的人行横道的交通信号设施，应当按照标准安装过街音响提示装置。

---

① 第二批人民法院大力弘扬社会主义核心价值观典型民事案例，载中华人民共和国最高人民法院网站，https://www.court.gov.cn/zixun-xiangqing-346671.html，最后访问时间：2023年7月8日。

● 理解要点

有无障碍需求的社会成员走出家门和居住区后,首先要使用的无障碍设施就是道路。当前道路无障碍设施不达标、不好用的现象比较常见,影响无障碍需求群体的安全便利出行。例如,如果人行道缘石坡道与车行道有高差或高差过大,会给轮椅使用者、老年人、儿童、孕妇、推婴儿车者、携带大件行李者等造成出行不便,甚至是生命安全隐患;视力障碍者自主通过设有红绿灯的路口,需要借助过街音响提示装置判断是否可以安全通行。人行天桥、人行地下通道、缘石坡道、交通信号设施的建设和改造在国家强制性标准《建筑与市政工程无障碍通用规范》中都有详细的标准规范,但立法中综合考虑这些设施的投入成本和使用频次,认为有必要明确划定具体区域(如城市主干路、主要商业区和大型居住区等),以提高资金使用效率。

● 关联规定

建筑与市政工程无障碍通用规范

(2021年9月8日)

1 总　　则

1.0.1 为保障无障碍环境建设中无障碍设施的建设和运行维护,依据国家相关法律法规,制定本规范。

1.0.2 新建、改建和扩建的市政和建筑工程的无障碍设施的建设和运行维护必须执行本规范。

1.0.3 无障碍设施的建设和运行维护应遵循下列基本原则：

1 满足残疾人、老年人等有需求的人使用，消除他们在社会生活上的障碍；

2 保证安全性和便利性，兼顾经济、绿色和美观；

3 保证系统性及无障碍设施之间有效衔接；

4 从设计、选型、验收、调试和运行维护等环节保障无障碍通行设施、无障碍服务设施和无障碍信息交流设施的安全、功能和性能；

5 无障碍信息交流设施的建设与信息技术发展水平相适应；

6 各级文物保护单位根据需要在不破坏文物的前提下进行无障碍设施建设。

1.0.4 工程建设所采用的技术方法和措施是否符合本规范要求，由相关责任主体判定。其中，创新性的技术方法和措施，应进行论证并符合本规范中有关性能的要求。

2 无障碍通行设施

2.1 一般规定

2.1.1 城市开敞空间、建筑场地、建筑内部及其之间应提供连贯的无障碍通行流线。

2.1.2 无障碍通行流线上的标识物、垃圾桶、座椅、灯柱、隔离墩、地灯和地面布线（线槽）等设施均不应妨碍行动障碍者的独立通行。固定在无障碍通道、轮椅坡道、楼梯的墙或柱面上的物体，突出部分大于100mm且底面距地面高度小于2.00m时，其底面距地面高度不应大于600mm，且应保证有效通行净宽。

2.1.3 无障碍通行流线在临近地形险要地段处应设置安全防护设施，必要时应同时设置安全警示线。

2.1.4 无障碍通行设施的地面应坚固、平整、防滑、不积水。

2.2 无障碍通道

2.2.1 无障碍通道上有地面高差时，应设置轮椅坡道或缘石坡道。

2.2.2 无障碍通道的通行净宽不应小于1.20m，人员密集的公共场所的通行净宽不应小于1.80m。

2.2.3 无障碍通道上的门洞口应满足轮椅通行，各类检票口、结算口等应设轮椅通道，通行净宽不应小于900mm。

2.2.4 无障碍通道上有井盖、箅子时，井盖、箅子孔洞的宽度或直径不应大于13mm，条状孔洞应垂直于通行方向。

2.2.5 自动扶梯、楼梯的下部和其他室内外低矮空间可以进入时，应在净高不大于2.00m处采取安全阻挡措施。

2.3 轮椅坡道

2.3.1 轮椅坡道的坡度和坡段提升高度应符合下列规定：

1 横向坡度不应大于1:50，纵向坡度不应大于1:12，当条件受限且坡段起止点的高差不大于150mm时，纵向坡度不应大于1∶10；

2 每段坡道的提升高度不应大于750mm。

2.3.2 轮椅坡道的通行净宽不应小于1.20m。

2.3.3 轮椅坡道的起点、终点和休息平台的通行净宽不应小于坡道的通行净宽，水平长度不应小于1.50m，门扇开启和物体不应占用此范围空间。

2.3.4 轮椅坡道的高度大于300mm且纵向坡度大于1∶20时，应在两侧设置扶手，坡道与休息平台的扶手应保持连贯。

2.3.5 设置扶手的轮椅坡道的临空侧应采取安全阻挡措施。

2.4 无障碍出入口

2.4.1 无障碍出入口应为下列3种出入口之一：

1 地面坡度不大于1∶20的平坡出入口；

2 同时设置台阶和轮椅坡道的出入口；

3 同时设置台阶和升降平台的出入口。

2.4.2 除平坡出入口外，无障碍出入口的门前应设置平台；在门完全开启的状态下，平台的净深度不应小于1.50m；无障碍出入口的上方应设置雨篷。

2.4.3 设置出入口闸机时，至少有一台开启后的通行净宽不应小于900mm，或者在紧邻闸机处设置供乘轮椅者通行的出入口，通行净宽不应小于900mm。

2.5 门

2.5.1 满足无障碍要求的门应可以被清晰辨认，并应保证方便开关和安全通过。

2.5.2 在无障碍通道上不应使用旋转门。

2.5.3 满足无障碍要求的门不应设挡块和门槛，门口有高差时，高度不应大于15mm，并应以斜面过渡，斜面的纵向坡度不应大于1：10。

2.5.4 满足无障碍要求的手动门应符合下列规定：

1 新建和扩建建筑的门开启后的通行净宽不应小于900mm，既有建筑改造或改建的门开启后的通行净宽不应小于800mm；

2 平开门的门扇外侧和里侧均应设置扶手，扶手应保证单手握拳操作，操作部分距地面高度应为 0.85m～1.00m；

3 除防火门外，门开启所需的力度不应大于25N。

2.5.5 满足无障碍要求的自动门应符合下列规定：

1 开启后的通行净宽不应小于1.00m；

2 当设置手动启闭装置时，可操作部件的中心距地面高度应为 0.85m～1.00m。

2.5.6 全玻璃门应符合下列规定：

1 应选用安全玻璃或采取防护措施，并应采取醒目的防撞提示措施；

2 开启扇左右两侧为玻璃隔断时，门应与玻璃隔断在视觉上显著区分开，玻璃隔断并应采取醒目的防撞提示措施；

3 防撞提示应横跨玻璃门或隔断，距地面高度应为0.85m~1.50m之间。

2.5.7 连续设置多道门时，两道门之间的距离除去门扇摆动的空间后的净间距不应小于1.50m。

2.5.8 满足无障碍要求的安装有闭门器的门，从闭门器最大受控角度到完全关闭前10°的闭门时间不应小于3s。

2.5.9 满足无障碍要求的双向开启的门应在可视高度部分安装观察窗，通视部分的下沿距地面高度不应大于850mm。

2.6 无障碍电梯和升降平台

2.6.1 无障碍电梯的候梯厅应符合下列规定：

1 电梯门前应设直径不小于1.50m的轮椅回转空间，公共建筑的候梯厅深度不应小于1.80m；

2 呼叫按钮的中心距地面高度应为0.85m~1.10m，且距内转角处侧墙距离不应小于400mm，按钮应设置盲文标志；

3 呼叫按钮前应设置提示盲道；

4 应设置电梯运行显示装置和抵达音响。

2.6.2 无障碍电梯的轿厢的规格应依据建筑类型和使用要求选用。满足乘轮椅者使用的最小轿厢规格，深度不应小于1.40m，宽度不应小于1.10m。同时满足乘轮椅者使用和容纳担架的轿厢，如采用宽轿厢，深度不应小于

1.50m，宽度不应小于1.60m；如采用深轿厢，深度不应小于2.10m，宽度不应小于1.10m。轿厢内部设施应满足无障碍要求。

2.6.3 无障碍电梯的电梯门应符合下列规定：

1 应为水平滑动式门；

2 新建和扩建建筑的电梯门开启后的通行净宽不应小于900mm，既有建筑改造或改建的电梯门开启后的通行净宽不应小于800mm；

3 完全开启时间应保持不小于3s。

2.6.4 公共建筑内设有电梯时，至少应设置1部无障碍电梯。

2.6.5 升降平台应符合下列规定：

1 深度不应小于1.20m，宽度不应小于900mm，应设扶手、安全挡板和呼叫控制按钮，呼叫控制按钮的高度应符合本规范第2.6.1条的有关规定；

2 应采用防止误入的安全防护措施；

3 传送装置应设置可靠的安全防护装置。

2.7 楼梯和台阶

2.7.1 视觉障碍者主要使用的楼梯和台阶应符合下列规定：

1 距踏步起点和终点250mm~300mm处应设置提示盲道，提示盲道的长度应与梯段的宽度相对应；

2 上行和下行的第一阶踏步应在颜色或材质上与平台

有明显区别；

3 不应采用无踢面和直角形突缘的踏步；

4 踏步防滑条、警示条等附着物均不应突出踏面。

2.7.2 行动障碍者和视觉障碍者主要使用的三级及三级以上的台阶和楼梯应在两侧设置扶手。

2.8 扶 手

2.8.1 满足无障碍要求的单层扶手的高度应为850mm~900mm；设置双层扶手时，上层扶手高度应为850mm~900mm，下层扶手高度应为650mm~700mm。

2.8.2 行动障碍者和视觉障碍者主要使用的楼梯、台阶和轮椅坡道的扶手应在全长范围内保持连贯。

2.8.3 行动障碍者和视觉障碍者主要使用的楼梯和台阶、轮椅坡道的扶手起点和终点处应水平延伸，延伸长度不应小于300mm；扶手末端应向墙面或向下延伸，延伸长度不应小于100mm。

2.8.4 扶手应固定且安装牢固，形状和截面尺寸应易于抓握，截面的内侧边缘与墙面的净距离不应小于40mm。

2.8.5 扶手应与背景有明显的颜色或亮度对比。

2.9 无障碍机动车停车位和上/落客区

2.9.1 应将通行方便、路线短的停车位设为无障碍机动车停车位。

2.9.2 无障碍机动车停车位一侧，应设宽度不小于1.20m的轮椅通道。轮椅通道与其所服务的停车位不应有高差，和人行通道有高差处应设置缘石坡道，且应与无障碍通道衔接。

2.9.3 无障碍机动车停车位的地面坡度不应大于1∶50。

2.9.4 无障碍机动车停车位的地面应设置停车线、轮椅通道线和无障碍标志，并应设置引导标识。

2.9.5 总停车数在100辆以下时应至少设置1个无障碍机动车停车位，100辆以上时应设置不少于总停车数1%的无障碍机动车停车位；城市广场、公共绿地、城市道路等场所的停车位应设置不少于总停车数2%的无障碍机动车停车位。

2.9.6 无障碍小汽（客）车上客和落客区的尺寸不应小于2.40m×7.00m，和人行通道有高差处应设置缘石坡道，且应与无障碍通道衔接。

2.10 缘石坡道

2.10.1 各种路口、出入口和人行横道处，有高差时应设置缘石坡道。

2.10.2 缘石坡道的坡口与车行道之间应无高差。

2.10.3 缘石坡道距坡道下口路缘石250mm～300mm处应设置提示盲道，提示盲道的长度应与缘石坡道的宽度相对应。

2.10.4 缘石坡道的坡度应符合下列规定：

1 全宽式单面坡缘石坡道的坡度不应大于1∶20；

2 其他形式缘石坡道的正面和侧面的坡度不应大

于1∶12。

2.10.5 缘石坡道的宽度应符合下列规定：

1 全宽式单面坡缘石坡道的坡道宽度应与人行道宽度相同；

2 三面坡缘石坡道的正面坡道宽度不应小于1.20m；

3 其他形式的缘石坡道的坡口宽度均不应小于1.50m。

2.10.6 缘石坡道顶端处应留有过渡空间，过渡空间的宽度不应小于900mm。

2.10.7 缘石坡道上下坡处不应设置雨水箅子。设置阻车桩时，阻车桩的净间距不应小于900mm。

2.11 盲　道

2.11.1 盲道的铺设应保证视觉障碍者安全行走和辨别方向。

2.11.2 盲道铺设应避开障碍物，任何设施不得占用盲道。

2.11.3 需要安全警示和提示处应设置提示盲道，其长度应与需安全警示和提示的范围相对应。行进盲道的起点、终点、转弯处，应设置提示盲道，其宽度不应小于300mm，且不应小于行进盲道的宽度。

2.11.4 盲道应与相邻人行道铺面的颜色或材质形成差异。

3 无障碍服务设施

3.1 一般规定

3.1.1 通往无障碍服务设施的通道应为无障碍通道。

3.1.2 具有内部使用空间的无障碍服务设施的入口和室内空间应方便乘轮椅者进入和使用，内部应设轮椅回转空间，轮椅需要通行的区域通行净宽不应小于900mm。

3.1.3 具有内部使用空间的无障碍服务设施的门在紧急情况下应能从外面打开。

3.1.4 具有内部使用空间的无障碍服务设施应设置易于识别和使用的救助呼叫装置。

3.1.5 无障碍服务设施的地面应坚固、平整、防滑、不积水。

3.1.6 无障碍服务设施内供使用者操控的照明、设备、设施的开关和调控面板应易于识别，距地面高度应为0.85m~1.10m。

3.1.7 无障碍服务设施内安装的部件应符合下列规定：

1 应安装牢固；

2 安全抓杆直径应为30mm~40mm，内侧与墙面的净距离不应小于40mm；

3 低位挂衣钩、低位毛巾架、低位搁物架距地面高度不应大于1.20m。

3.1.8 无障碍坐便器应符合下列规定：

1 无障碍坐便器两侧应设置安全抓杆，轮椅接近坐便器一侧应设置可垂直或水平90°旋转的水平抓杆，另一侧应设置L形抓杆；

2 轮椅接近无障碍坐便器一侧设置的可垂直或水平90°

旋转的水平安全抓杆距坐便器的上沿高度应为250mm～350mm，长度不应小于700mm；

3 无障碍坐便器另一侧设置的L形安全抓杆，其水平部分距坐便器的上沿高度应为250mm～350mm，水平部分长度不应小于700mm；其竖向部分应设置在坐便器前端150mm～250mm，竖向部分顶部距地面高度应为1.40m～1.60m；

4 坐便器水箱控制装置应位于易于触及的位置，应可自动操作或单手操作；

5 取纸器应设在坐便器的侧前方；.

6 在坐便器附近应设置救助呼叫装置，并应满足坐在坐便器上和跌倒在地面的人均能够使用。

3.1.9 无障碍小便器应符合下列规定：

1 小便器下口距地面高度不应大于400mm；

2 应在小便器两侧设置长度为550mm的水平安全抓杆，距地面高度应为900mm；应在小便器上部设置支撑安全抓杆，距地面高度应为1.20m。

3.1.10 无障碍洗手盆应符合下列规定：

1 台面距地面高度不应大于800mm，水嘴中心距侧墙不应小于550mm，其下部应留出不小于宽750mm、高650mm、距地面高度250mm范围内进深不小于450mm、其他部分进深不小于250mm的容膝容脚空间；

2 应在洗手盆上方安装镜子，镜子反光面的底端距地面的高度不应大于1.00m；

3 出水龙头应采用杠杆式水龙头或感应式自动出水方式。

3.1.11 无障碍淋浴间应符合下列规定：

1 内部空间应方便乘轮椅者进出和使用；

2 淋浴间前应设便于乘轮椅者通行和转动的净空间；

3 淋浴间坐台应安装牢固，高度应为400mm~450mm，深度应为400mm~500mm，宽度应为500mm~550mm；

4 应设置L形安全抓杆，其水平部分距地面高度应为700mm~750mm，长度不应小于700mm，其垂直部分应设置在淋浴间坐台前端，顶部距地面高度应为1.40m~1.60m；

5 控制淋浴的开关距地面高度不应大于1.00m；应设置一个手持的喷头，其支架高度距地面高度不应大于1.20m，淋浴软管长度不应小于1.50m。

3.1.12 无障碍盆浴间应符合下列规定：

1 浴盆侧面应设不小于1500mm×800mm的净空间，和浴盆平行的一边的长度不应小于1.50m；

2 浴盆距地面高度不应大于450mm；，在浴盆一端设置方便进入和使用的坐台；

3 应沿浴盆长边和洗浴坐台旁设置安全抓杆。

3.1.13 无障碍厨房应符合下列规定：

1 厨房设施和电器应方便乘轮椅者靠近和使用；

2 操作台面距地面高度应为700mm~850mm，其下部应留出不小于宽750mm、高650mm、距地面高度250mm范围内进深不小于450mm、其他部分进深不小于250mm的容膝容脚空间；

3 水槽应与工作台底部的操作空间隔开。

3.2 公共卫生间（厕所）和无障碍厕所

3.2.1 满足无障碍要求的公共卫生间（厕所）应符合下列规定：

1 女卫生间（厕所）应设置无障碍厕位和无障碍洗手盆，男卫生间（厕所）应设置无障碍厕位、无障碍小便器和无障碍洗手盆；

2 内部应留有直径不小于1.50m的轮椅回转空间。

3.2.2 无障碍厕位应符合下列规定：

1 应方便乘轮椅者到达和进出，尺寸不应小于1.80m×1.50m；

2 如采用向内开启的平开门，应在开启后厕位内留有直径不小于1.50m的轮椅回转空间，并应采用门外可紧急开启的门闩；

3 应设置无障碍坐便器。

3.2.3 无障碍厕所应符合下列规定：

1 位置应靠近公共卫生间（厕所）、面积不应小于4.00m^2，内部应留有直径不小于1.50m的轮椅回转空间；

2 内部应设置无障碍坐便器、无障碍洗手盆、多功能台、低位挂衣钩和救助呼叫装置；

3 应设置水平滑动式门或向外开启的平开门。

3.2.4 公共建筑中的男、女公共卫生间（厕所）；每层应至少分别设置1个满足无障碍要求的公共卫生间（厕所），或在男、女公共卫生间（厕所）附近至少设置1个独立的无障碍厕所。

3.3 公共浴室和更衣室

3.3.1 满足无障碍要求的公共浴室应符合下列规定：

1 应设置至少1个无障碍淋浴间或盆浴间和1个无障碍洗手盆；

2 无障碍淋浴间的短边宽度不应小于1.50m，淋浴间前应设一块不小于1500mm×800mm的净空间，和淋浴间入口平行的一边的长度不应小于1.50m；

3 淋浴间入口应采用活动门帘。

3.3.2 无障碍更衣室应符合下列规定：

1 乘轮椅者使用的储物柜前应设直径不小于1.50m的轮椅回转空间；

2 乘轮椅者使用的座椅的高度应为400mm~450mm。

3.4 无障碍客房和无障碍住房、居室

3.4.1 无障碍客房和无障碍住房、居室应设于底层或无障碍电梯可达的楼层，应设在便于到达、疏散和进出的位置，并应与无障碍通道连接。

3.4.2 人员活动空间应保证轮椅进出，内部应设轮椅回转空间。

3.4.3 主要人员活动空间应设置救助呼叫装置。

3.4.4 无障碍客房和无障碍住房、居室内应设置无障碍卫生间，并符合下列规定：

1 应保证轮椅进出，内部应设轮椅回转空间；

2 内部应设置无障碍坐便器、无障碍洗手盆、无障碍淋浴间或盆浴间、低位挂衣钩、低位毛巾架、低位搁物架和救助呼叫装置；

3 应设置水平滑动式门或向外开启的平开门。

3.4.5 无障碍客房和无障碍住房设置厨房时应为无障碍厨房。

3.4.6 乘轮椅者上下床用的床侧通道宽度不应小于1.20m。

3.4.7 窗户可开启扇的执手或启闭开关距地面高度应为0.85m~1.00m，手动开关窗户操作所需的力度不应大于25N。

3.4.8 无障碍住房的门禁和无障碍客房的门铃应同时满足听觉障碍者、视觉障碍者和言语障碍者使用。

3.5 轮椅席位

3.5.1 轮椅席位的观看视线不应受到遮挡，并不应遮挡他人视线。

3.5.2 轮椅席位应设置在便于疏散的位置，并不应设置在公共通道范围内。

3.5.3 轮椅席位区应通过无障碍通行设施与疏散出口、公共服务、卫生间、讲台等必要的功能空间和设施连接。

3.5.4 轮椅席位应符合下列规定：

1 每个轮椅席位的净尺寸深度不应小于1.30m，宽度不应小于800mm；

2 观众席为100座及以下时应至少设置1个轮椅席位；101座~400座时应至少设置2个轮椅席位；400座以上时，每增加200个座位应至少增设1个轮椅席位；

3 在轮椅席位旁或邻近的座席处应设置1∶1的陪护席位；

4 轮椅席位的地面坡度不应大于1∶50。

3.6 低位服务设施

3.6.1 为公众提供服务的各类服务台均应设置低位服务设施，包括问询台、接待处、业务台、收银台、借阅台、行李托运台等。

3.6.2 当设置饮水机、自动取款机、自动售票机、自动贩卖机等时，每个区域的不同类型设施应至少有1台为低位服务设施。

3.6.3 低位服务设施前应留有轮椅回转空间。

3.6.4 低位服务设施的上表面距地面高度应为700mm~850mm，台面的下部应留出不小于宽750mm、高650mm、距地面高度250mm范围内进深不小于450mm、其他部分进深不小于250mm的容膝容脚空间。

4 无障碍信息交流设施

4.0.1 无障碍标识应纳入室内外环境的标识系统，应连续并清楚地指明无障碍设施的位置和方向。

4.0.2 无障碍标志的安装位置和高度应保证从站立和座位的视觉角度都能够看见，并且不应被其他任何物品遮挡。

4.0.3 无障碍设施处均应设置无障碍标识。

4.0.4 对需要安全警示处，应同时提供包括视觉标识和听觉标识的警示标识。

4.0.5 语音信息密集的公共场所和以声音为主要传播手段的公共服务应提供文字信息的辅助服务。

4.0.6 在以视觉信息为主的公共服务中，应提供听觉信息的辅助服务。

4.0.7 公共场所中的网络通信设备部件应符合下列规定：

1 低位电话、低位个人自助终端和低位台面计算机应符合本规范第 3.6.4 条的有关规定；

2 每 1 组公用电话中，应至少设 1 部低位电话，听筒线长度不应小于 600mm；应至少设 1 部电话具备免提对话、音量放大和助听耦合的功能；

3 每 1 组个人自助终端中，应至少设 1 部低位个人自助终端；应至少设 1 部具备视觉和听觉两种信息传递方式的个人自助终端；

4 供公众使用的计算机中，应至少提供 1 台低位台面计算机；应至少提供 1 台具备读屏软件和支持屏幕放大功能的计算机；应至少提供 1 台具备语音输入功能的计算机；支持可替换键盘的计算机不应少于 20%。

4.0.8 过街音响提示装置应符合下列规定：

1 应保证视觉障碍者的通行安全，且有利于辨别方向；

2 应在主要商业街、步行街和视觉障碍者集中区域周边道路的人行横道设置；

3 应结合人行横道信号灯统一设置；

4 应避免产生噪声污染；

5 应设置开关功能。

5 无障碍设施施工验收和维护

5.0.1 工程竣工验收时，建设单位应组织对无障碍设施的系统性进行检查验收。

5.0.2 工程验收时，应对无障碍设施的地面防滑性能、扶手和安全抓杆的受力性能进行验收。

5.0.3 对竣工验收交付使用的无障碍设施应明确维护责任人。

5.0.4 维护责任人应定期对无障碍设施进行检查，确保其符合安全性、功能性和系统性要求。

5.0.5 对安全性、功能性或系统性缺损的无障碍设施，维护责任人应及时进行维护，保证其正常使用。

5.0.6 涉及人身安全的无障碍设施，因突发性事件引起功能缺损或因雨雪等原因造成防滑性能下降，维护责任人应采取应急维护措施。

◐ 典型案例

徐某平等三人诉某区交通运输局交通行政管理案

2017年3月19日21时左右,徐某平的配偶张某祥驾驶小型面包车由北向南行驶至苏225线42KM+875M处大桥路段时,车前部左侧与由北向南依次排队停在左侧车道等候绿灯放行的刘某军驾驶的重型半挂牵引车牵引的重型普通半挂车后部右侧发生碰撞,造成张某祥当日死亡。某区公安局交通警察大队出具了《道路交通事故认定书》,认定张某祥夜间驾驶机动车对路面情况观察不够,未能降低行驶速度,未能按照操作规范确保安全通行,应承担本次事故的全部责任。后徐某平等三人向江苏省南京市中级人民法院提起行政赔偿诉讼,认为江苏省交通运输厅公路局审查批准苏225线42KM+875M处大桥南侧桥口处设置红绿灯的行为违法并要求赔偿,江苏省南京市中级人民法院于2018年6月6日作出(2017)苏01行赔初12号行政裁定书,裁定驳回徐某平等三人的起诉。徐某平等三人不服上述裁定,向江苏省高级人民法院提起上诉,江苏省高级人民法院于2019年6月27日作出(2018)苏行赔终12号行政赔偿裁定书,裁定驳回上诉,维持原裁定。另,(2018)苏行赔终12号行政赔偿裁定书中载明,事发地段最终是否设置道路交通信号以及设置何种道路交通信号系交通管理部门的职责范围。徐某平等三人认为某区交通运输局在事发路段设置红绿灯，与徐某平配偶张某祥死亡事故之间存在因果关系，故提起本案诉讼，请求确认某区交通运输局在苏225线42KM+875M处大桥南侧桥口处设置红绿灯的行为违法并赔偿损失998464.5元。

一审法院认为，被诉的设置交通信号灯的行为是行政机关针对不特定交通参与人的交通行为，不是行政机关针对特定的公民、法人或者其他组织以及特定的具体事项作出的有关公民、法人或者其他组织的权利义务关系的行为，该行为不属于行政诉讼的受案范围。据此裁定驳回徐某平等三人的起诉。

二审法院认为：

1. 设置交通信号灯的行为属于行政诉讼受案的范围。

行政诉讼法意义上的行政行为，通常是指行政主体根据法律所赋予的职权，作出的能够对公民、法人或者其他组织的权利义务产生影响的行为。原则上，行政行为都属于行政诉讼的受案范围，除非法律明确规定应当排除的情形。交通信号灯是道路交通安全管理的基础设施，在道路上设置交通信号灯，既是行政机关为保障道路交通安全与秩序所提供的一种公共服务，也是道路交通管理的手段之一，是行政机关行使道路交通管理职权的行为。交通信号灯一旦设立，与所在道路一并投入使用，在特定的时间、空间内就可以对道路通行者的通行行为产生法律效果，影响到道路通行者的权利义务，符合可诉行政行为的特征。

因此，设置道路交通信号灯的行为属于人民法院行政诉讼的受案范围。

《道路交通安全法》第二十五条第三款规定："交通信号灯、交通标志、交通标线的设置应当符合道路交通安全、畅通的要求和国家标准，并保持清晰、醒目、准确、完好。"合法合理设置的交通信号灯，在维护交通秩序、保障交通安全上发挥着重要作用，反之，则极有可能侵犯道路通行者的权利。"无救济则无权利"，任何有可能对相对人的权利造成不利影响的行政行为都应当接受监督。依法行政的原则是最大限度保障相对人的诉权，随着行政管理实践和行政诉讼理论的发展，可诉的行政行为范围不断扩大。允许当事人因不当设置交通信号灯而遭受或可能遭受侵犯的情形下，启动行政诉讼程序，获得有效的救济，不仅符合行政诉讼制度设计的初衷，也有利于促使行政机关在作出此类行为时严格遵守法律规定和技术规范。

设置交通信号灯的行为与规范性文件明显有别，一审法院将设置交通信号灯的行为视作规范性文件，显然是对规范性文件的扩大理解，限缩了行政诉讼受案范围，适用法律错误。

裁定指令一审法院继续审理。后该案在法院审理期间，双方当事人自愿调解结案。①

---

① 江苏省南通市中级人民法院（2020）苏06行终139号，载中国裁判文书网。

第二十四条 无障碍停车位

停车场应当按照无障碍设施工程建设标准，设置无障碍停车位，并设置显著标志标识。

无障碍停车位优先供肢体残疾人驾驶或者乘坐的机动车使用。优先使用无障碍停车位的，应当在显著位置放置残疾人车辆专用标志或者提供残疾人证。

在无障碍停车位充足的情况下，其他行动不便的残疾人、老年人、孕妇、婴幼儿等驾驶或者乘坐的机动车也可以使用。

● 理解要点

立法中面向全体成员，突出重点人群。无障碍环境建设事关每一个人，特别是残疾人、老年人、孕妇、幼儿、伤病者、负重者等。立法强调通用设计、广泛受益，同时基于数量庞大的残疾人和老年人对无障碍环境需求更大、依赖更深的实际情况，充分考虑残疾人部分功能丧失、老年人功能衰退而产生的无障碍需求，对部分无障碍设施和信息交流作出适残、适老的特别规定，在无障碍社会服务中明确要求为有无障碍需求的社会成员提供便利，以最大限度满足残疾人和老年人的特定需要。[1]

---

[1] 《关于〈中华人民共和国无障碍环境建设法（草案）〉的说明》，载中国人大网，http：//www.npc.gov.cn/npc/c30834/202306/897ff8202f714e229e2ba94719b6d197.shtml，最后访问时间：2023年7月8日。

设置无障碍停车位是国际上的通行做法，大多数国家和地区都会在停车场相对便利的位置设置较为宽阔的无障碍停车位。随着越来越多的残疾人选择汽车作为出行交通工具，以及老年人、孕妇、婴幼儿驾驶或者乘车出行需求的增加，设置无障碍停车位具有强烈的现实需求。

《无障碍环境建设条例》规定无障碍停车位为肢体残疾人专用。立法中考虑到老年人、孕妇、婴幼儿的出行需求和公共停车资源在许多城市比较稀缺，规定肢体残疾人优先使用无障碍停车位，其他行动不便的老年人、孕妇、婴幼儿等也可以使用。结合当前国内公共停车场管理现状，无障碍停车位的使用主要依靠停车场自身的管理，本着循序渐进原则，该条以引导提倡为主，并未规定相应罚则。

● 典型案例

白某阳诉物业公司排除妨害纠纷案

2017年8月2日，白某阳与置业公司签订一份《地下车位使用权有偿转让协议》，约定置业公司向白某阳有偿转让位于项目地下室的一个地下车位使用权，供白某阳停放轿车类小型车辆，具体车位位置附图；该车位使用权转让价款为128000元；置业公司须在白某阳付清全款后，于2017年1月1日前将上述地下车位交付白某阳使用；上述车位属于住宅小区地下人防车位；该车位为小型车辆停泊和专用，乙方不得另作他用，不得擅自改变内部设施和墙体结构等。合同签订当日,白某阳向置业公司支付车位使用权转让款128000元。上述车位属于无障碍停车位,停车线一侧的地面涂有轮椅通道线,白某阳在停车线及轮椅通道线范围内可同时停放一辆奔驰牌轿车和一辆奔驰SMART牌轿车。2020年5月始,物业公司制止白某阳在上述车位同时停放两辆车。2020年5月25日,物业公司张贴《关于地下室无障碍车位使用声明》,载明:地下室为无障碍车位,其功能是为方便专人上下车,同时车位为单个位置仅供停放1辆车使用,不能占据无障碍标线及公共过道位置。

二审法院认为,根据国务院第622号令《无障碍环境建设条例》第十四条的规定,城市大型居住区的停车场,应当按照无障碍设施工程建设标准设置并标明无障碍停车位。无障碍停车位为肢体残疾人驾驶或者乘坐的机动车专用。涉案停车位系无障碍停车位,上诉人作为该车位的使用权人,应当依法使用。《浙江省实施〈无障碍环境建设条例〉办法》第十三条规定,任何单位和个人不得损坏、违规占用无障碍设施或者改变其用途。无障碍设施的所有权人或管理人应当对无障碍设施进行维护,制止损坏、违规占用无障碍设施的行为,确保其正常使用。无障碍车位停车线一侧的地面涂有轮椅通道线,该轮椅通道的法定用途系供乘轮椅者上下车使用。白某阳在涉案车位的轮椅通道线上停放车辆的行为,违反了上述相关法律法规的规定,被上诉人作为物业公司有权对其行为进行管理并制止。被上诉人的管理、制止行为系依法进行的正当行为，上诉人请求被上诉人停止侵害并要求在无障碍车位停放多辆车，缺乏事实和法律依据，判决驳回上诉，维持原判。①

廖某龙诉某区发展和改革局处理决定案

2016年12月22日，廖某龙通过打电话向某区发展和改革局（以下简称某区发改局）举报称，其于2016年12月20日在某酒店停车场停车时，该停车场违规收取残疾人驾驶机动车停车费，违反残疾人免费停放的规定，要求退还收取的13元停车费、赔偿1000元精神损失费并道歉，以及按规定设置残疾人专用停车位。2016年12月27日，某区发改局予以受理。2017年1月3日，某区发改局指派两名执法人员到现场调查并向停车场管理单位车场管理公司发出《检查通知书》，调取了酒店管理公司及停车场管理公司的《营业执照》、2016年12月20日案涉停车场停车记录，收集了廖某龙提供的三张五元的停车费发票及友邦公司出具的《情况说明》，并进行了现场拍照。同日，某区发改局工作人员对调查办理情况进行集体讨论，认为某酒店停车场不存在价格违法，故对廖某龙的举报不予立案。2017年1月4日，某区发改局工作人员电话告知廖某龙调查情况及处理结果。2017年1月16日，某区发改局作出《价格举报处理结果告知书》并向廖某龙送达。廖某龙不服

---

① 温州市中级人民法院（2020）浙03民终5938号，载中国裁判文书网。

某区发改局作出的处理结果，诉至法院。

二审法院认为：

1. 关于上诉人廖某龙要求被上诉人某区发改局对某酒店停车场未设置残疾人专用停车位的情况进行处理的举报要求。法院认为，某区发改局对上诉人廖某龙的该项举报要求不具有查处的行政职权。同时，被上诉人某区发改局在原审中举示的证据《电话记录》能够证明其已经通过电话方式向上诉人廖某龙建议向具有查处此项投诉职权的某区建设局、交通局等部门投诉，已经尽到了告知义务。

2. 关于上诉人廖某龙要求被上诉人某区发改局对某酒店停车场违法收取残疾人停车费的情况进行处理的举报要求。法院认为，判断被上诉人某区发改局对上诉人廖某龙的此项投诉的处理是否合法，首先应当对某酒店停车场是否属于"公共停车场所"进行界定，再行判断案涉收费行为是否涉嫌价格违法，在此基础上判断被上诉人某区发改局对此项投诉的处理是否合法。

（1）关于某酒店停车场是否属于"公共停车场所"的问题。本案中，某酒店系公共场所，其停车场系公共场所配套建筑，且从其告示牌可以看出，其并未拒绝对外提供停车服务，亦基于提供停车服务而收取相应的费用，故某酒店停车场属于公共停车场所。

（2）关于某酒店案涉收费行为是否涉嫌价格违法的问题。为正确理解相关法律规定，法院经报请四川省高级人民法院同意，由四川省高级人民法院向四川省人大常委会法制工作委员会提交工作咨询函（川高法函〔2018〕91号），请其就《四川省〈中华人民共和国残疾人保障法〉实施办法》第四十五条应当如何理解进行工作解答。四川省人大常委会法制工作委员会在其回函（川人法工〔2018〕133号）中明确回复："公共停车场所没有设置残疾人专用停车泊位和显著标志的，应当按照第四十五条第二款规定的数量或者比例安排普通停车泊位供残疾人免费停放，并依法尽快补设残疾人专用停车泊位和显著标志。"最后，本案被诉行政行为系价格举报处理行为，作出行政处罚并非唯一的价格违法行为举报办结方式，被上诉人某区发改局对案涉行为有无行政处罚权，并不影响其依法对上诉人廖某龙的价格违法举报作出相应的处理。

判令被上诉人某区发展和改革局对上诉人廖某龙关于某酒店停车场价格违法的举报重新进行处理。①

孙某迪诉置业公司商品房预约合同纠纷案

2019年7月29日，置业公司（出卖方，甲方）与孙某迪（买受方，乙方）签订《车位认购协议书（产权车位）》，约定第一条，认购地下车位编号1753，本协议所约定的车位为产权车位。第二条，出卖人与买受人约定车位按个计价本协议项下车位总价款20万元，该车位以交付

---

① 四川省成都市中级人民法院（2018）川01行终121号，载中国裁判文书网。

时的实际现状为准，不做任何面积补差及价款补差。第三条，乙方于2019年7月29日前一次性向甲方支付全部价款。第五条，协议签订后不允许更名，否则视为乙方违约，甲方有权将该地下车位另行出售且甲方有权扣除车位总价的20%的违约金后无息返还。

合同签订后，孙某迪于2019年7月29日交付20万元车位款。后查明，案涉车位为无障碍车位。置业公司庭审中认可"因被告工作人员的失误，将本是无障碍车位的1753号车位误作为产权车位，与原告签订的合同。"双方后期就调换车位进行沟通未果。

法院认为：

根据《无障碍环境建设条例》第十四条的规定，城市的大中型公共场所的公共停车场和大型居住区的停车场，应当按照无障碍设施工程建设标准设置并标明无障碍停车位。无障碍停车位为肢体残疾人驾驶或者乘坐的机动车专用。但有关无障碍车位是否可以出售或转让给非残疾人，法律尚无明确规定。实践中为避免资源浪费，有些小区的做法是将无障碍车位转让前进行公示，残障人士享有优先受让权利，公示期满后，没有残障人士受让，则按普通车位处分，但这种做法无法律依据，亦不是常规做法。本案的案涉车位系无障碍车位，因受让对象及转让流程的特殊性，案涉认购协议书因客观原因已履行不能。孙某迪虽变更诉讼请求要求与置业公司签订车位使用权转让协议，但置业公司不同意签订,根据《民法典》第五条的规定,民事主体从事民事活动,应当遵循自愿原则,按照自己的意愿设立、变更、终止民事法律关系。故孙某迪诉请签订合同并交付车位,于法无据,本院不予支持。

因置业公司工作人员的失误将案涉无障碍车位出售给孙某迪,现因履行不能而导致合同无法继续履行,置业公司当庭提出解除案涉协议,本院认为,置业公司作为违约方虽无权行使解除权,但基于认购协议已不能实际履行,当事人已经陷入合同僵局的客观事实,为根本解决双方矛盾,避免司法资源浪费,本院认定案涉认购协议解除。[1]

第二十五条 公共交通运输工具无障碍改造

新投入运营的民用航空器、客运列车、客运船舶、公共汽电车、城市轨道交通车辆等公共交通运输工具,应当确保一定比例符合无障碍标准。

既有公共交通运输工具具备改造条件的,应当进行无障碍改造,逐步符合无障碍标准的要求;不具备改造条件的,公共交通运输工具的运营单位应当采取必要的替代性措施。

---

[1] 济南市历下区人民法院(2022)鲁0102民初4671号,载中国裁判文书网。

县级以上地方人民政府根据当地情况，逐步建立城市无障碍公交导乘系统，规划配置适量的无障碍出租汽车。

● 理解要点

近些年，我国持续加强交通基础设施的无障碍建设与改造，已经取得比较丰富的实践经验。例如，客运列车设置残疾人专座，城市公共交通设置"老弱病残孕"专座，使用低地板公交车和无障碍出租汽车，公交车配备车载屏幕、语音报站系统，等等。

考虑到我国的实际国情和公共交通运输工具设计本身的局限，现阶段要求全部的公共交通运输工具均实现无障碍还不现实，因此，本条立法规定在满足无障碍出行需求与投入成本方面寻求平衡，规定新投入运营的公共交通运输工具中有一定比例符合无障碍标准即可。

● 相关法规

中华人民共和国残疾人保障法

（2018年10月26日）

第七章 无障碍环境

第五十二条 国家和社会应当采取措施，逐步完善无障碍设施，推进信息交流无障碍，为残疾人平等参与社会生活创造无障碍环境。

各级人民政府应当对无障碍环境建设进行统筹规划，综合协调，加强监督管理。

第五十三条 无障碍设施的建设和改造，应当符合残疾人的实际需要。

新建、改建和扩建建筑物、道路、交通设施等，应当符合国家有关无障碍设施工程建设标准。

各级人民政府和有关部门应当按照国家无障碍设施工程建设规定，逐步推进已建成设施的改造，优先推进与残疾人日常工作、生活密切相关的公共服务设施的改造。

对无障碍设施应当及时维修和保护。

第五十五条 公共服务机构和公共场所应当创造条件，为残疾人提供语音和文字提示、手语、盲文等信息交流服务，并提供优先服务和辅助性服务。

公共交通工具应当逐步达到无障碍设施的要求。有条件的公共停车场应当为残疾人设置专用停车位。

中华人民共和国老年人权益保障法

（2018年12月29日）

第五十八条 提倡与老年人日常生活密切相关的服务行业为老年人提供优先、优惠服务。

城市公共交通、公路、铁路、水路和航空客运，应当为老年人提供优待和照顾。

第六十三条 国家制定和完善涉及老年人的工程建设

标准体系,在规划、设计、施工、监理、验收、运行、维护、管理等环节加强相关标准的实施与监督。

第六十四条 国家制定无障碍设施工程建设标准。新建、改建和扩建道路、公共交通设施、建筑物、居住区等,应当符合国家无障碍设施工程建设标准。

各级人民政府和有关部门应当按照国家无障碍设施工程建设标准,优先推进与老年人日常生活密切相关的公共服务设施的改造。

无障碍设施的所有人和管理人应当保障无障碍设施正常使用。

第六十五条 国家推动老年宜居社区建设,引导、支持老年宜居住宅的开发,推动和扶持老年人家庭无障碍设施的改造,为老年人创造无障碍居住环境。

典型案例

黑龙江省铁路检察机关督促健全铁路旅客车站无障碍设施行政公益诉讼系列案

【基本案情】

2021年初,黑龙江省齐齐哈尔铁路运输检察院(以下简称齐齐哈尔铁检院)根据齐齐哈尔市人大常委会交办的线索,对辖区七区九县各火车站无障碍设施建设情况进行摸排并立案办理。黑龙江省人民检察院哈尔滨铁路运输分院(以下简称哈铁分院)举一反三,调查发现省内大部分铁路旅客车站均未设置无障碍停车位或无障碍停车位设置不够，未设置无障碍标识或标识不清，无障碍通道不畅受阻，个别车站存在无障碍停车位对残疾人收费、站台内部未设置无障碍站台等问题，影响残疾人、老年人等特殊群体出行便利，存在一定的安全隐患，损害了社会公共利益。

【调查和督促履职】

2021年3月起，哈铁分院充分发挥一体化办案机制优势，整合两级铁路检察机关公益诉讼检察力量，围绕铁路管辖范围开展了铁路无障碍环境建设检察公益诉讼专项监督工作，对辖区内245个火车站进行全覆盖走访勘查和系统梳理，共计摸排个案、类案线索42件。哈铁分院检察长直接办案，以办理方正县火车站无障碍设施不健全行政公益诉讼案为样本，指导两级铁路检察机关突出办案重点，查清问题成因，依据相关领域的法律法规及行业标准，找准责任主体，消除铁路企业与地方行政机关在火车站无障碍环境建设领域的监督管理盲区，确保监督对象适格、法律依据准确、建议内容合理。

截至2021年4月底，黑龙江两级铁路检察机关共针对11个县市区的火车站无障碍设施不健全问题立案11件，并制发诉前检察建议，督促主管建设等行政机关依法履行监管职责，落实无障碍环境建设法律规定和强制标准，及时监督、整改、消除影响特殊群体出行的安全隐患。行政机关收到检察建议后，第一时间与检察机关对接整改。齐齐哈尔铁检院在办案中邀请市、县残联,政府及住建、城管部门共同磋商,通过检察官现场出示证据、释法说理,督促相关行政机关对火车站无障碍设施建设、改进情况加强监管,并由残联提供具体国家标准和监督验收。

2021年4月29日,哈铁分院与黑龙江省残联召开"无障碍建设专项监督行动"座谈会,双方就健全日常联系机制、建立联合调查机制、健全联合监督机制、推动信息共享、联合开展宣传工作、明确责任部门等六个方面达成共识,并随即推动齐齐哈尔、佳木斯、鹤岗、双鸭山等地残联与相关铁路检察院建立协作机制,在办案中邀请残障人士参与整改验收,形成司法监督与社会监督合力。

铁路检察机关在开展守护美好生活公益诉讼专项活动中,以改善铁路旅客车站的无障碍环境作为服务残疾人、老年人等特殊群体的切入点和着力点,充分发挥铁路检察机关在铁路与地方之间的桥梁和纽带作用,积极争取残联等各方面的支持,通过诉前检察建议、圆桌会议等方式,以监督办案推动长效协作机制建设,合力消除火车站无障碍环境建设的监管盲区,努力让火车站成为社会文明窗口,以中国铁路的高质量发展更好地保障特殊群体的高品质生活。[1]

---

[1] 2021年最高人民检察院发布10起无障碍环境建设公益诉讼典型案例,载中华人民共和国最高人民检察院网站,https://www.spp.gov.cn/xwfbh/wsfbh/202105/t20210514_ 518136.shtml,最后访问时间:2023年7月8日。

第二十六条 所有权人或管理人职责

无障碍设施所有权人或者管理人应当对无障碍设施履行以下维护和管理责任，保障无障碍设施功能正常和使用安全：

（一）对损坏的无障碍设施和标识进行维修或者替换；

（二）对需改造的无障碍设施进行改造；

（三）纠正占用无障碍设施的行为；

（四）进行其他必要的维护和保养。

所有权人、管理人和使用人之间有约定的，由约定的责任人负责维护和管理。

● 理解要点

无障碍设施的功能发挥依赖于后期有效的管理和维护。针对当前无障碍设施存在"重建设、轻管理"等突出问题，本条明确维护管理主体的责任。

并在第六十五条设置了相应的法律责任条款。

● 学习指引

无障碍通道被锁"马桶哥"误火车获赔

2012年8月6日，在火车站，残障人士王某雷因无障碍通道不畅通误了火车。火车站管委会依据《无障碍环境建设条例》赔偿王某雷3000元。

这是自 2012 年 8 月 1 日我国《无障碍环境建设条例》正式生效以来的全国首例赔偿事件。

8 月 6 日 13 时，王某雷在火车站准备乘坐 13 时 49 分的火车。"当天无障碍通道门被锁上了，上面留了两个工作人员的联系电话，当时离火车开动还有 27 分钟，但两部电话一直都无人接听。"王某雷告诉记者。在烈日下等了一个小时的王某雷，找到火车站管委会"要个说法"，管委会当即赔礼道歉，并赔偿他 3000 元的经济损失，承诺一周内整改。

《无障碍环境建设条例》规定："无障碍设施的所有权人或者管理人对无障碍设施未进行保护或者及时维修，导致无法正常使用的，由有关主管部门责令限期维修；造成使用人人身、财产损害的，无障碍设施的所有权人或者管理人应当承担赔偿责任。"

因发起带着马桶上火车的行为艺术，王某雷被网友称为"马桶哥"。

一位公益律师认为："以前都是追究行政责任，其上级主管单位才能启动。这次赋予了残障人士以民事请求权，当他们的无障碍权利受到侵犯时，他可以提起民事诉讼。"[1]

---

[1] 庄庆鸿等：《无障碍通道被锁"马桶哥"误火车获赔》，载《中国青年报》2012 年 8 月 9 日。

● 关联规定

中华人民共和国民法典

（2020年5月28日）

第一千二百五十二条 建筑物、构筑物或者其他设施倒塌、塌陷造成他人损害的，由建设单位与施工单位承担连带责任，但是建设单位与施工单位能够证明不存在质量缺陷的除外。建设单位、施工单位赔偿后，有其他责任人的，有权向其他责任人追偿。

因所有人、管理人、使用人或者第三人的原因，建筑物、构筑物或者其他设施倒塌、塌陷造成他人损害的，由所有人、管理人、使用人或者第三人承担侵权责任。

第一千二百五十三条 建筑物、构筑物或者其他设施及其搁置物、悬挂物发生脱落、坠落造成他人损害，所有人、管理人或者使用人不能证明自己没有过错的，应当承担侵权责任。所有人、管理人或者使用人赔偿后，有其他责任人的，有权向其他责任人追偿。

第一千二百五十四条 禁止从建筑物中抛掷物品。从建筑物中抛掷物品或者从建筑物上坠落的物品造成他人损害的，由侵权人依法承担侵权责任；经调查难以确定具体侵权人的，除能够证明自己不是侵权人的外，由可能加害的建筑物使用人给予补偿。可能加害的建筑物使用人补偿后，有权向侵权人追偿。

物业服务企业等建筑物管理人应当采取必要的安全保障措施防止前款规定情形的发生；未采取必要的安全保障措施的，应当依法承担未履行安全保障义务的侵权责任。

发生本条第一款规定的情形的，公安等机关应当依法及时调查，查清责任人。

第一千二百五十五条 堆放物倒塌、滚落或者滑落造成他人损害，堆放人不能证明自己没有过错的，应当承担侵权责任。

第一千二百五十六条 在公共道路上堆放、倾倒、遗撒妨碍通行的物品造成他人损害的，由行为人承担侵权责任。公共道路管理人不能证明已经尽到清理、防护、警示等义务的，应当承担相应的责任。

第一千二百五十七条 因林木折断、倾倒或者果实坠落等造成他人损害，林木的所有人或者管理人不能证明自己没有过错的，应当承担侵权责任。

第一千二百五十八条 在公共场所或者道路上挖掘、修缮安装地下设施等造成他人损害，施工人不能证明已经设置明显标志和采取安全措施的，应当承担侵权责任。

窨井等地下设施造成他人损害，管理人不能证明尽到管理职责的，应当承担侵权责任。

第二十七条 临时无障碍设施

因特殊情况设置的临时无障碍设施，应当符合无障碍设施工程建设标准。

● 理解要点

因不具备改造条件或者因其他特殊情况，设置临时无障碍设施作为替代，是较为成熟经验。虽然是临时无障碍设施但仍然要符合强制性标准的规定。

● 关联规定

中华人民共和国无障碍环境建设法

（2023 年 6 月 28 日）

第六十五条 违反本法规定，有下列情形之一的，由住房和城乡建设、民政、交通运输等相关主管部门责令限期改正；逾期未改正的，对单位处一万元以上三万元以下罚款，对个人处一百元以上五百元以下罚款：

……

（二）设置临时无障碍设施不符合相关规定；

……

第二十八条 不得擅自改变用途或者非法占用、损坏无障碍设施

任何单位和个人不得擅自改变无障碍设施的用途或者非法占用、损坏无障碍设施。

因特殊情况临时占用无障碍设施的，应当公告并设置护栏、警示标志或者信号设施，同时采取必要的替代性措施。临时占用期满，应当及时恢复原状。

理解要点

本条第一款规定了无障碍设施的物权保护。物权是支配权、绝对权和对世权。

1. 物权是权利人直接支配的权利，即物权人可以依自己的意志就标的物直接行使物权的构成体系，无须他人的意思或义务人的行为的介入。

2. 物权是绝对权（对世权），即物权的权利主体只有一个，权利人是特定的，义务人是不特定的第三人，且义务内容是不作为，即只要不侵犯物权人行使权利就履行义务，所以物权是一种绝对权。

3. 物权是财产权，即物权是一种具有物质内容的、直接体现为财产利益的权利，财产利益包括对物的利用、物的归属和就物的价值设立的担保，与人身权相对。

4. 物权的客体是物，且主要是有体物。物权具有排他性。首先，物权的权利人可以对抗一切不特定的人，所以

物权是一种对世权；其次，同一物上不允许有内容不相容的物权并存（最典型的就是一个物上不可以有两个所有权，但可以同时有一个所有权和几个抵押权并存），即"一物一权"。

5. 物权作为一种绝对权，必须具有公开性，因此物权必需要公示。物权设立采用法定主义。物权具有优先效力，又称为物权的优先权。

无障碍设施投入使用后，因特殊情况需要临时占用的情况不可避免。

本条第二款规定了临时占用无障碍设施时应当采取的相应措施：

1. 公告；
2. 设置护栏、警示标志或者信号设施；
3. 采取必要的替代性措施；
4. 临时占用期满，应当及时恢复原状。

第三章　无障碍信息交流

第二十九条　无障碍获取公共信息

> 各级人民政府及其有关部门应当为残疾人、老年人获取公共信息提供便利；发布涉及自然灾害、事故灾难、公共卫生事件、社会安全事件等突发事件信息时，条件具备的同步采取语音、大字、盲文、手语等无障碍信息交流方式。

● 理解要点

政府发布的公共信息应当让所有人方便获取，特别是突发事件信息，关系到人民群众的生命财产安全。现实生活中，老年人、残疾人、儿童等面临不能方便和及时获取公共信息的情况。各国在应对自然灾害等突发事件的法律中，普遍强调对特殊群体的保障。近几年，北京、上海、重庆、江苏等地的无障碍环境建设地方立法中，均对无障碍获取公共信息作出了明确规定。

◐ 学习指引

推广手语"普通话"势在必行

近日,《国家通用手语常用词表》和《国家通用盲文方案》由国家语言文字工作委员会规范标准审定委员会审定,经教育部、国家语言文字工作委员会、中国残疾人联合会同意,作为语言文字规范发布,自2018年7月1日起实施。

据统计,我国现有听力障碍人士2780万人,手语是他们交流的主要工具。和口语一样,手语也有"普通话"和"方言"之分。目前,我国通用的手语类型是中国标准手语,也叫中国手语,相当于手语中的"普通话"。许多聋哑人平时使用更多的则是自然手语,相当于"方言"。

俗话说,十里不同音,手语自然也是如此。各地对同一个词的用法不一样,来自不同地方的两个人相互打手语,很可能比画半天,也不明白对方的意思。近年来,中央台和一些地方电视台先后在新闻栏目中增设手语主播,通过手语为听障观众传播信息,不过,不少聋哑人却并不明白。因为他们习惯了说"方言",打的是本地手语,新闻中的手语主播打的却是中国手语,其中存在较大的差异,聋哑人理解起来有不少困难。

对于正常人来说,或许会把打手势当作表达意思的辅助手段,可是对于聋哑人来说,这是他们唯一的语言。手语不通、鸡同鸭讲,严重影响了听障人士之间以及和正常人之间的交流沟通。近年来，许多志愿者为了服务听障人士，主动学习掌握了一些常用手语，但志愿者学的是标准手语，在和一些聋哑人的交流中同样会遇到障碍，无法充分理解对方的需求，难以提供更有针对性的服务。

此前，教育部等三部门委托国家手语和盲文研究中心开展了全国手语、盲文使用状况的抽样调查。调查结果显示，手语动作不一致和词汇量不足是当前我国听力残疾人和残疾人工作者手语使用中面临的两大问题。59%的成年聋人和82.8%的聋人工作者认为有必要制定国家通用手语，63.1%的成年聋人和85.2%的聋人工作者希望制定国家通用手语。

此次将手语规范纳入国家语委语言文字规范标准范畴，是改革开放40年以来的第一次。有关部门历时七年的研究、规范与方案试点，并经专家委员会和国家语委评审，最终形成了《国家通用手语常用词表》。相较于原《中国手语》，《国家通用手语常用词表》收录了广大听力残疾人现实生活中广泛使用的手语，在大量减少了手指字母使用的同时，突出了手语表达时体态动作和面部表情的变化，更加符合手语表形表意的语言特点。《国家通用手语常用词表》的发布，是国家通用语言的丰富和补充，有力保障了听障人士使用手语的语言权利。

行百里者半九十，推广手语"普通话"比制定词表本身更重要。要拿出当年推广普通话的力度，大力推广手语

"普通话"。一方面，通过免费培训，教会听障人士掌握国家通用手语；另一方面，积极营造学手语、用手语的氛围，电视媒体要增加手语节目，政府服务窗口、社区、银行、医院等要开展手语讲座，传授常用的手语。只有增加手语"普通话"的使用频率，使其成为一种活语言，广大听障人士才会愿意学习和使用，以此更好地交流沟通，融入社会。[①]

第三十条　同步字幕与手语节目

利用财政资金设立的电视台应当在播出电视节目时配备同步字幕，条件具备的每天至少播放一次配播手语的新闻节目，并逐步扩大配播手语的节目范围。

国家鼓励公开出版发行的影视类录像制品、网络视频节目加配字幕、手语或者口述音轨。

● 理解要点

2012年实施的《无障碍环境建设条例》规定，市级以上电视台应当创造条件，在播出电视节目时配备字幕，每周播放至少一次配播手语的新闻节目。公开出版发行的影视类录像制品应当配备字幕。经过十年探索实践，有必要在条例基础上，适当提高要求，因此，形成了本条内容。

---

① 张淳艺：《推广手语"普通话"势在必行》，载《北京青年报》2018年5月22日。

◐ 学习指引

金晶代表：无障碍环境关乎所有人，你我都有需要时

在上海市人大代表、上海市残联副理事长金晶看来，随着上海无障碍环境建设日趋完善，生活在这座城市将更加美好。2023年上海两会正在召开，《上海市无障碍环境建设条例（草案）》已提请上海市十六届人大一次会议审议。2023年1月12日，金晶在接受澎湃新闻记者采访时表示，她参与了这部法规的调研、审议等全过程，"在不断地调研和审议当中，这部条例草案日趋完善和丰富"。

金晶说，上海此次立法让无障碍环境建设的内涵有了极大延伸，是面向所有人的，生活在这座城市的每个人也将因此受益。

通常很多人以为，无障碍环境只面向老年人、残障人士。金晶表示并非如此，无障碍环境还为年幼、生育、疾病、意外伤害等众多人群服务，这也是上海此次立法的精神所在。

"比如孕妇上下楼不方便，或者原本年轻力壮的人打篮球受伤了，要坐轮椅两个月，这些人群的出行也都涉及无障碍环境设施，它是关于所有人的事，每个人都有需要的时候。"金晶解释。

在金晶看来，这次立法还有一个亮点，不仅关注无障碍设施的建设与维护,如公共交通无障碍、城市道路无障碍、无障碍客房和无障碍卫生间、家庭无障碍等"硬件",还将无障碍信息交流等"软件"充分地纳入法治轨道。

她举例说,现在人们习惯使用智能手机,办事、消费等都可以通过手机完成,政府部门为此做了很多保障服务,越来越多的业务、服务都可以通过线上实现,方便了很多人。不过,对不会用智能手机的老年人,以及视障、听障人士而言,网络、手机都是一道屏障。

"这次立法做了很多信息交流方面的规范,将帮助更多人跨越这个屏障。"金晶说。

例如,听障人士遇到危险拨打"120"有困难怎么办?根据草案,上海将完善报警求助、消防应急等呼叫系统,健全文字、语音等无障碍功能。上海各级政府发布自然灾害、事故灾难、公共卫生事件等时,要同步采取语音、文字、手语等无障碍方式。

很多时候,视障人士到电影院看电影,除了部分专场电影,只能听到演员的对白而错过画面信息。此次,上海在草案中对影视节目也作出相关规定,鼓励增加口述音轨、手语、字幕。

"这样一来,他们就可以跟健全人一起看电影,不用等专场,正常上映的影片也能和朋友去看,他们多戴一个设备,影片为他们多增加一个口述音轨就好。"金晶说。

只是多一个口述音轨,看似简单的一件事,却能帮助残障人士更平等地参与社会生活。金晶感慨地说："我们还在努力中，还在努力中。"①

第三十一条　无障碍格式版本

国家鼓励公开出版发行的图书、报刊配备有声、大字、盲文、电子等无障碍格式版本，方便残疾人、老年人阅读。

国家鼓励教材编写、出版单位根据不同教育阶段实际，编写、出版盲文版、低视力版教学用书，满足盲人和其他有视力障碍的学生的学习需求。

理解要点

2020年11月修改的《著作权法》增加了阅读障碍者获取无障碍方式作品的规定。2021年10月，全国人大常委会批准加入《关于为盲人、视力障碍者或其他印刷品阅读障碍者获得已出版作品提供便利的马拉喀什条约》（以下简称《马拉喀什条约》），该条约旨在解决全球阅读障碍者"书荒"的问题。

本条对图书报刊信息的规定衔接了《著作权法》，有利于落实《马拉喀什条约》。

---

① 李佳蔚：《两会声音 | 金晶代表：无障碍环境关乎所有人，你我都有需要时》，载澎湃新闻，https：//www.thepaper.cn/newsDetail_forward_21535243，最后访问时间：2023年7月8日。

关联规定

中华人民共和国残疾人保障法

（2018年10月26日）

第四十三条 政府和社会采取下列措施，丰富残疾人的精神文化生活：

（一）通过广播、电影、电视、报刊、图书、网络等形式，及时宣传报道残疾人的工作、生活等情况，为残疾人服务；

（二）组织和扶持盲文读物、盲人有声读物及其他残疾人读物的编写和出版，根据盲人的实际需要，在公共图书馆设立盲文读物、盲人有声读物图书室；

（三）开办电视手语节目，开办残疾人专题广播栏目，推进电视栏目、影视作品加配字幕、解说；

（四）组织和扶持残疾人开展群众性文化、体育、娱乐活动，举办特殊艺术演出和残疾人体育运动会，参加国际性比赛和交流；

（五）文化、体育、娱乐和其他公共活动场所，为残疾人提供方便和照顾。有计划地兴办残疾人活动场所。

第四十四条 政府和社会鼓励、帮助残疾人从事文学、艺术、教育、科学、技术和其他有益于人民的创造性劳动。

中华人民共和国著作权法

（2020 年 11 月 11 日）

第二十四条第十二项 在下列情况下使用作品，可以不经著作权人许可，不向其支付报酬，但应当指明作者姓名或者名称、作品名称，并且不得影响该作品的正常使用，也不得不合理地损害著作权人的合法权益：

（十二）以阅读障碍者能够感知的无障碍方式向其提供已经发表的作品；

第五十条第二项 下列情形可以避开技术措施，但不得向他人提供避开技术措施的技术、装置或者部件，不得侵犯权利人依法享有的其他权利：

（二）不以营利为目的，以阅读障碍者能够感知的无障碍方式向其提供已经发表的作品，而该作品无法通过正常途径获取；

全国人民代表大会常务委员会关于批准《关于为盲人、视力障碍者或其他印刷品阅读障碍者获得已出版作品提供便利的马拉喀什条约》的决定

（2021 年 10 月 23 日）

第十三届全国人民代表大会常务委员会第三十一次会议决定：批准 2013 年 6 月 28 日由中华人民共和国代表在马拉喀什签署的《关于为盲人、视力障碍者或其他印刷品阅读障碍者获得已出版作品提供便利的马拉喀什条约》（以下简称《马拉喀什条约》），同时声明：

一、中华人民共和国香港特别行政区适用《马拉喀什条约》，并依据该条约第四条第四款的规定，将该条规定的版权例外限于市场中无法从商业渠道以合理条件为受益人获得特定无障碍格式的作品。

二、在中华人民共和国政府另行通知前，《马拉喀什条约》暂不适用于中华人民共和国澳门特别行政区。

第三十二条 无障碍网站

利用财政资金建立的互联网网站、服务平台、移动互联网应用程序，应当逐步符合无障碍网站设计标准和国家信息无障碍标准。

国家鼓励新闻资讯、社交通讯、生活购物、医疗健康、金融服务、学习教育、交通出行等领域的互联网网站、移动互联网应用程序，逐步符合无障碍网站设计标准和国家信息无障碍标准。

国家鼓励地图导航定位产品逐步完善无障碍设施的标识和无障碍出行路线导航功能。

● 理解要点

在数字技术快速发展的背景下，数字鸿沟问题凸显。有些国家和地区对网络应用和智能终端产品的无障碍进行了专门立法或采取专门措施，如欧盟出台了《欧盟互联网无障碍法令》。本条对与民生关系密切的互联网网站、移动互联网应用提出标准要求,与《数据安全法》相衔接,将推动国务院《"十四五"数字经济发展规划》等政策的实施。最近几年的地方立法也非常重视网络应用无障碍问题,都规定了相关条款。

本次立法丰富了信息交流内容。一是要求政府及其有关部门在提供公共信息、发布突发事件信息时应采取无障碍方式;二是强化影视节目、图书报刊、网络应用、硬件终端、电信业务、公共图书馆等提供无障碍信息的要求;三是鼓励食品药品等商品外部包装配置无障碍说明书的要求;四是对国家通用手语和通用盲文的推广使用作出要求。[①]

● 关联规定

中华人民共和国数据安全法

(2021年6月10日)

第十五条 国家支持开发利用数据提升公共服务的智能化水平。提供智能化公共服务,应当充分考虑老年人、残疾人的需求,避免对老年人、残疾人的日常生活造成障碍。

---

① 《关于〈中华人民共和国无障碍环境建设法(草案)〉的说明》,载中国人大网,http://www.npc.gov.cn/npc/c30834/202306/897ff8202f714e229e2ba94719b6d197.shtml,最后访问时间:2023年7月8日。

第三十三条 音视频等语音、大字无障碍功能

音视频以及多媒体设备、移动智能终端设备、电信终端设备制造者提供的产品，应当逐步具备语音、大字等无障碍功能。

银行、医院、城市轨道交通车站、民用运输机场航站区、客运站、客运码头、大型景区等的自助公共服务终端设备，应当具备语音、大字、盲文等无障碍功能。

● 理解要点

随着数字化发展，智能移动终端、电信终端设备、自助公共服务终端等越来越普及，扩大信息无障碍终端产品供给是建设信息无障碍的重要内容。国务院发布的《"十四五"残疾人保障和发展规划》《关于切实解决老年人运用智能技术困难的实施方案》《关于推进信息无障碍的指导意见》等文件都对硬件终端无障碍作出了规定。

银行、医院、城市轨道交通车站、民用运输机场航站区、客运站、客运码头、大型景区的自助公共服务终端主要包括银行的自助柜员机、医院的自助挂号缴费设备、铁路和地铁的自助售检票设备、机场、客运站、客运码头、大型景区的自助值机设备等。

第三十四条 无障碍电信服务

电信业务经营者提供基础电信服务时,应当为残疾人、老年人提供必要的语音、大字信息服务或者人工服务。

◐ **理解要点**

电信业务包括基础电信业务和增值电信业务。现阶段无障碍环境建设首先应当聚焦与人民群众日常工作生活关系密切的基础电信业务。基础电信业务的超大市场规模不能忽视特殊群体的无障碍需求,基础电信业务无障碍有利于他们充分享有电信业务带来的便利。

第三十五条 紧急呼救系统无障碍功能

政务服务便民热线和报警求助、消防应急、交通事故、医疗急救等紧急呼叫系统,应当逐步具备语音、大字、盲文、一键呼叫等无障碍功能。

◐ **理解要点**

目前,政府服务热线和紧急呼叫系统采用的基本模式,对于听力残疾人、视力残疾人、肢体残疾人以及老年人而言,使用过程中仍存在困难,而这些群体恰是政府热线和紧急呼叫的潜在重要用户群,他们在生活中遇到困难的可能性更大，寻求帮助和咨询问题方面的需求更迫切。近年来，许多地方对政府服务热线和紧急呼叫系统进行了简化、优化、便捷化改造，增加了多种紧急呼叫接入模式，如文字方式报警、一键报警设备等。随着数字化的发展，全国各地大力推进"互联网+政务服务"，各地政府陆续上线统一的政府热线服务平台，丰富和完善了政府热线与紧急呼叫的服务渠道和方式。

本次立法扩展了社会服务范围。一是规定国家机关和法律法规授权具有管理公共事务职能的组织的公共服务场所提供无障碍服务的基本要求；二是细化与社会生活密切相关的选举、公共服务、司法诉讼以及公共交通、教育考试、医疗卫生、文旅体育等方面的无障碍社会服务；三是要求政府热线和报警求助、消防应急、交通事故、医疗急救等紧急呼叫系统逐步具备无障碍功能；四是要求根据残疾人、老年人的特点，保留现场人工办理等传统服务方式。[1]

● 关联规定

国务院办公厅关于进一步优化地方政务
服务便民热线的指导意见

（2020年12月28日）

政务服务便民热线直接面向企业和群众，是反映问题

---

[1] 《关于〈中华人民共和国无障碍环境建设法（草案）〉的说明》，载中国人大网，http://www.npc.gov.cn/npc/c30834/202306/897ff8202f714e229e2ba94719b6d197.shtml，最后访问时间：2023年7月8日。

建议、推动解决政务服务问题的重要渠道。优化政务服务便民热线，对于有效利用政务资源、提高服务效率、加强监督考核、提升企业和群众满意度具有重要作用。近年来，一些地区率先探索，对本地的政务服务便民热线进行归并，依托一个号码开展服务，在为企为民排忧解难上发挥了积极作用。同时，地方政务服务便民热线号码仍过多、记不住，热线服务资源分散，电话难接通、群众办事多头找等现象还较为普遍。为进一步优化地方政务服务便民热线，提高政府为企便民服务水平，经国务院同意，现提出以下意见。

一、总体要求

（一）指导思想。

以习近平新时代中国特色社会主义思想为指导，深入贯彻落实党的十九大和十九届二中、三中、四中、五中全会精神，坚持以人民为中心，加快转变政府职能，深化"放管服"改革，持续优化营商环境，以一个号码服务企业和群众为目标，推动地方政务服务便民热线归并优化，进一步畅通政府与企业和群众互动渠道，提高政务服务水平，建设人民满意的服务型政府，推进国家治理体系和治理能力现代化，不断增强人民群众的获得感、幸福感、安全感。

（二）工作目标。

加快推进除110、119、120、122等紧急热线外的政务服务便民热线归并，2021年底前，各地区设立的政务服务便民热线以及国务院有关部门设立并在地方接听的政务服务便民热线实现一个号码服务，各地区归并后的热线统一为"12345政务服务便民热线"（以下简称12345热线），语音呼叫号码为"12345"，提供"7×24小时"全天候人工服务。同时，优化流程和资源配置，实现热线受理与后台办理服务紧密衔接，确保企业和群众反映的问题和合理诉求及时得到处置和办理，使政务服务便民热线接得更快、分得更准、办得更实，打造便捷、高效、规范、智慧的政务服务"总客服"。

（三）基本原则。

坚持属地管理和部门指导相统筹。充分发挥各地区在热线归并和管理服务工作中的主导作用，压实地方特别是市县责任，加强部门政策支持和配合衔接，一个号码、各地归并。

坚持诉求受理和业务办理相衔接。明确12345热线与业务部门的职责，加强工作衔接，12345热线负责受理企业和群众诉求、回答一般性咨询，不代替部门职能，部门按职责分工办理相关业务、实施监管执法和应急处置等，涉及行政执法案件和投诉举报的，12345热线第一时间转至相关部门办理，形成高效协同机制。

坚持便民高效和专业支撑相结合。以切实便利企业和群众为出发点和落脚点，拓展受理渠道，完善知识库共享、专家支持、分中心联动等机制，提高热线接通率和专业化服务水平。

坚持互联互通和协同发展相促进。强化12345热线平台与部门业务系统互联互通和信息共享，推动12345热线与各类线上线下政务服务平台、政府网站联动融合。相关部门要加强对普遍性诉求的研究分析，解决共性问题。

二、加快各地政务服务便民热线归并

（一）归并方式。

1. 整体并入。企业和群众拨打频率较低的政务服务便民热线，取消号码，将话务座席统一归并到各地区12345热线。

2. 双号并行。话务量大、社会知晓度高的政务服务便民热线，保留号码，将话务座席并入12345热线统一管理。对于不具备归并条件的热线，可以保留话务座席，与12345热线建立电话转接机制，按照12345热线标准统一提供服务，具体由各地区根据实际情况决定。热线号码在一些地区已经取消的，原则上不再恢复。

3. 设分中心。实行垂直管理的国务院部门在各地区设立的政务服务便民热线，以分中心形式归并到所在地12345热线，保留号码和话务座席，与12345热线建立电话转接机制，提供"7×24小时"全天候人工服务。同时，纳入所在地热线考核督办工作体系和跨部门协调机制，共建共享知识库，相关数据实时向12345热线平台归集。12345热线可按知识库解答一般性咨询，相对专业的问题和需由部门办理的事项通过三方转接、派发工单等方式，转至分中心办理。支持各地区对设分中心的热线进行整体并入、双号并行等实质性归并探索。

（二）归并要求。

1. 分级分类推进热线归并。各地区设立的政务服务便民热线，要全部取消号码，整体并入 12345 热线。国务院有关部门设立并在地方接听的政务服务便民热线，按照以上三种方式归并到各地区 12345 热线。

2. 确保热线归并平稳过渡。各地区要统筹各类政务服务便民热线的人员座席、设施设备、工作流程、业务指标、知识库、服务能力等情况，分类制定实施方案，切实做好话务人员衔接安排，以及场地、系统、经费等各项保障，设置过渡期电话语音提示，有序做好 12345 热线平台与部门业务系统的衔接，保障热线服务水平不降低、业务有序办理。国务院有关部门要支持本行业领域内的热线纳入 12345 热线，指导做好专业知识库开放共享、系统对接、数据归集、驻场培训、专家座席设置以及相关业务依职责办理等工作。

三、优化 12345 热线运行机制

（一）建立健全热线工作管理体系。各地区要建立健全政务服务便民热线工作统筹协调机制，负责本地区 12345 热线工作统筹规划、重大事项决策以及重点难点问题协调解决。明确 12345 热线管理机构，负责本级热线平台的规划建设和运行管理，建立和完善各项制度和工作流程，指

导和监督本地区政务服务便民热线工作。对设置专家座席的，各级部门要建立本行业专家选派和管理长效机制。逐步建立12345热线与110、119、120、122等紧急热线和水电气热等公共事业服务热线的联动机制。支持京津冀、长三角、成渝等地区建立区域内12345热线联动机制。

（二）明确热线受理范围。受理企业和群众各类非紧急诉求，包括经济调节、市场监管、社会管理、公共服务、生态环境保护等领域的咨询、求助、投诉、举报和意见建议等。不受理须通过诉讼、仲裁、纪检监察、行政复议、政府信息公开等程序解决的事项和已进入信访渠道的事项，以及涉及国家秘密、商业秘密、个人隐私和违反社会公序良俗的事项。

（三）优化热线工作流程。各地区12345热线要依法依规完善包括受理、派单、办理、答复、督办、办结、回访、评价等环节的工作流程，实现企业和群众诉求办理的闭环运行。建立诉求分级分类办理机制，明确规范受理、即时转办、限时办理、满意度测评等要求，完善事项按职能职责、管辖权限分办和多部门协办的规则，优化办理进度自助查询、退单争议审核、无理重复诉求处置、延期申请和事项办结等关键步骤处理规则。健全对企业和群众诉求高效办理的接诉即办工作机制。

（四）建立热线信息共享机制。各地区要建立统一的12345热线信息共享规则，加快推进各级12345热线平台与部门业务系统互联互通和信息共享,向同级有关部门实时推送受理信息、工单记录、回访评价等所需的全量数据,加强研判分析,为部门履行职责、事中事后监管、解决普遍性诉求、科学决策提供数据支撑。国务院有关部门要加强业务指导,推动地方部门的业务系统查询权限、专业知识库等向12345热线平台开放。

(五)**强化信息安全保障**。各地区要建立12345热线信息安全保障机制,落实信息安全责任,依法依规严格保护国家秘密、商业秘密和个人隐私,按照"谁管理、谁使用、谁负责"的原则,加强业务系统访问查询、共享信息使用的全过程安全管理。

(六)**建立热线工作督办问责机制**。各地区要建立健全12345热线督办、考核和问责机制。加强对诉求办理单位的问题解决率、企业和群众满意率等指标的综合评价,完善绩效考核,不断提升热线归并后的服务质量和办理效率。12345热线管理机构要运用督办单、专题协调、约谈提醒等多种方式,压实诉求办理单位责任,督促履职尽责。行政调解类、执法办案类事项应依法依规处置,不片面追求满意率。各地区要对企业和群众诉求办理质量差、推诿扯皮或谎报瞒报、不当退单等情形,按照有关规定进行问责和通报。

四、加强12345热线能力建设

(一)**拓展受理渠道**。各地区要做好热线接通能力保障建设，提供与需求相适应的人工服务，同时拓展互联网渠道，丰富受理方式，满足企业和群众个性化、多样化需求。加强自助下单、智能文本客服、智能语音等智能化应用，方便企业和群众反映诉求建议。

（二）加强热线知识库建设和应用。各地区要建立和维护"权威准确、标准统一、实时更新、共建共享"的12345热线知识库，完善多方校核、查漏纠错等制度。建立各部门向同级12345热线平台推送最新政策和热点问题答复口径、及时更新专业知识库的责任机制。加强与政务服务平台、政府网站知识库互联共享和同步更新，推动热线知识库向基层工作人员和社会开放，拓展自助查询服务。

（三）加强热线队伍建设。各地区要加强对一线人员的业务培训，提升热线服务质量和水平。各级部门要加大对热线工作的支撑力度，明确部门内部热线办理工作职责和人员，做好热线归并后的工作衔接和业务延续。

五、保障措施

（一）加强组织领导。国务院办公厅负责全国政务服务便民热线工作的统筹协调，指导督促各地区优化政务服务便民热线工作，制定发布地方12345热线归并清单，及时研究解决热线建设发展中的重大问题。各地区各部门要切实加强组织领导，各级政府办公厅（室）牵头负责本地区的政务服务便民热线优化工作，对照地方12345热线归并清单细化工作步骤，确保按期完成热线归并任务。

（二）加强制度保障。加快建立健全政务服务便民热线国家标准体系。各地区各部门要根据实际情况制定和完善相关管理规范，建立经费保障机制，为政务服务便民热线的规范运行提供制度保障。原则上各地区各部门不得再新设政务服务便民热线（包括新设号码和变更原有号码名称、用途）。

（三）加强社会参与。健全12345热线社会监督机制，推动开展12345热线服务效能"好差评"工作。各地区各部门要广泛宣传12345热线的功能作用，及时总结推广好经验好做法，更大程度方便企业和群众记忆和使用。

各地区要根据本意见抓紧制定具体工作方案，明确责任单位和进度安排，加强衔接配合，认真抓好落实。

附件： 地方12345热线归并清单（略）

第三十六条　无障碍公共文化服务

> 提供公共文化服务的图书馆、博物馆、文化馆、科技馆等应当考虑残疾人、老年人的特点，积极创造条件，提供适合其需要的文献信息、无障碍设施设备和服务等。

▶ 理解要点

《公共图书馆法》规定，政府设立的公共图书馆应当考虑老年人、残疾人等的特点，积极创造条件，提供适合其需要的文献信息、无障碍设施设备和服务等。本条对公共图书馆的无障碍提出明确要求，并扩大了受益群体范围。

另外，立法除了图书馆，还对博物馆、文化馆、科技馆等作了一并规定，做到了全覆盖。

● 关联规定

中华人民共和国公共图书馆法

（2018年10月26日）

第三十四条 政府设立的公共图书馆应当设置少年儿童阅览区域，根据少年儿童的特点配备相应的专业人员，开展面向少年儿童的阅读指导和社会教育活动，并为学校开展有关课外活动提供支持。有条件的地区可以单独设立少年儿童图书馆。

政府设立的公共图书馆应当考虑老年人、残疾人等群体的特点，积极创造条件，提供适合其需要的文献信息、无障碍设施设备和服务等。

博物馆条例

（2015年2月9日）

第三十三条 国家鼓励博物馆向公众免费开放。县级以上人民政府应当对向公众免费开放的博物馆给予必要的经费支持。

博物馆未实行免费开放的，其门票、收费的项目和标准按照国家有关规定执行，并在收费地点的醒目位置予以公布。

博物馆未实行免费开放的，应当对未成年人、成年学生、教师、老年人、残疾人和军人等实行免费或者其他优惠。博物馆实行优惠的项目和标准应当向公众公告。

第三十七条 无障碍格式版本标签、说明书

国务院有关部门应当完善药品标签、说明书的管理规范，要求药品生产经营者提供语音、大字、盲文、电子等无障碍格式版本的标签、说明书。

国家鼓励其他商品的生产经营者提供语音、大字、盲文、电子等无障碍格式版本的标签、说明书，方便残疾人、老年人识别和使用。

● 理解要点

药品等产品信息如果不能提供无障碍识别功能，会对视力残疾人、老年人使用造成一定困难，甚至带来健康安全隐患。《药品管理法》中规定，标签、说明书中的文字应当清晰，生产日期、有效期等事项应当显著标注，容易辨识。随着人口老龄化持续加深，用药的老年人数量会持续增加，说明书文字虽然清晰，但一般字号过小，可读性不强，对安全合理用药造成干扰。许多国家和地区基于视力残疾人需求，通过法律明确规定药品标签及包装的具体标注方法。《"十四五"残疾人保障和发展规划》在"无障碍

重点项目"中明确提出"食品药品说明信息无障碍"。北京、江苏、深圳等地在无障碍环境建设地方立法中也增加了药品信息识别无障碍的条款。

● 学习指引

调查

小小说明书牵一发而动全身

2022年2月,海州区检察院在履职中发现,市场上大多数药品说明书由于字号过小,严重影响老年人合理用药、安全用药。

就此,海州区检察院围绕药品说明书字号问题,走进社区、药品生产企业和零售药店,通过召开公益诉讼问需会、开展问卷调查、随机访谈进行初步调查。调查中,老年人称,面对又小又密的药品说明书,有时借助放大镜也很难找到药品用法用量、禁忌证等关键信息,很多时候只能根据习惯用药;药品生产企业表示,国家对于药品说明书有严格的印制标准,须注明的内容较多,如果调大字号,相应的纸张就要调整,继而会影响到药品包装以及整个生产线的调整,因此为了让说明书容纳更多内容,只能在现有纸张范围内不断缩小字号;零售药店反馈,咨询药品基本信息的大部分为老年人。

此外,海州区检察院在零售药店随机抽取了20种老年人的常用药,通过比对药品说明书的字号发现,20份药品说明书的字号均小于7号（5.5磅，约为1.94毫米），最小的字号只有3磅（约为1毫米）。检察官通过查阅资料、咨询视觉专家了解到，从人体功能结构视角分析，小四号（12磅）的字体更适合阅读。

"目前我国药品管理法等相关法律法规只要求标签、说明书中的文字应当清晰、易辨，但是对于字体和字号没有一个具体的规定。"承办该案的检察官胡方说。

随后，海州区检察院将初步调查结果上报连云港市检察院，连云港市检察院决定启动一体化办案机制。

整改

圆桌会议促多方共治

如果企业生产成本大幅度增加，不仅影响企业自身经营活动，最终相应成本可能会转嫁到消费者头上。这种双输的局面，背离了公益诉讼的初衷。那么，该如何解决这一问题？

2022年4月，药品说明书适老化改造公益诉讼圆桌会议召开。会上，连云港市、海州区两级人大代表、政协委员，人民监督员以及当地三家药企相关负责人，围绕药品说明书改造等问题展开了热烈讨论。检察机关提出，药品说明书的主要作用是指导患者安全用药，在全面载明法律法规要求的药品信息外，更应考虑内容的可读性、可视性，这一观点得到与会人员的一致认同。

药品说明书的字号调整涉及行业标准的修改和生产线

的调整优化，且根据《药品注册管理办法》规定，药品说明书变更实行分类管理，涉及不同层级监管部门。为解决这一问题，连云港市检察机关加强与行政机关的沟通交流，在调研论证、磋商交流、专家咨询基础上，分别向相关部门制发检察建议，建议药品监管部门推动药企在现有的法律规定和不大幅增加企业成本的前提下，通过局部调整、重点标注的方式对药品说明书进行适老化改造；建议市场监管部门优化药店服务，推出提供说明书放大版复印件、关于用法用量的便签等便民措施。

检察建议制发后，在相关部门的推动下，连云港市3家药企分别选取布洛芬混悬液、氯雷他定片、附子理中丸（浓缩丸）等三种药品，通过将用法、用量加大字号，对描述适应证、不良反应的文字加下画线或者加粗字体等方式处理，开展了药品说明书适老化改造工作。

改变
字更大了，信息更多了

自2022年11月起，连云港市民已经可以在药店买到试点的三种药品。此外，连云港市、海州区两级市场监督管理部门在辖区39个药品零售药店设立药事服务台，通过制定药学服务公约、设立专门服务台，配置打印机，提供放大版药品说明书、老花镜、过期药品回收箱等措施，开展药事服务台试点。

2023年4月，连云港市检察机关与相关监管部门就持续推进说明书适老化改造的药品范围进行沟通协商，确定了以非处方药品为说明书适老化改造的重点，分批持续推进说明书适老化改造的工作思路。同时，该市检察机关在不断调研探索的基础上，提出了对药品包装盒标签内容进行适老化改造、增印便民版药品说明书等优化改造路径。目前，当地有一家药企正在围绕药品外包装空白处加印药品重要信息的可行性开展调研论证；另一家药企在生产成本和生产效率可控的情况下，已经对今年研发的一种新药大幅度调整药品说明书的纸张尺寸，放大了药品说明书的字号；还有一家药企正在推进为一款销售过亿元、治疗高血糖的药品增印放大版说明书。

"药品说明书适老化改造，道路很漫长，检察公益诉讼工作也不能一蹴而就。目前已经看到了初步成效，我们将持续推动这一工作。"连云港市检察院党组书记、检察长何建明说。[1]

第三十八条 手语和盲文

国家推广和使用国家通用手语、国家通用盲文。

基本公共服务使用手语、盲文以及各类学校开展手语、盲文教育教学时，应当采用国家通用手语、国家通用盲文。

---

[1] 卢志坚等：《小小药品说明书有何大问题?》，载《检察日报·公益周刊》2023年5月25日。

● **理解要点**

当前,我国手语和盲文规范化、标准化、信息化程度还不高,存在诸多问题。国家大力推广国家通用手语和国家通用盲文,出台《国家手语和盲文规范化行动计划(2015—2020年)》《第二期国家手语和盲文规范化行动计划(2021—2025年)》,颁布实施《国家通用手语常用词表》《国家通用盲文方案》。

第四章　无障碍社会服务

第三十九条　公共服务场所无障碍设施

公共服务场所应当配备必要的无障碍设备和辅助器具，标注指引无障碍设施，为残疾人、老年人提供无障碍服务。

公共服务场所涉及医疗健康、社会保障、金融业务、生活缴费等服务事项的，应当保留现场指导、人工办理等传统服务方式。

● 理解要点

无障碍社会服务有利于提高基本公共服务均等化和可及性水平，有利于普惠性非基本公共服务实现提质扩容，有利于生活服务高品质多样化升级。公共服务场所有责任提供无障碍服务，以此区别于法律对一般社会主体的鼓励引导性要求。

标注指引无障碍设施，是指在公共服务场所的入口或者显著位置，对场所内的主要无障碍设施（如无障碍电梯、无障碍卫生间等）进行标注指引，方便有需求的社会成员寻找使用。

随着我国互联网、大数据、人工智能等信息技术快速发展，智能化服务得到广泛应用，深刻改变了人们的生产生活方式，提高了社会治理和服务效能。但同时，我国老龄人口数量快速增长，不少老年人不会上网、不会使用智能手机，在出行、就医、消费等日常生活中遇到不便，无法充分享受智能化服务带来的便利，老年人面临的"数字鸿沟"问题日益凸显。为进一步推动解决老年人在运用智能技术方面遇到的困难，让老年人更好地共享信息化发展成果，本条第二款作了特别规定，要求公共服务场所涉及医疗健康、社会保障、金融业务、生活缴费等服务事项的，应当保留现场指导、人工办理等传统服务方式。

学习指引

人民网评：依法确保无障碍，让全社会更有爱

十四届全国人大常委会第三次会议 6 月 28 日表决通过《无障碍环境建设法》，自 2023 年 9 月 1 日起施行。

无障碍环境建设是残疾人、老年人等权益保障的重要内容，对于促进社会融合和人的全面发展具有重要价值。统计显示，我国有 8500 多万残疾人，截至 2022 年底全国 60 周岁及以上老年人超过 2.8 亿，有关人群对无障碍环境具有相当大的需求。党和政府始终高度重视残疾人、老年人等的各项权益保障，我国无障碍环境建设早在 20 世纪 80 年代就已起步。2012 年《无障碍环境建设条例》颁布实施，为残疾人、老年人融入社会生活发挥了积极作用。

但也要看到，我国无障碍环境建设与经济社会发展水平还不完全适应，与人民群众期待还存在差距，仍有进一步发展提高的空间。在全面依法治国的背景下，制定无障碍环境建设专门性法律，是坚持以人为本、立法为民的切实体现，是充分尊重和保障人权的现实要求，更是实施积极应对人口老龄化国家战略的必然选择。《无障碍环境建设法》即将施行，为进一步提高无障碍环境建设质量提供有力法治保障，更将惠及所有有无障碍需求的社会成员。

完善体制机制，是贯彻执行的基石。《无障碍环境建设法》明确规定，县级以上人民政府应当将无障碍环境建设纳入国民经济和社会发展规划，将所需经费纳入本级预算，建立稳定的经费保障机制；县级以上人民政府应当统筹协调和督促指导有关部门在各自职责范围内做好无障碍环境建设工作。法律还对政府及其有关部门的监督检查、考核评价、信息公示、投诉处理等作出规定，确立了体验试用、社会监督、检察公益诉讼等监督机制……从顶层设计上完善体制机制，明晰部门单位的职能责任，全力为无障碍环境建设夯实架构保障。

科学立法统筹规划，因情施策有的放矢。从新建、改建、扩建的建筑设施等，应当符合无障碍设施工程建设标准，到对既有的不符合无障碍设施工程建设标准的建筑设施等，县级以上人民政府应当根据实际情况，制订有针对性的无障碍设施改造计划并组织实施,再到不具备无障碍设施改造条件的,责任人应当采取必要的替代性措施……法律针对不同情况作出详细规定,敦促有关单位和责任人切实做好无障碍环境建设,保障残疾人、老年人等平等、充分、便捷地参与和融入社会生活。

着力解决人民群众急难愁盼问题,更是无障碍环境建设的焦点。无障碍环境建设应当与适老化改造相结合;国家支持城镇老旧小区既有多层住宅加装电梯或者其他无障碍设施;公共服务场所涉及医疗健康、社会保障、金融业务、生活缴费等服务事项的,应当保留现场指导、人工办理等传统服务方式……一条条详尽的具体要求,想群众之所想、急群众之所急、解群众之所难,充分体现了以人民为中心,旨在全力提升人民群众的获得感和幸福感。

社会无障碍,人间更有爱。无障碍环境建设已然有法可依,更要执法必严切实贯彻。无障碍环境建设应当坚持党的领导,发挥政府主导作用。同时,要调动经营主体积极性,引导社会组织和公众广泛参与,推动全社会共建共治共享。促进无障碍环境建设全面可持续发展,努力建设更加人本宜居的社会环境,完善残疾人、老年人等的社会保障制度和关爱服务体系,必将更好地实现人民对美好生活的向往。[①]

[①] 蒋萌:《人民网评:依法确保无障碍,让全社会更有爱》,载人民网,http://opinion.people.com.cn/n1/2023/0629/c223228-40024094.html,最后访问时间:2023年7月8日。

第四十条 低位服务台或者无障碍服务窗口

行政服务机构、社区服务机构以及供水、供电、供气、供热等公共服务机构，应当设置低位服务台或者无障碍服务窗口，配备电子信息显示屏、手写板、语音提示等设备，为残疾人、老年人提供无障碍服务。

● 理解要点

公共服务关乎民生，连接民心。该条规定的服务机构均与人民群众日常生活关系密切，有必要通过提供无障碍社会服务，保障有无障碍需求社会成员的基本生活需要。《"十四五"公共服务规划》涉及无障碍公共服务相关内容。最近几年的无障碍地方立法也增加了大量无障碍公共服务条款。

在本次立法中，扩展了社会服务范围。一是规定国家机关和法律法规授权具有管理公共事务职能的组织的公共服务场所提供无障碍服务的基本要求；二是细化与社会生活密切相关的选举、公共服务、司法诉讼以及公共交通、教育考试、医疗卫生、文旅体育等方面的无障碍社会服务；三是要求政府热线和报警求助、消防应急、交通事故、医疗急救等紧急呼叫系统逐步具备无障碍功能；四是要求根据残疾人、老年人的特点，保留现场人工办理等传统服务方式。[1]

---

[1] 《关于〈中华人民共和国无障碍环境建设法（草案）〉的说明》，载中国人大网，http://www.npc.gov.cn/npc/c30834/202306/897ff8202f714e229e2ba94719b6d197.shtml，最后访问时间：2023 年 7 月 8 日。

第四十一条 无障碍法律服务

司法机关、仲裁机构、法律援助机构应当依法为残疾人、老年人参加诉讼、仲裁活动和获得法律援助提供无障碍服务。

国家鼓励律师事务所、公证机构、司法鉴定机构、基层法律服务所等法律服务机构，结合所提供的服务内容提供无障碍服务。

理解要点

早在 2004 年，司法部和中国残联就联合出台了《关于为残疾人提供无障碍法律服务和法律援助的通知》。2022 年 1 月 1 日施行的《法律援助法》第四十五条规定，法律援助机构为老年人、残疾人提供法律援助服务的，应当根据实际情况提供无障碍设施设备和服务。

本条在现有法律援助无障碍的基础上，对司法诉讼的无障碍进行了补充规定，明确了有关单位的职责，鼓励律师事务所等法律服务机构提供无障碍服务。

关联规定

中华人民共和国法律援助法

（2021 年 8 月 20 日）

第一章 总 则

第一条 为了规范和促进法律援助工作，保障公民和有关当事人的合法权益，保障法律正确实施，维护社会公平正义，制定本法。

第二条 本法所称法律援助，是国家建立的为经济困难公民和符合法定条件的其他当事人无偿提供法律咨询、代理、刑事辩护等法律服务的制度，是公共法律服务体系的组成部分。

第三条 法律援助工作坚持中国共产党领导，坚持以人民为中心，尊重和保障人权，遵循公开、公平、公正的原则，实行国家保障与社会参与相结合。

第四条 县级以上人民政府应当将法律援助工作纳入国民经济和社会发展规划、基本公共服务体系，保障法律援助事业与经济社会协调发展。

县级以上人民政府应当健全法律援助保障体系，将法律援助相关经费列入本级政府预算，建立动态调整机制，保障法律援助工作需要，促进法律援助均衡发展。

第五条 国务院司法行政部门指导、监督全国的法律援助工作。县级以上地方人民政府司法行政部门指导、监督本行政区域的法律援助工作。

县级以上人民政府其他有关部门依照各自职责，为法律援助工作提供支持和保障。

第六条 人民法院、人民检察院、公安机关应当在各自职责范围内保障当事人依法获得法律援助，为法律援助人员开展工作提供便利。

第七条　律师协会应当指导和支持律师事务所、律师参与法律援助工作。

第八条　国家鼓励和支持群团组织、事业单位、社会组织在司法行政部门指导下，依法提供法律援助。

第九条　国家鼓励和支持企业事业单位、社会组织和个人等社会力量，依法通过捐赠等方式为法律援助事业提供支持；对符合条件的，给予税收优惠。

第十条　司法行政部门应当开展经常性的法律援助宣传教育，普及法律援助知识。

新闻媒体应当积极开展法律援助公益宣传，并加强舆论监督。

第十一条　国家对在法律援助工作中做出突出贡献的组织和个人，按照有关规定给予表彰、奖励。

第二章　机构和人员

第十二条　县级以上人民政府司法行政部门应当设立法律援助机构。法律援助机构负责组织实施法律援助工作，受理、审查法律援助申请，指派律师、基层法律服务工作者、法律援助志愿者等法律援助人员提供法律援助，支付法律援助补贴。

第十三条　法律援助机构根据工作需要，可以安排本机构具有律师资格或者法律职业资格的工作人员提供法律援助；可以设置法律援助工作站或者联络点，就近受理法律援助申请。

第十四条　法律援助机构可以在人民法院、人民检察院和看守所等场所派驻值班律师，依法为没有辩护人的犯罪嫌疑人、被告人提供法律援助。

第十五条　司法行政部门可以通过政府采购等方式，择优选择律师事务所等法律服务机构为受援人提供法律援助。

第十六条　律师事务所、基层法律服务所、律师、基层法律服务工作者负有依法提供法律援助的义务。

律师事务所、基层法律服务所应当支持和保障本所律师、基层法律服务工作者履行法律援助义务。

第十七条　国家鼓励和规范法律援助志愿服务；支持符合条件的个人作为法律援助志愿者，依法提供法律援助。

高等院校、科研机构可以组织从事法学教育、研究工作的人员和法学专业学生作为法律援助志愿者，在司法行政部门指导下，为当事人提供法律咨询、代拟法律文书等法律援助。

法律援助志愿者具体管理办法由国务院有关部门规定。

第十八条　国家建立健全法律服务资源依法跨区域流动机制，鼓励和支持律师事务所、律师、法律援助志愿者等在法律服务资源相对短缺地区提供法律援助。

第十九条　法律援助人员应当依法履行职责，及时为受援人提供符合标准的法律援助服务，维护受援人的合法权益。

第二十条　法律援助人员应当恪守职业道德和执业纪律，不得向受援人收取任何财物。

第二十一条　法律援助机构、法律援助人员对提供法律援助过程中知悉的国家秘密、商业秘密和个人隐私应当予以保密。

第三章　形式和范围

第二十二条　法律援助机构可以组织法律援助人员依法提供下列形式的法律援助服务：

（一）法律咨询；

（二）代拟法律文书；

（三）刑事辩护与代理；

（四）民事案件、行政案件、国家赔偿案件的诉讼代理及非诉讼代理；

（五）值班律师法律帮助；

（六）劳动争议调解与仲裁代理；

（七）法律、法规、规章规定的其他形式。

第二十三条　法律援助机构应当通过服务窗口、电话、网络等多种方式提供法律咨询服务；提示当事人享有依法申请法律援助的权利，并告知申请法律援助的条件和程序。

第二十四条　刑事案件的犯罪嫌疑人、被告人因经济困难或者其他原因没有委托辩护人的，本人及其近亲属可以向法律援助机构申请法律援助。

第二十五条　刑事案件的犯罪嫌疑人、被告人属于下列人员之一，没有委托辩护人的，人民法院、人民检察院、公安机关应当通知法律援助机构指派律师担任辩护人：

（一）未成年人；

（二）视力、听力、言语残疾人；

（三）不能完全辨认自己行为的成年人；

（四）可能被判处无期徒刑、死刑的人；

（五）申请法律援助的死刑复核案件被告人；

（六）缺席审判案件的被告人；

（七）法律法规规定的其他人员。

其他适用普通程序审理的刑事案件，被告人没有委托辩护人的，人民法院可以通知法律援助机构指派律师担任辩护人。

第二十六条　对可能被判处无期徒刑、死刑的人，以及死刑复核案件的被告人，法律援助机构收到人民法院、人民检察院、公安机关通知后，应当指派具有三年以上相关执业经历的律师担任辩护人。

第二十七条　人民法院、人民检察院、公安机关通知法律援助机构指派律师担任辩护人时，不得限制或者损害犯罪嫌疑人、被告人委托辩护人的权利。

第二十八条　强制医疗案件的被申请人或者被告人没有委托诉讼代理人的，人民法院应当通知法律援助机构指派律师为其提供法律援助。

第二十九条　刑事公诉案件的被害人及其法定代理人

或者近亲属，刑事自诉案件的自诉人及其法定代理人，刑事附带民事诉讼案件的原告人及其法定代理人，因经济困难没有委托诉讼代理人的，可以向法律援助机构申请法律援助。

第三十条　值班律师应当依法为没有辩护人的犯罪嫌疑人、被告人提供法律咨询、程序选择建议、申请变更强制措施、对案件处理提出意见等法律帮助。

第三十一条　下列事项的当事人，因经济困难没有委托代理人的，可以向法律援助机构申请法律援助：

（一）依法请求国家赔偿；

（二）请求给予社会保险待遇或者社会救助；

（三）请求发给抚恤金；

（四）请求给付赡养费、抚养费、扶养费；

（五）请求确认劳动关系或者支付劳动报酬；

（六）请求认定公民无民事行为能力或者限制民事行为能力；

（七）请求工伤事故、交通事故、食品药品安全事故、医疗事故人身损害赔偿；

（八）请求环境污染、生态破坏损害赔偿；

（九）法律、法规、规章规定的其他情形。

第三十二条　有下列情形之一，当事人申请法律援助的，不受经济困难条件的限制：

（一）英雄烈士近亲属为维护英雄烈士的人格权益；

（二）因见义勇为行为主张相关民事权益；

（三）再审改判无罪请求国家赔偿；

（四）遭受虐待、遗弃或者家庭暴力的受害人主张相关权益；

（五）法律、法规、规章规定的其他情形。

第三十三条 当事人不服司法机关生效裁判或者决定提出申诉或者申请再审，人民法院决定、裁定再审或者人民检察院提出抗诉，因经济困难没有委托辩护人或者诉讼代理人的，本人及其近亲属可以向法律援助机构申请法律援助。

第三十四条 经济困难的标准，由省、自治区、直辖市人民政府根据本行政区域经济发展状况和法律援助工作需要确定，并实行动态调整。

第四章 程序和实施

第三十五条 人民法院、人民检察院、公安机关和有关部门在办理案件或者相关事务中，应当及时告知有关当事人有权依法申请法律援助。

第三十六条 人民法院、人民检察院、公安机关办理刑事案件，发现有本法第二十五条第一款、第二十八条规定情形的，应当在三日内通知法律援助机构指派律师。法律援助机构收到通知后，应当在三日内指派律师并通知人民法院、人民检察院、公安机关。

第三十七条 人民法院、人民检察院、公安机关应当保障值班律师依法提供法律帮助，告知没有辩护人的犯罪嫌疑人、被告人有权约见值班律师，并依法为值班律师了解案件有关情况、阅卷、会见等提供便利。

第三十八条　对诉讼事项的法律援助，由申请人向办案机关所在地的法律援助机构提出申请；对非诉讼事项的法律援助，由申请人向争议处理机关所在地或者事由发生地的法律援助机构提出申请。

第三十九条　被羁押的犯罪嫌疑人、被告人、服刑人员，以及强制隔离戒毒人员等提出法律援助申请的，办案机关、监管场所应当在二十四小时内将申请转交法律援助机构。

犯罪嫌疑人、被告人通过值班律师提出代理、刑事辩护等法律援助申请的，值班律师应当在二十四小时内将申请转交法律援助机构。

第四十条　无民事行为能力人或者限制民事行为能力人需要法律援助的，可以由其法定代理人代为提出申请。法定代理人侵犯无民事行为能力人、限制民事行为能力人合法权益的，其他法定代理人或者近亲属可以代为提出法律援助申请。

被羁押的犯罪嫌疑人、被告人、服刑人员，以及强制隔离戒毒人员，可以由其法定代理人或者近亲属代为提出法律援助申请。

第四十一条　因经济困难申请法律援助的，申请人应当如实说明经济困难状况。

法律援助机构核查申请人的经济困难状况，可以通过信息共享查询，或者由申请人进行个人诚信承诺。

法律援助机构开展核查工作，有关部门、单位、村民委员会、居民委员会和个人应当予以配合。

第四十二条 法律援助申请人有材料证明属于下列人员之一的，免予核查经济困难状况：

（一）无固定生活来源的未成年人、老年人、残疾人等特定群体；

（二）社会救助、司法救助或者优抚对象；

（三）申请支付劳动报酬或者请求工伤事故人身损害赔偿的进城务工人员；

（四）法律、法规、规章规定的其他人员。

第四十三条 法律援助机构应当自收到法律援助申请之日起七日内进行审查，作出是否给予法律援助的决定。决定给予法律援助的，应当自作出决定之日起三日内指派法律援助人员为受援人提供法律援助；决定不给予法律援助的，应当书面告知申请人，并说明理由。

申请人提交的申请材料不齐全的，法律援助机构应当一次性告知申请人需要补充的材料或者要求申请人作出说明。申请人未按要求补充材料或者作出说明的，视为撤回申请。

第四十四条 法律援助机构收到法律援助申请后，发现有下列情形之一的，可以决定先行提供法律援助：

（一）距法定时效或者期限届满不足七日，需要及时提起诉讼或者申请仲裁、行政复议；

（二）需要立即申请财产保全、证据保全或者先予执行；

（三）法律、法规、规章规定的其他情形。

法律援助机构先行提供法律援助的，受援人应当及时补办有关手续，补充有关材料。

第四十五条 法律援助机构为老年人、残疾人提供法律援助服务的，应当根据实际情况提供无障碍设施设备和服务。

法律法规对向特定群体提供法律援助有其他特别规定的，依照其规定。

第四十六条 法律援助人员接受指派后，无正当理由不得拒绝、拖延或者终止提供法律援助服务。

法律援助人员应当按照规定向受援人通报法律援助事项办理情况，不得损害受援人合法权益。

第四十七条 受援人应当向法律援助人员如实陈述与法律援助事项有关的情况，及时提供证据材料，协助、配合办理法律援助事项。

第四十八条 有下列情形之一的，法律援助机构应当作出终止法律援助的决定：

（一）受援人以欺骗或者其他不正当手段获得法律援助；

（二）受援人故意隐瞒与案件有关的重要事实或者提供

虚假证据；

（三）受援人利用法律援助从事违法活动；

（四）受援人的经济状况发生变化，不再符合法律援助条件；

（五）案件终止审理或者已经被撤销；

（六）受援人自行委托律师或者其他代理人；

（七）受援人有正当理由要求终止法律援助；

（八）法律法规规定的其他情形。

法律援助人员发现有前款规定情形的，应当及时向法律援助机构报告。

第四十九条 申请人、受援人对法律援助机构不予法律援助、终止法律援助的决定有异议的，可以向设立该法律援助机构的司法行政部门提出。

司法行政部门应当自收到异议之日起五日内进行审查，作出维持法律援助机构决定或者责令法律援助机构改正的决定。

申请人、受援人对司法行政部门维持法律援助机构决定不服的，可以依法申请行政复议或者提起行政诉讼。

第五十条 法律援助事项办理结束后，法律援助人员应当及时向法律援助机构报告，提交有关法律文书的副本或者复印件、办理情况报告等材料。

第五章　保障和监督

第五十一条 国家加强法律援助信息化建设，促进司法行政部门与司法机关及其他有关部门实现信息共享和工作协同。

第五十二条 法律援助机构应当依照有关规定及时向法律援助人员支付法律援助补贴。

法律援助补贴的标准，由省、自治区、直辖市人民政府司法行政部门会同同级财政部门，根据当地经济发展水平和法律援助的服务类型、承办成本、基本劳务费用等确定，并实行动态调整。

法律援助补贴免征增值税和个人所得税。

第五十三条 人民法院应当根据情况对受援人缓收、减收或者免收诉讼费用；对法律援助人员复制相关材料等费用予以免收或者减收。

公证机构、司法鉴定机构应当对受援人减收或者免收公证费、鉴定费。

第五十四条 县级以上人民政府司法行政部门应当有计划地对法律援助人员进行培训，提高法律援助人员的专业素质和服务能力。

第五十五条 受援人有权向法律援助机构、法律援助人员了解法律援助事项办理情况；法律援助机构、法律援助人员未依法履行职责的，受援人可以向司法行政部门投诉，并可以请求法律援助机构更换法律援助人员。

第五十六条 司法行政部门应当建立法律援助工作投诉查处制度；接到投诉后，应当依照有关规定受理和调查处理，并及时向投诉人告知处理结果。

第五十七条 司法行政部门应当加强对法律援助服务的监督，制定法律援助服务质量标准，通过第三方评估等方式定期进行质量考核。

第五十八条 司法行政部门、法律援助机构应当建立法律援助信息公开制度，定期向社会公布法律援助资金使用、案件办理、质量考核结果等情况，接受社会监督。

第五十九条 法律援助机构应当综合运用庭审旁听、案卷检查、征询司法机关意见和回访受援人等措施，督促法律援助人员提升服务质量。

第六十条 律师协会应当将律师事务所、律师履行法律援助义务的情况纳入年度考核内容，对拒不履行或者怠于履行法律援助义务的律师事务所、律师，依照有关规定进行惩戒。

第六章　法律责任

第六十一条 法律援助机构及其工作人员有下列情形之一的，由设立该法律援助机构的司法行政部门责令限期改正；有违法所得的，责令退还或者没收违法所得；对直接负责的主管人员和其他直接责任人员，依法给予处分：

（一）拒绝为符合法律援助条件的人员提供法律援助，或者故意为不符合法律援助条件的人员提供法律援助；

（二）指派不符合本法规定的人员提供法律援助；

（三）收取受援人财物；

（四）从事有偿法律服务；

（五）侵占、私分、挪用法律援助经费；

（六）泄露法律援助过程中知悉的国家秘密、商业秘密和个人隐私；

（七）法律法规规定的其他情形。

第六十二条 律师事务所、基层法律服务所有下列情形之一的，由司法行政部门依法给予处罚：

（一）无正当理由拒绝接受法律援助机构指派；

（二）接受指派后，不及时安排本所律师、基层法律服务工作者办理法律援助事项或者拒绝为本所律师、基层法律服务工作者办理法律援助事项提供支持和保障；

（三）纵容或者放任本所律师、基层法律服务工作者怠于履行法律援助义务或者擅自终止提供法律援助；

（四）法律法规规定的其他情形。

第六十三条 律师、基层法律服务工作者有下列情形之一的，由司法行政部门依法给予处罚：

（一）无正当理由拒绝履行法律援助义务或者怠于履行法律援助义务；

（二）擅自终止提供法律援助；

（三）收取受援人财物；

（四）泄露法律援助过程中知悉的国家秘密、商业秘密和个人隐私；

（五）法律法规规定的其他情形。

第六十四条 受援人以欺骗或者其他不正当手段获得法律援助的,由司法行政部门责令其支付已实施法律援助的费用,并处三千元以下罚款。

第六十五条 违反本法规定,冒用法律援助名义提供法律服务并谋取利益的,由司法行政部门责令改正,没收违法所得,并处违法所得一倍以上三倍以下罚款。

第六十六条 国家机关及其工作人员在法律援助工作中滥用职权、玩忽职守、徇私舞弊的,对直接负责的主管人员和其他直接责任人员,依法给予处分。

第六十七条 违反本法规定,构成犯罪的,依法追究刑事责任。

第七章 附 则

第六十八条 工会、共产主义青年团、妇女联合会、残疾人联合会等群团组织开展法律援助工作,参照适用本法的相关规定。

第六十九条 对外国人和无国籍人提供法律援助,我国法律有规定的,适用法律规定;我国法律没有规定的,可以根据我国缔结或者参加的国际条约,或者按照互惠原则,参照适用本法的相关规定。

第七十条 对军人军属提供法律援助的具体办法,由国务院和中央军事委员会有关部门制定。

第七十一条 本法自2022年1月1日起施行。

第四十二条　无障碍交通运输服务

交通运输设施和公共交通运输工具的运营单位应当根据各类运输方式的服务特点，结合设施设备条件和所提供的服务内容，为残疾人、老年人设置无障碍服务窗口、专用等候区域、绿色通道和优先坐席，提供辅助器具、咨询引导、字幕报站、语音提示、预约定制等无障碍服务。

理解要点

交通运输作为服务业的重要领域，在提供无障碍服务方面率先作出探索，积累了丰富地实践经验。早在2000年，中国民航总局就发布了公共服务领域第一个关于无障碍设施设备的行业标准。2018年，交通运输部等七部门联合印发《关于进一步加强和改善老年人残疾人出行服务的实施意见》，对加强和改善老年人、残疾人出行服务品质作出了详细规定。

本次立法扩展了社会服务范围。一是规定国家机关和法律法规授权具有管理公共事务职能的组织的公共服务场所提供无障碍服务的基本要求；二是细化与社会生活密切相关的选举、公共服务、司法诉讼以及公共交通、教育考试、医疗卫生、文旅体育等方面的无障碍社会服务；三是要求政府热线和报警求助、消防应急、交通事故、医疗急救等紧急呼叫系统逐步具备无障碍功能；四是要求根据残疾人、老年人的特点，保留现场人工办理等传统服务方式。①

第四十三条 无障碍教育服务

教育行政部门和教育机构应当加强教育场所的无障碍环境建设，为有残疾的师生、员工提供无障碍服务。

国家举办的教育考试、职业资格考试、技术技能考试、招录招聘考试以及各类学校组织的统一考试，应当为有残疾的考生提供便利服务。

理解要点

1994年联合国教科文组织颁布《萨拉曼卡宣言》之后，推进融合教育、让残疾学生接受公平而有质量的主流教育成为国际共识。2022年5月1日施行的《职业教育法》第十八条规定，残疾人职业教育除由残疾人教育机构实施外，各级各类职业学校和职业培训机构及其他教育机构应当按照国家有关规定接纳残疾学生，并加强无障碍环境建设，为残疾学生学习、生活提供必要的帮助和便利。《残疾人教育条例》《中国妇女发展纲要（2021—2030年）》《中国儿童发展纲要（2021—2030年）》等法规政策规定各级

---

① 《关于〈中华人民共和国无障碍环境建设法（草案）〉的说明》，载中国人大网，http://www.npc.gov.cn/npc/c30834/202306/897ff8202f714e229e2ba94719b6d197.shtml，最后访问时间：2023年7月8日。

各类学校应当推进校园无障碍环境建设。

2017年,教育部、中国残联印发《残疾人参加普通高等学校招生全国统一考试管理规定》,为残疾人参加高考提供平等机会和合理便利作出明确规定。不仅是高考,其他重要考试,也应当为有无障碍需求的考生提供便利,尽可能为他们提供平等机会,这也是第一款关于教育无障碍规定的延续。

● 关联规定

残疾人教育条例

(2017年2月1日)

第一章 总 则

第一条 为了保障残疾人受教育的权利,发展残疾人教育事业,根据《中华人民共和国教育法》和《中华人民共和国残疾人保障法》,制定本条例。

第二条 国家保障残疾人享有平等接受教育的权利,禁止任何基于残疾的教育歧视。

残疾人教育应当贯彻国家的教育方针,并根据残疾人的身心特性和需要,全面提高其素质,为残疾人平等地参与社会生活创造条件。

第三条 残疾人教育是国家教育事业的组成部分。

发展残疾人教育事业,实行普及与提高相结合、以普及为重点的方针,保障义务教育,着重发展职业教育,积极开展学前教育，逐步发展高级中等以上教育。

残疾人教育应当提高教育质量，积极推进融合教育，根据残疾人的残疾类别和接受能力，采取普通教育方式或者特殊教育方式，优先采取普通教育方式。

第四条 县级以上人民政府应当加强对残疾人教育事业的领导，将残疾人教育纳入教育事业发展规划，统筹安排实施，合理配置资源，保障残疾人教育经费投入，改善办学条件。

第五条 国务院教育行政部门主管全国的残疾人教育工作，统筹规划、协调管理全国的残疾人教育事业；国务院其他有关部门在国务院规定的职责范围内负责有关的残疾人教育工作。

县级以上地方人民政府教育行政部门主管本行政区域内的残疾人教育工作；县级以上地方人民政府其他有关部门在各自的职责范围内负责有关的残疾人教育工作。

第六条 中国残疾人联合会及其地方组织应当积极促进和开展残疾人教育工作，协助相关部门实施残疾人教育，为残疾人接受教育提供支持和帮助。

第七条 学前教育机构、各级各类学校及其他教育机构应当依照本条例以及国家有关法律、法规的规定，实施残疾人教育；对符合法律、法规规定条件的残疾人申请入学，不得拒绝招收。

第八条 残疾人家庭应当帮助残疾人接受教育。

残疾儿童、少年的父母或者其他监护人应当尊重和保障残疾儿童、少年接受教育的权利，积极开展家庭教育，使残疾儿童、少年及时接受康复训练和教育，并协助、参与有关教育机构的教育教学活动，为残疾儿童、少年接受教育提供支持。

第九条 社会各界应当关心和支持残疾人教育事业。残疾人所在社区、相关社会组织和企事业单位，应当支持和帮助残疾人平等接受教育、融入社会。

第十条 国家对为残疾人教育事业作出突出贡献的组织和个人，按照有关规定给予表彰、奖励。

第十一条 县级以上人民政府负责教育督导的机构应当将残疾人教育实施情况纳入督导范围，并可以就执行残疾人教育法律法规情况、残疾人教育教学质量以及经费管理和使用情况等实施专项督导。

第二章　义务教育

第十二条 各级人民政府应当依法履行职责，保障适龄残疾儿童、少年接受义务教育的权利。

县级以上人民政府对实施义务教育的工作进行监督、指导、检查，应当包括对残疾儿童、少年实施义务教育工作的监督、指导、检查。

第十三条 适龄残疾儿童、少年的父母或者其他监护人，应当依法保证其残疾子女或者被监护人入学接受并完成义务教育。

第十四条 残疾儿童、少年接受义务教育的入学年龄和年限,应当与当地儿童、少年接受义务教育的入学年龄和年限相同;必要时,其入学年龄和在校年龄可以适当提高。

第十五条 县级人民政府教育行政部门应当会同卫生行政部门、民政部门、残疾人联合会,根据新生儿疾病筛查和学龄前儿童残疾筛查、残疾人统计等信息,对义务教育适龄残疾儿童、少年进行入学前登记,全面掌握本行政区域内义务教育适龄残疾儿童、少年的数量和残疾情况。

第十六条 县级人民政府应当根据本行政区域内残疾儿童、少年的数量、类别和分布情况,统筹规划,优先在部分普通学校中建立特殊教育资源教室,配备必要的设备和专门从事残疾人教育的教师及专业人员,指定其招收残疾儿童、少年接受义务教育;并支持其他普通学校根据需要建立特殊教育资源教室,或者安排具备相应资源、条件的学校为招收残疾学生的其他普通学校提供必要的支持。

县级人民政府应当为实施义务教育的特殊教育学校配备必要的残疾人教育教学、康复评估和康复训练等仪器设备,并加强九年一贯制义务教育特殊教育学校建设。

第十七条 适龄残疾儿童、少年能够适应普通学校学习生活、接受普通教育的,依照《中华人民共和国义务教育法》的规定就近到普通学校入学接受义务教育。

适龄残疾儿童、少年能够接受普通教育,但是学习生活需要特别支持的,根据身体状况就近到县级人民政府教育行政部门在一定区域内指定的具备相应资源、条件的普通学校入学接受义务教育。

适龄残疾儿童、少年不能接受普通教育的,由县级人民政府教育行政部门统筹安排进入特殊教育学校接受义务教育。

适龄残疾儿童、少年需要专人护理,不能到学校就读的,由县级人民政府教育行政部门统筹安排,通过提供送教上门或者远程教育等方式实施义务教育,并纳入学籍管理。

第十八条 在特殊教育学校学习的残疾儿童、少年,经教育、康复训练,能够接受普通教育的,学校可以建议残疾儿童、少年的父母或者其他监护人将其转入或者升入普通学校接受义务教育。

在普通学校学习的残疾儿童、少年,难以适应普通学校学习生活的,学校可以建议残疾儿童、少年的父母或者其他监护人将其转入指定的普通学校或者特殊教育学校接受义务教育。

第十九条 适龄残疾儿童、少年接受教育的能力和适应学校学习生活的能力应当根据其残疾类别、残疾程度、补偿程度以及学校办学条件等因素判断。

第二十条 县级人民政府教育行政部门应当会同卫生行政部门、民政部门、残疾人联合会,建立由教育、心理、康复、社会工作等方面专家组成的残疾人教育专家委员会。

残疾人教育专家委员会可以接受教育行政部门的委托，对适龄残疾儿童、少年的身体状况、接受教育的能力和适应学校学习生活的能力进行评估，提出入学、转学建议；对残疾人义务教育问题提供咨询，提出建议。

依照前款规定作出的评估结果属于残疾儿童、少年的隐私，仅可被用于对残疾儿童、少年实施教育、康复。教育行政部门、残疾人教育专家委员会、学校及其工作人员对在工作中了解的残疾儿童、少年评估结果及其他个人信息负有保密义务。

第二十一条 残疾儿童、少年的父母或者其他监护人与学校就入学、转学安排发生争议的，可以申请县级人民政府教育行政部门处理。

接到申请的县级人民政府教育行政部门应当委托残疾人教育专家委员会对残疾儿童、少年的身体状况、接受教育的能力和适应学校学习生活的能力进行评估并提出入学、转学建议，并根据残疾人教育专家委员会的评估结果和提出的入学、转学建议，综合考虑学校的办学条件和残疾儿童、少年及其父母或者其他监护人的意愿，对残疾儿童、少年的入学、转学安排作出决定。

第二十二条 招收残疾学生的普通学校应当将残疾学生合理编入班级；残疾学生较多的，可以设置专门的特殊教育班级。

招收残疾学生的普通学校应当安排专门从事残疾人教育的教师或者经验丰富的教师承担随班就读或者特殊教育班级的教育教学工作，并适当缩减班级学生数额，为残疾学生入学后的学习、生活提供便利和条件，保障残疾学生平等参与教育教学和学校组织的各项活动。

第二十三条 在普通学校随班就读残疾学生的义务教育，可以适用普通义务教育的课程设置方案、课程标准和教材，但是对其学习要求可以有适度弹性。

第二十四条 残疾儿童、少年特殊教育学校（班）应当坚持思想教育、文化教育、劳动技能教育与身心补偿相结合，并根据学生残疾状况和补偿程度，实施分类教学；必要时，应当听取残疾学生父母或者其他监护人的意见，制定符合残疾学生身心特性和需要的个别化教育计划，实施个别教学。

第二十五条 残疾儿童、少年特殊教育学校（班）的课程设置方案、课程标准和教材，应当适合残疾儿童、少年的身心特性和需要。

残疾儿童、少年特殊教育学校（班）的课程设置方案、课程标准由国务院教育行政部门制订；教材由省级以上人民政府教育行政部门按照国家有关规定审定。

第二十六条 县级人民政府教育行政部门应当加强对本行政区域内的残疾儿童、少年实施义务教育工作的指导。

县级以上地方人民政府教育行政部门应当统筹安排支

持特殊教育学校建立特殊教育资源中心，在一定区域内提供特殊教育指导和支持服务。特殊教育资源中心可以受教育行政部门的委托承担以下工作：

（一）指导、评价区域内的随班就读工作；

（二）为区域内承担随班就读教育教学任务的教师提供培训；

（三）派出教师和相关专业服务人员支持随班就读，为接受送教上门和远程教育的残疾儿童、少年提供辅导和支持；

（四）为残疾学生父母或者其他监护人提供咨询；

（五）其他特殊教育相关工作。

第三章　职业教育

第二十七条　残疾人职业教育应当大力发展中等职业教育，加快发展高等职业教育，积极开展以实用技术为主的中期、短期培训，以提高就业能力为主，培养技术技能人才，并加强对残疾学生的就业指导。

第二十八条　残疾人职业教育由普通职业教育机构和特殊职业教育机构实施，以普通职业教育机构为主。

县级以上地方人民政府应当根据需要，合理设置特殊职业教育机构，改善办学条件，扩大残疾人中等职业学校招生规模。

第二十九条　普通职业学校不得拒绝招收符合国家规定的录取标准的残疾人入学，普通职业培训机构应当积极招收残疾人入学。

县级以上地方人民政府应当采取措施,鼓励和支持普通职业教育机构积极招收残疾学生。

第三十条 实施残疾人职业教育的学校和培训机构,应当根据社会需要和残疾人的身心特性合理设置专业,并与企业合作设立实习实训基地,或者根据教学需要和条件办好实习基地。

第四章 学前教育

第三十一条 各级人民政府应当积极采取措施,逐步提高残疾幼儿接受学前教育的比例。

县级人民政府及其教育行政部门、民政部门等有关部门应当支持普通幼儿园创造条件招收残疾幼儿;支持特殊教育学校和具备办学条件的残疾儿童福利机构、残疾儿童康复机构等实施学前教育。

第三十二条 残疾幼儿的教育应当与保育、康复结合实施。

招收残疾幼儿的学前教育机构应当根据自身条件配备必要的康复设施、设备和专业康复人员,或者与其他具有康复设施、设备和专业康复人员的特殊教育机构、康复机构合作对残疾幼儿实施康复训练。

第三十三条 卫生保健机构、残疾幼儿的学前教育机构、儿童福利机构和家庭,应当注重对残疾幼儿的早期发现、早期康复和早期教育。

卫生保健机构、残疾幼儿的学前教育机构、残疾儿童康复机构应当就残疾幼儿的早期发现、早期康复和早期教育为残疾幼儿家庭提供咨询、指导。

第五章　普通高级中等以上教育及继续教育

第三十四条　普通高级中等学校、高等学校、继续教育机构应当招收符合国家规定的录取标准的残疾考生入学，不得因其残疾而拒绝招收。

第三十五条　设区的市级以上地方人民政府可以根据实际情况举办实施高级中等以上教育的特殊教育学校，支持高等学校设置特殊教育学院或者相关专业，提高残疾人的受教育水平。

第三十六条　县级以上人民政府教育行政部门以及其他有关部门、学校应当充分利用现代信息技术，以远程教育等方式为残疾人接受成人高等教育、高等教育自学考试等提供便利和帮助，根据实际情况开设适合残疾人学习的专业、课程，采取灵活开放的教学和管理模式，支持残疾人顺利完成学业。

第三十七条　残疾人所在单位应当对本单位的残疾人开展文化知识教育和技术培训。

第三十八条　扫除文盲教育应当包括对年满15周岁以上的未丧失学习能力的文盲、半文盲残疾人实施的扫盲教育。

第三十九条　国家、社会鼓励和帮助残疾人自学成才。

第六章 教　　师

第四十条　县级以上人民政府应当重视从事残疾人教育的教师培养、培训工作，并采取措施逐步提高他们的地位和待遇，改善他们的工作环境和条件，鼓励教师终身从事残疾人教育事业。

县级以上人民政府可以采取免费教育、学费减免、助学贷款代偿等措施，鼓励具备条件的高等学校毕业生到特殊教育学校或者其他特殊教育机构任教。

第四十一条　从事残疾人教育的教师，应当热爱残疾人教育事业，具有社会主义的人道主义精神，尊重和关爱残疾学生，并掌握残疾人教育的专业知识和技能。

第四十二条　专门从事残疾人教育工作的教师（以下称特殊教育教师）应当符合下列条件：

（一）依照《中华人民共和国教师法》的规定取得教师资格；

（二）特殊教育专业毕业或者经省、自治区、直辖市人民政府教育行政部门组织的特殊教育专业培训并考核合格。

从事听力残疾人教育的特殊教育教师应当达到国家规定的手语等级标准，从事视力残疾人教育的特殊教育教师应当达到国家规定的盲文等级标准。

第四十三条　省、自治区、直辖市人民政府可以根据残疾人教育发展的需求，结合当地实际为特殊教育学校和指定招收残疾学生的普通学校制定教职工编制标准。

县级以上地方人民政府教育行政部门应当会同其他有关部门，在核定的编制总额内，为特殊教育学校配备承担教学、康复等工作的特殊教育教师和相关专业人员；在指定招收残疾学生的普通学校设置特殊教育教师等专职岗位。

第四十四条 国务院教育行政部门和省、自治区、直辖市人民政府应当根据残疾人教育发展的需要有计划地举办特殊教育师范院校，支持普通师范院校和综合性院校设置相关院系或者专业，培养特殊教育教师。

普通师范院校和综合性院校的师范专业应当设置特殊教育课程，使学生掌握必要的特殊教育的基本知识和技能，以适应对随班就读的残疾学生的教育教学需要。

第四十五条 县级以上地方人民政府教育行政部门应当将特殊教育教师的培训纳入教师培训计划，以多种形式组织在职特殊教育教师进修提高专业水平；在普通教师培训中增加一定比例的特殊教育内容和相关知识，提高普通教师的特殊教育能力。

第四十六条 特殊教育教师和其他从事特殊教育的相关专业人员根据国家有关规定享受特殊岗位补助津贴及其他待遇；普通学校的教师承担残疾学生随班就读教学、管理工作的，应当将其承担的残疾学生教学、管理工作纳入其绩效考核内容，并作为核定工资待遇和职务评聘的重要依据。

县级以上人民政府教育行政部门、人力资源社会保障部门在职务评聘、培训进修、表彰奖励等方面，应当为特殊教育教师制定优惠政策、提供专门机会。

第七章　条件保障

第四十七条　省、自治区、直辖市人民政府应当根据残疾人教育的特殊情况，依据国务院有关行政主管部门的指导性标准，制定本行政区域内特殊教育学校的建设标准、经费开支标准、教学仪器设备配备标准等。

义务教育阶段普通学校招收残疾学生，县级人民政府财政部门及教育行政部门应当按照特殊教育学校生均预算内公用经费标准足额拨付费用。

第四十八条　各级人民政府应当按照有关规定安排残疾人教育经费，并将所需经费纳入本级政府预算。

县级以上人民政府根据需要可以设立专项补助款，用于发展残疾人教育。

地方各级人民政府用于义务教育的财政拨款和征收的教育费附加，应当有一定比例用于发展残疾儿童、少年义务教育。

地方各级人民政府可以按照有关规定将依法征收的残疾人就业保障金用于特殊教育学校开展各种残疾人职业教育。

第四十九条　县级以上地方人民政府应当根据残疾人教育发展的需要统筹规划、合理布局，设置特殊教育学校，并按照国家有关规定配备必要的残疾人教育教学、康复评估和康复训练等仪器设备。

特殊教育学校的设置，由教育行政部门按照国家有关规定审批。

第五十条 新建、改建、扩建各级各类学校应当符合《无障碍环境建设条例》的要求。

县级以上地方人民政府及其教育行政部门应当逐步推进各级各类学校无障碍校园环境建设。

第五十一条 招收残疾学生的学校对经济困难的残疾学生，应当按照国家有关规定减免学费和其他费用，并按照国家资助政策优先给予补助。

国家鼓励有条件的地方优先为经济困难的残疾学生提供免费的学前教育和高中教育，逐步实施残疾学生高中阶段免费教育。

第五十二条 残疾人参加国家教育考试，需要提供必要支持条件和合理便利的，可以提出申请。教育考试机构、学校应当按照国家有关规定予以提供。

第五十三条 国家鼓励社会力量举办特殊教育机构或者捐资助学；鼓励和支持民办学校或者其他教育机构招收残疾学生。

县级以上地方人民政府及其有关部门对民办特殊教育机构、招收残疾学生的民办学校，应当按照国家有关规定予以支持。

第五十四条 国家鼓励开展残疾人教育的科学研究，

组织和扶持盲文、手语的研究和应用，支持特殊教育教材的编写和出版。

第五十五条 县级以上人民政府及其有关部门应当采取优惠政策和措施，支持研究、生产残疾人教育教学专用仪器设备、教具、学具、软件及其他辅助用品，扶持特殊教育机构兴办和发展福利企业和辅助性就业机构。

第八章 法律责任

第五十六条 地方各级人民政府及其有关部门违反本条例规定，未履行残疾人教育相关职责的，由上一级人民政府或者其有关部门责令限期改正；情节严重的，予以通报批评，并对直接负责的主管人员和其他直接责任人员依法给予处分。

第五十七条 学前教育机构、学校、其他教育机构及其工作人员违反本条例规定，有下列情形之一的，由其主管行政部门责令改正，对直接负责的主管人员和其他直接责任人员依法给予处分；构成违反治安管理行为的，由公安机关依法给予治安管理处罚；构成犯罪的，依法追究刑事责任：

（一）拒绝招收符合法律、法规规定条件的残疾学生入学的；

（二）歧视、侮辱、体罚残疾学生，或者放任对残疾学生的歧视言行，对残疾学生造成身心伤害的；

（三）未按照国家有关规定对经济困难的残疾学生减免学费或者其他费用的。

第九章　附　　则

第五十八条　本条例下列用语的含义：

融合教育是指将对残疾学生的教育最大程度地融入普通教育。

特殊教育资源教室是指在普通学校设置的装备有特殊教育和康复训练设施设备的专用教室。

第五十九条　本条例自 2017 年 5 月 1 日起施行。

第四十四条　无障碍医疗服务

医疗卫生机构应当结合所提供的服务内容，为残疾人、老年人就医提供便利。

与残疾人、老年人相关的服务机构应当配备无障碍设备，在生活照料、康复护理等方面提供无障碍服务。

● 理解要点

在国家全面推进健康中国建设和实施积极应对人口老龄化国家战略的背景下，无障碍医疗卫生和养老托育服务的相关要求已经纳入《"十四五"国民健康规划》《"十四五"国家老龄事业发展和养老服务体系规划》《国家残疾预防行动计划（2021—2025 年）》《国务院办公厅关于促进养老托育服务健康发展的意见》《国务院办公厅关于促进 3 岁以下婴幼儿照护服务发展的指导意见》等政策文件。

与残疾人、老年人相关的服务机构主要是指残疾人康复、残疾人养护、养老服务、儿童福利、未成年人救助保护、婴幼儿托育服务等机构。

第四十五条 服务场所无障碍服务

国家鼓励文化、旅游、体育、金融、邮政、电信、交通、商业、餐饮、住宿、物业管理等服务场所结合所提供的服务内容，为残疾人、老年人提供辅助器具、咨询引导等无障碍服务。

国家鼓励邮政、快递企业为行动不便的残疾人、老年人提供上门收寄服务。

● 理解要点

随着社会主要矛盾的转化，包括残疾人、老年人在内的全体社会成员对文旅、体育和商业服务的需求逐渐增加，已成为美好生活的重要组成部分。2003年出台的《公共文化体育设施条例》规定，公共文化体育设施的设计，应当符合实用、安全、科学、美观等要求，并采取无障碍措施，方便残疾人使用。《"十四五"旅游业发展规划》《全民健身计划（2021—2025年）》等政策文件包含涉及旅游和体育无障碍服务的规定。2012年，中国银保监会办公厅印发《关于银行业金融机构加强残疾人客户金融服务工作的通知》。2021年，商务部等十二部门印发《关于推进城市一刻钟便民生活圈建设的意见》对商业场所完善无障碍服务进行了规定。

以上这些规定为本条提供了实践基础。

关联规定

关于切实解决老年人运用智能技术困难的实施方案

(2020年11月15日)

随着我国互联网、大数据、人工智能等信息技术快速发展,智能化服务得到广泛应用,深刻改变了生产生活方式,提高了社会治理和服务效能。但同时,我国老龄人口数量快速增长,不少老年人不会上网、不会使用智能手机,在出行、就医、消费等日常生活中遇到不便,无法充分享受智能化服务带来的便利,老年人面临的"数字鸿沟"问题日益凸显。为进一步推动解决老年人在运用智能技术方面遇到的困难,让老年人更好共享信息化发展成果,制定本实施方案。

一、总体要求

(一)指导思想。

以习近平新时代中国特色社会主义思想为指导,全面贯彻党的十九大和十九届二中、三中、四中、五中全会精神,认真落实党中央、国务院决策部署,坚持以人民为中心的发展思想,满足人民日益增长的美好生活需要,持续推动充分兼顾老年人需要的智慧社会建设,坚持传统服务方式与智能化服务创新并行,切实解决老年人在运用智能技术方面遇到的困难。要适应统筹推进疫情防控和经济社会发展工作要求，聚焦老年人日常生活涉及的高频事项，做实做细为老年人服务的各项工作，增进包括老年人在内的全体人民福祉，让老年人在信息化发展中有更多获得感、幸福感、安全感。

（二）基本原则。

——坚持传统服务与智能创新相结合。在各类日常生活场景中，必须保留老年人熟悉的传统服务方式，充分保障在运用智能技术方面遇到困难的老年人的基本需求；紧贴老年人需求特点，加强技术创新，提供更多智能化适老产品和服务，促进智能技术有效推广应用，让老年人能用、会用、敢用、想用。坚持"两条腿"走路，使智能化管理适应老年人，并不断改进传统服务方式，为老年人提供更周全、更贴心、更直接的便利化服务。

——坚持普遍适用与分类推进相结合。强化问题导向和需求导向，针对老年人在运用智能技术方面遇到的突出共性问题，采取普遍适用的政策措施；对不同年龄段、不同教育背景、不同生活环境和习惯的老年人，分类梳理问题，采取有针对性、差异化的解决方案。

——坚持线上服务与线下渠道相结合。线上服务更加突出人性化，充分考虑老年人习惯，便利老年人使用；线下渠道进一步优化流程、简化手续，不断改善老年人服务体验，与线上服务融合发展、互为补充，有效发挥兜底保障作用。

——坚持解决突出问题与形成长效机制相结合。围绕老年人出行、就医等高频事项和服务场景，抓紧解决目前最突出、最紧迫的问题，切实保障老年人基本服务需要；在此基础上，逐步总结积累经验，不断提升智能化服务水平，完善服务保障措施，建立长效机制，有效解决老年人面临的"数字鸿沟"问题。

（三）工作目标。

在政策引导和全社会的共同努力下，有效解决老年人在运用智能技术方面遇到的困难，让广大老年人更好地适应并融入智慧社会。到2020年底前，集中力量推动各项传统服务兜底保障到位，抓紧出台实施一批解决老年人运用智能技术最迫切问题的有效措施，切实满足老年人基本生活需要。到2021年底前，围绕老年人出行、就医、消费、文娱、办事等高频事项和服务场景，推动老年人享受智能化服务更加普遍，传统服务方式更加完善。到2022年底前，老年人享受智能化服务水平显著提升、便捷性不断提高，线上线下服务更加高效协同，解决老年人面临的"数字鸿沟"问题的长效机制基本建立。

二、重点任务

（一）做好突发事件应急响应状态下对老年人的服务保障。

……

3. 在突发事件处置中做好帮助老年人应对工作。在自然灾害、事故灾难、公共卫生事件、社会安全事件等突发事件处置中，需采取必要智能化管理和服务措施的，要在应急预案中统筹考虑老年人需要，提供突发事件风险提醒、紧急避难场所提示、"一键呼叫"应急救援、受灾人群转移安置、救灾物资分配发放等线上线下相结合的应急救援和保障服务，切实解决在应急处置状态下老年人遇到的困难。(应急部、公安部、国家卫生健康委等相关部门及各地区按职责分工负责)

（二）便利老年人日常交通出行。

4. 优化老年人打车出行服务。保持巡游出租车扬召服务，对电召服务要提高电话接线率。引导网约车平台公司优化约车软件，增设"一键叫车"功能，鼓励提供电召服务，对老年人订单优先派车。鼓励有条件的地区在医院、居民集中居住区、重要商业区等场所设置出租车候客点、临时停靠点，依托信息化技术提供便捷叫车服务。(交通运输部及各地区按职责分工负责)

5. 便利老年人乘坐公共交通。铁路、公路、水运、民航客运等公共交通在推行移动支付、电子客票、扫码乘车的同时，保留使用现金、纸质票据、凭证、证件等乘车的方式。推进交通一卡通全国互通与便捷应用，支持具备条件的社保卡增加交通出行功能，鼓励有条件的地区推行老年人凭身份证、社保卡、老年卡等证件乘坐城市公共交通。

(交通运输部、人力资源社会保障部、人民银行、国家铁路局、中国民航局、中国国家铁路集团有限公司及各地区按职责分工负责)

6. 提高客运场站人工服务质量。进一步优化铁路、公路、水运、民航客运场站及轨道交通站点等窗口服务,方便老年人现场购票、打印票证等。高速公路服务区、收费站等服务窗口要为老年人提供咨询、指引等便利化服务和帮助。(交通运输部、国家铁路局、中国民航局、中国国家铁路集团有限公司及各地区按职责分工负责)

(三)便利老年人日常就医。

7. 提供多渠道挂号等就诊服务。医疗机构、相关企业要完善电话、网络、现场等多种预约挂号方式,畅通家人、亲友、家庭签约医生等代老年人预约挂号的渠道。医疗机构应提供一定比例的现场号源,保留挂号、缴费、打印检验报告等人工服务窗口,配备导医、志愿者、社会工作者等人员,为老年人提供就医指导服务。(国家卫生健康委负责)

8. 优化老年人网上办理就医服务。简化网上办理就医服务流程,为老年人提供语音引导、人工咨询等服务,逐步实现网上就医服务与医疗机构自助挂号、取号叫号、缴费、打印检验报告、取药等智能终端设备的信息联通,促进线上线下服务结合。推动通过身份证、社保卡、医保电子凭证等多介质办理就医服务,鼓励在就医场景中应用人脸识别等技术。(国家卫生健康委、公安部、人力资源社会

保障部、国家医保局等相关部门按职责分工负责)

9. 完善老年人日常健康管理服务。搭建社区、家庭健康服务平台，由家庭签约医生、家人和有关市场主体等共同帮助老年人获得健康监测、咨询指导、药品配送等服务，满足居家老年人的健康需求。推进"互联网+医疗健康"，提供老年人常见病、慢性病复诊以及随访管理等服务。(国家卫生健康委负责)

(四) 便利老年人日常消费。

10. 保留传统金融服务方式。任何单位和个人不得以格式条款、通知、声明、告示等方式拒收现金。要改善服务人员的面对面服务，零售、餐饮、商场、公园等老年人高频消费场所，水电气费等基本公共服务费用、行政事业性费用缴纳，应支持现金和银行卡支付。强化支付市场监管，加大对拒收现金、拒绝银行卡支付等歧视行为的整改整治力度。采用无人销售方式经营的场所应以适当方式满足消费者现金支付需求，提供现金支付渠道或转换手段。(人民银行、国家发展改革委、市场监管总局、银保监会等相关部门按职责分工负责)

11. 提升网络消费便利化水平。完善金融科技标准规则体系，推动金融机构、非银行支付机构、网络购物平台等优化用户注册、银行卡绑定和支付流程，打造大字版、语音版、民族语言版、简洁版等适老手机银行APP，提升手机银行产品的易用性和安全性，便利老年人进行网上购物、订餐、家政、生活缴费等日常消费。平台企业要提供技术措施，保障老年人网上支付安全。(人民银行、国家发展改革委、市场监管总局、银保监会、证监会等相关部门按职责分工负责)

（五）便利老年人文体活动。

12. 提高文体场所服务适老化程度。需要提前预约的公园、体育健身场馆、旅游景区、文化馆、图书馆、博物馆、美术馆等场所，应保留人工窗口和电话专线，为老年人保留一定数量的线下免预约进入或购票名额。同时，在老年人进入文体场馆和旅游景区、获取电子讲解、参与全民健身赛事活动、使用智能健身器械等方面，提供必要的信息引导、人工帮扶等服务。（文化和旅游部、住房城乡建设部、体育总局及各地区按职责分工负责）

13. 丰富老年人参加文体活动的智能化渠道。引导公共文化体育机构、文体和旅游类企业提供更多适老化智能产品和服务，同时开展丰富的传统文体活动。针对广场舞、群众歌咏等方面的普遍文化需求，开发设计适老智能应用，为老年人社交娱乐提供便利。探索通过虚拟现实、增强现实等技术，帮助老年人便捷享受在线游览、观赛观展、体感健身等智能化服务。(文化和旅游部、体育总局及各地区按职责分工负责)

（六）便利老年人办事服务。

14. 优化"互联网+政务服务"应用。依托全国一体化政务服务平台，进一步推进政务数据共享，优化政务服务，实现社会保险待遇资格认证、津贴补贴领取等老年人高频服务事项便捷办理，让老年人办事少跑腿。各级政务服务平台应具备授权代理、亲友代办等功能，方便不使用或不会操作智能手机的老年人网上办事。(国务院办公厅牵头，相关部门及各地区按职责分工负责)

15. 设置必要的线下办事渠道。医疗、社保、民政、金融、电信、邮政、信访、出入境、生活缴费等高频服务事项，应保留线下办理渠道，并向基层延伸，为老年人提供便捷服务。实体办事大厅和社区综合服务设施应合理布局，配备引导人员，设置现场接待窗口，优先接待老年人，推广"一站式"服务，进一步改善老年人办事体验。(相关部门及各地区按职责分工负责)

(七) 便利老年人使用智能化产品和服务应用。

16. 扩大适老化智能终端产品供给。推动手机等智能终端产品适老化改造，使其具备大屏幕、大字体、大音量、大电池容量、操作简单等更多方便老年人使用的特点。积极开发智能辅具、智能家居和健康监测、养老照护等智能化终端产品。发布智慧健康养老产品及服务推广目录，开展应用试点示范，按照适老化要求推动智能终端持续优化升级。建设智慧健康养老终端设备的标准及检测公共服务平台，提升适老产品设计、研发、检测、认证能力。(工业和信息化部、国家发展改革委、民政部、国家卫生健康委、

市场监管总局等相关部门按职责分工负责)

17. 推进互联网应用适老化改造。组织开展互联网网站、移动互联网应用改造专项行动,重点推动与老年人日常生活密切相关的政务服务、社区服务、新闻媒体、社交通讯、生活购物、金融服务等互联网网站、移动互联网应用适老化改造,使其更便于老年人获取信息和服务。优化界面交互、内容朗读、操作提示、语音辅助等功能,鼓励企业提供相关应用的"关怀模式"、"长辈模式",将无障碍改造纳入日常更新维护。(工业和信息化部、民政部、人民银行、银保监会、证监会等相关部门按职责分工负责)

18. 为老年人提供更优质的电信服务。持续开展电信普遍服务试点,推进行政村移动网络深度覆盖,加强偏远地区养老服务机构、老年活动中心等宽带网络覆盖。开展精准降费,引导基础电信企业为老年人提供更大力度的资费优惠,合理降低使用手机、宽带网络等服务费用,推出更多老年人用得起的电信服务。(工业和信息化部、财政部、国务院国资委等相关部门按职责分工负责)

19. 加强应用培训。针对老年人在日常生活中的应用困难,组织行业培训机构和专家开展专题培训,提高老年人对智能化应用的操作能力。鼓励亲友、村(居)委会、老年协会、志愿者等为老年人运用智能化产品提供相应帮助。引导厂商针对老年人常用的产品功能,设计制作专门的简易使用手册和视频教程。(教育部、民政部、人力资源社会

保障部、国家卫生健康委、市场监管总局、银保监会、证监会等相关部门按职责分工负责)

20. 开展老年人智能技术教育。将加强老年人运用智能技术能力列为老年教育的重点内容,通过体验学习、尝试应用、经验交流、互助帮扶等,引导老年人了解新事物、体验新科技,积极融入智慧社会。推动各类教育机构针对老年人研发全媒体课程体系,通过老年大学(学校)、养老服务机构、社区教育机构等,采取线上线下相结合的方式,帮助老年人提高运用智能技术的能力和水平。(教育部、民政部、国家卫生健康委等相关部门按职责分工负责)

三、保障措施

(一)健全工作机制。建立国家发展改革委、国家卫生健康委牵头,国务院各有关部门参加的部际联席会议机制,明确责任分工,加强统筹推进。各地区要建立相应的协调推进机制,细化措施,确保任务落实到位。各地区、各部门要加强工作协同和信息共享,形成统筹推进、分工负责、上下联动的工作格局,加快建立解决老年人面临"数字鸿沟"问题的长效机制。(国家发展改革委、国家卫生健康委牵头,相关部门及各地区按职责分工负责)

(二)完善法规规范。加快推动制修订涉及现金支付、消费者权益保护、防止诈骗、无障碍改造等相关法律法规和部门规章,切实保障老年人使用智能技术过程中的各项合法权益。各地区要围绕出行、就医、消费、办事等老年人日常生活需求，推动相关地方性法规制修订工作。加快推进相关智能产品与服务标准规范制修订工作，进一步明确有关适老化的内容。(司法部、人民银行、市场监管总局牵头，相关部门及各地区按职责分工负责)

（三）加强督促落实。各地区、各部门要明确时间表、路线图，建立工作台账，强化工作落实，及时跟踪分析涉及本地区、本部门的相关政策措施实施进展及成效，确保各项工作措施做实做细、落实到位。要定期组织开展第三方评估，对各地区公共服务适老化程度进行评价，相关结果纳入积极应对人口老龄化综合评估。(国家发展改革委、国家卫生健康委牵头，相关部门及各地区按职责分工负责)

（四）保障信息安全。规范智能化产品和服务中的个人信息收集、使用等活动，综合运用多种安全防护手段和风险控制措施，加强技术监测和监督检查，及时曝光并处置违法违规获取个人信息等行为。实施常态化综合监管，加强与媒体等社会力量合作，充分依托各类举报投诉热线，严厉打击电信网络诈骗等违法行为，切实保障老年人安全使用智能化产品、享受智能化服务。(中央网信办、工业和信息化部、公安部等相关部门按职责分工负责)

（五）开展普及宣传。将促进老年人融入智慧社会作为人口老龄化国情教育重点，加强正面宣传和舆论监督，弘扬尊重和关爱老年人的社会风尚。开展智慧助老行动，将解决老年人运用智能技术困难相关工作，纳入老年友好城市、老年友好社区、老年宜居环境等建设中统筹推进。对各地区有益做法、典型案例及时进行宣传报道，组织开展经验交流。(中央宣传部、中央网信办、国家发展改革委、住房城乡建设部、国家卫生健康委等相关部门按职责分工负责)

第四十六条 服务犬

公共场所经营管理单位、交通运输设施和公共交通运输工具的运营单位应当为残疾人携带导盲犬、导听犬、辅助犬等服务犬提供便利。

残疾人携带服务犬出入公共场所、使用交通运输设施和公共交通运输工具的，应当遵守国家有关规定，为服务犬佩戴明显识别装备，并采取必要的防护措施。

● **理解要点**

近些年，导盲犬乘坐公共交通运输工具、进入酒店等场所被拒的事件频发，造成一定负面影响。问题的主要原因在于社会对导盲犬存在误解，同时现有法律法规的强制性仍显不足。《残疾人保障法》第五十八条规定，盲人携带导盲犬出入公共场所，应当遵守国家有关规定。该条规定比较原则，实践中较难执行。本条将导盲犬扩展为服务犬，规定内容更具有针对性和可操作性。中国民航局出台的《残疾人航空运输管理办法》设立了"服务犬"专章，明确"服务犬"是指为残疾人生活和工作提供协助的特种犬，包括辅助犬、导听犬、导盲犬。上海、江苏、深圳等地的无障碍环境建设地方立法都对服务犬作出了规定。

● 关联规定

残疾人航空运输管理办法
（2014年1月）
第七章 服务犬

第四十七条 承运人、机场和机场地面服务代理人应允许服务犬在航班上陪同具备乘机条件的残疾人。

具备乘机条件的残疾人应负责服务犬在客舱内的排泄，并不会影响机上的卫生问题。

第四十八条 具备乘机条件的残疾人应向相关部门提供服务犬的身份证明和检疫证明。

第四十九条 带进客舱的服务犬，应在登机前为其系上牵引绳索，并不得占用座位和让其任意跑动。

承运人在征得服务犬机上活动范围内相关旅客同意的情况下，可不要求残疾人为服务犬戴上口套。

第五十条 除阻塞紧急撤离的过道或区域外，服务犬应在残疾人的座位处陪伴。

具备乘机条件的残疾人的座位处不能容纳服务犬的，承运人应向残疾人提供一个座位，该座位处可容纳其服务犬。

第四十七条 应急避难场所无障碍服务

> 应急避难场所的管理人在制定以及实施工作预案时，应当考虑残疾人、老年人的无障碍需求，视情况设置语音、大字、闪光等提示装置，完善无障碍服务功能。

● 理解要点

在自然灾害、事故灾难、公共卫生事件、社会安全事件等突发事件中，残疾人、老年人、妇女、儿童等往往是受损比较严重的群体。上海、四川、江苏等地在无障碍环境建设地方立法中，也增加了应急避难无障碍服务的条款。

● 关联规定

城市社区应急避难场所建设标准

（2017年1月16日）

第一章 总 则

第一条 为加强和规范城市社区应急避难场所建设，科学合理地确定建设内容和规模，提高建设项目决策和工程建设管理水平，充分发挥社会效益和投资效益，提升城市社区应急救助能力，制定本建设标准。

第二条 本建设标准是城市社区应急避难场所项目投资决策和控制建设水平的全国统一标准，是编制、评估和审批城市社区应急避难场所项目建议书、可行性研究报告和初步设计的重要依据，也是有关部门对项目建设全过程进行监督检查的基准。

第三条　本建设标准适用于新建、改建和扩建的城市社区应急避难场所项目。

本建设标准所称城市社区应急避难场所是指为应对突发性灾害，用于避难人员疏散和临时避难，具有一定规模的应急避难生活服务设施的场地和建筑。

第四条　城市社区应急避难场所建设应遵循"以人为本、安全可靠、平灾结合、就近避难"的原则，合理确定建设规模，满足发生突发性灾害时的应急救助和保障社区避难人员的基本生存需求。

第五条　城市社区应急避难场所建设应符合所在地城市规划要求，统一规划，一次或分期实施。

第六条　城市社区应充分利用社区周边的防灾资源和现有的城市应急避难场所，实现资源共享，满足就近避难的需求。

第七条　城市社区应急避难场所宜与社区公共服务设施统筹建设，充分发挥综合服务功能和服务效益。

第八条　城市社区应急避难场所建设除应符合本建设标准外，尚应符合国家现行有关标准、指标和定额的规定。

第二章　建设规模与项目构成

第九条　城市社区应急避难场所建设规模应依据社区

规划人口或常住人口数量确定。

第十条 城市社区应急避难场所建设规模的分类宜符合表1的规定。

表1　城市社区应急避难场所建设规模分类表

类　别	社区规划人口或常住人口（人）
一类	10000~15000
二类	5000~9999
三类	3000~4999

注：1　对于3000人以下的社区，可参照三类指标要求建设应急避难场所。

　　2　对于15000人以上的社区，可参照相近分类指标要求分点建设应急避难场所。

第十一条 城市社区应急避难场所项目应包括避难场地、避难建筑和应急设施。

第十二条 避难场地应包括应急避难休息、应急医疗救护、应急物资分发、应急管理、应急厕所、应急垃圾收集、应急供电、应急供水等各功能区。

第十三条 避难建筑应由应急避难生活服务用房和辅助用房构成。其中，生活服务用房宜包括避难休息室、医疗救护室、物资储备室等，辅助用房宜包括管理室、公共厕所等。

第十四条 应急设施应包括应急供电、应急供水、应急排水、应急广播和消防等。

第三章　选址与规划布局

第十五条　城市社区应急避难场所的选址应符合所在城市居住区规划，遵循场地安全、交通便利和出入方便的原则，并应符合下列规定：

一、应选择地势较高、平坦、开阔、地质稳定、易于排水、适宜搭建帐篷的场地；

二、应避开周围的地质灾害隐患和易燃易爆危险源；

三、应选择利于人员和车辆进出的地段；

四、应选择便于应急供水、应急供电等设施接入的地段。

第十六条　城市社区应急避难场所宜优先选择社区花园、社区广场、社区服务中心等公共服务设施进行规划建设，并应符合避难场地和避难建筑的要求。

第十七条　城市社区应急避难场所的服务半径不宜大于500m。

第十八条　城市社区应急避难场所应有两条及以上不同方向的安全通道与外部相通，通道的有效宽度不应小于4m。

第四章　面积指标

第十九条　城市社区应急避难场所的避难场地与避难建筑面积指标应符合表2的规定。

表2 城市社区应急避难场所面积指标表

面积指标 \ 建设规模分类	一类	二类	三类
避难场地面积（m²）	10000~15000	5000~9999	3000~4999
避难建筑面积（m²）	200~300	100~199	99

注：1 表列避难场地面积与社区规划人口或常住人口相对应，并按1m²/人确定，人口数在范围中间者采用插值法计算。

2 人口数在范围中间者，避难建筑面积采用插值法计算。

3 避难建筑平均使用面积系数按0.68计算。

第二十条 避难场地各功能区面积指标宜符合表3的规定。

表3 应急避难场地面积指标表（m²/人）

场地名称	面积指标
应急避难休息区	0.900
应急医疗救护区	0.020
应急物资分发区	0.020
应急管理区	0.005
应急厕所	0.015
应急垃圾收集区	0.010
应急供电区	0.015
应急供水区	0.015
合 计	1.000

注：1 表中避难场地面积指标为参考值，各地可根据项目实际需要在总使用面积范围内适当调整。

2 应急避难休息区包括每个避难休息区之间的人行通道面积。

第二十一条 避难建筑的各类用房使用面积所占比例宜符合表4的规定。

表4 避难建筑各类用房使用面积所占比例表（%）

用房名称		使用面积所占比例		
		一类	二类	三类
生活服务用房	避难休息室	41	40	38
	医疗救护室	15	15	17
	物资储备室	22	20	17
辅助用房	管理室	7	9	10
	公共厕所	15	16	18
合 计		100	100	100

注：表中避难建筑各类用房使用面积所占比例为参考值，各地可根据项目实际需要在总使用面积范围内适当调整，或根据实际需要减少用房类别。

第五章 场地、建筑与设施

第二十二条 避难场地宜根据社区规划人口或常住人口数划分若干应急避难休息区，每个避难休息区人数不宜大于2000人，且每个避难休息区之间应采用宽度不小于3m的人行通道作为缓冲区进行分隔。

第二十三条 避难场地的应急医疗救护区、应急物资分发区和应急管理区宜设置在硬质地面上。

第二十四条 避难建筑宜为低层建筑。与社区公共服务设施合建时，避难休息室和医疗救护室应设置在建筑物底层，并应符合无障碍设计要求。

第二十五条　避难建筑应符合建筑工程抗震设防分类标准和建筑抗震设计规范规定，其抗震设防标准为重点设防类。

第二十六条　避难建筑的防火等级不应低于二级。有关安全出口的数量和消防设施的配置应符合建筑设计防火规范的相关规定。

第二十七条　避难场地应配置给水接入管，给水接入管应与市政供水管连接。

第二十八条　避难场地宜结合现有生活污水排水设施设置应急厕所，配置污水管并与市政污水管连接，无条件连接的可设置污水存放池。蹲位数量宜按 2 个/千人设置，必要时也可增加移动式简易厕所。

第二十九条　避难场地和避难建筑的供电电源应优先利用周边建筑的供电电源，也可设置专用的户外预装式变电站。供电容量应满足各功能区照明和设备运行的需求。

第三十条　一类和二类避难场地宜就近设置专用的配电柜（箱），配电柜（箱）应采取抗震、防雨水、防晒、防冻、防电击等防护措施。供配电线路宜敷设预留到避难场地各功能区。避难建筑宜按二级及以上负荷供电，避难建筑的照明和用电设备应安装到位。避难场地和避难建筑应设置应急照明。

第三十一条　避难场地和避难建筑的防雷措施应符合建筑物防雷设计规范的规定。

第三十二条 避难场所宜设置应急垃圾收集点。

第三十三条 避难场所应设置区域位置指示与警告标识,并宜设置场所设施标识。应急避难场所各类标识的具体尺寸、材质、图形应符合防灾避难场所设计规范的规定。

第六章 主要技术经济指标

第三十四条 城市社区应急避难场所建设前期可参照表5的指标估算建设投资,并根据工程实际内容及价格变化的情况,按照动态管理的原则调整。

表5 城市社区应急避难场所建设投资

	类别	建安投资(万元)	总投资(万元)
避难场地	一类	70~90	80.85~103.95
	二类	55~70	63.53~80.85
	三类	50~55	57.75~63.53
避难建筑	类别	单位造价指标(元/m²)	综合造价指标(元/m²)
	一类	2600	2990
	二类		
	三类		

注:1 单位造价指标仅包括建安费用。避难场地的造价包括避难场地内应急供电、给排水管线敷设、功能区(应急医疗救护区、应急物资分发区和应急管理区)场地硬化、应急厕所建造、各类应急避难标识制作等费用,不含土石方、绿化等费用。

2 综合造价指标除单位造价指标外,还包括设计、监理、建设单位管理费等工程建设其他费用和预备费。

3 本表估算指标系参照《北京市建设工程计价依据——预算

定额》（2012）计取的同类工程造价指标以及 2014 年~2015 年北京地区的设备、材料、劳动力价格测算。各地工程应按照当地相应工程造价进行测算。

第三十五条 城市社区应急避难建筑建设前期可参照表 6 的指标估算建设工期。

表 6　城市社区应急避难建筑建设工期

类别	建筑面积（m²）	建筑层数（层）	工期（d）
一类	200~300	1~2	90~105
二类	100~199	1~2	90~105
三类	99	1	90

注：1　工期参照《建筑安装工程工期定额》，工期包括结构、装修、设备安装全部工程内容。

2　工期定额按照全国各类地区情况综合考虑，由于施工条件不同，允许各地有 15% 以内的定额水平调整幅度。

本建设标准用词和用语说明

1　为便于在执行本建设标准条文时区别对待，对要求严格程度不同的用词说明如下：

1）表示很严格，非这样做不可的：

正面词采用"必须"，反面词采用"严禁"；

2）表示严格，在正常情况下均应这样做的：

正面词采用"应"，反面词采用"不应"或"不得"；

3）表示允许稍有选择，在条件许可时首先应这样做的：

正面词采用"宜",反面词采用"不宜";

4)表示有选择,在一定条件下可以这样做的,采用"可"。

2 条文中指明应按其他有关标准执行的写法为:"应符合……的规定"或"应按……执行"。

第四十八条 无障碍选举服务

组织选举的部门和单位应当采取措施,为残疾人、老年人选民参加投票提供便利和必要协助。

● 理解要点

实践中,有无障碍需求的选民参加选举时可能会遇到一定的困难,组织选举的部门和单位应当提供协助和便利,保障其行使选举权。

组织选举的部门应当从以下几个方面为残疾人参加选举提供便利:

(1)投票点应当尽量选在符合通用的无障碍设计标准的场所。

(2)有条件的,应当为盲人提供盲文选票。各级选举组织应当根据当地情况,在经济条件、技术条件允许的情况下,为盲人提供盲文选票。

(3)在选举现场提供相应的辅助措施。如提供轮椅、手摇车、拐杖、放大镜、助听器等,方便残疾人行动及视听。

（4）配备工作人员对残疾人提供各种形式的扶助。有相关工作人员帮助和引导需要的残疾人进行选票填写、投票等相关选举活动。有条件的，应配备一些懂得手语的工作人员，为聋哑人提供服务。

● 关联规定

中华人民共和国全国人民代表大会和地方各级人民代表大会选举法

（2020年10月17日）

第四条 中华人民共和国年满十八周岁的公民，不分民族、种族、性别、职业、家庭出身、宗教信仰、教育程度、财产状况和居住期限，都有选举权和被选举权。

依照法律被剥夺政治权利的人没有选举权和被选举权。

第四十条 全国和地方各级人民代表大会代表的选举，一律采用无记名投票的方法。选举时应当设有秘密写票处。

选民如果是文盲或者因残疾不能写选票的，可以委托他信任的人代写。

中华人民共和国残疾人保障法

（2018年10月26日）

第五十六条 组织选举的部门应当为残疾人参加选举提供便利；有条件的，应当为盲人提供盲文选票。

第四十九条 无障碍信息服务平台建设

国家鼓励和支持无障碍信息服务平台建设,为残疾人、老年人提供远程实时无障碍信息服务。

● **理解要点**

无障碍信息服务平台主要指为听力、言语、视力障碍人群以及老年人,提供远程实时手语翻译、语音阅读等服务的平台。无障碍信息服务平台创新了公共服务提供方式,增强了公共服务供给的针对性和有效性。国务院《"十四五"残疾人保障和发展规划》提出,支持地方建设听力、言语残疾人无障碍信息服务平台。上海全市基层服务窗口均提供手语视频服务,通过手语客服软件,可与12345市民服务热线的专职手语翻译员远程视频,手语翻译员在线为听障人士和柜员双向解说。实践中,北京、黑龙江、浙江、湖南等地也在探索提供这类服务。

本条规定,及时总结了实践中的好经验、好做法,将成熟的经验和做法上升为制度、转化为法律。

第五章 保障措施

第五十条 理念宣传

国家开展无障碍环境理念的宣传教育，普及无障碍环境知识，传播无障碍环境文化，提升全社会的无障碍环境意识。

新闻媒体应当积极开展无障碍环境建设方面的公益宣传。

▶ 理解要点

目前，全社会的无障碍环境建设意识尚未形成，不少人仍然认为无障碍环境只是残疾人的特需。因此有必要通过多种形式加强无障碍理念的宣传教育，消除对无障碍环境的认知误区和盲区，推动形成人人关心、人人参与的社会氛围。

立法审议中，有的常委委员、单位和地方提出，应当支持无障碍环境建设工作的交流与合作，并加大对无障碍环境建设的宣传力度。宪法和法律委员会经研究，建议增加规定："国家支持开展无障碍环境建设工作的国际交流与合作。""新闻媒体应当积极开展无障碍环境建设方面的公益宣传。"①

> **第五十一条** 无障碍环境建设标准体系
>
> 国家推广通用设计理念，建立健全国家标准、行业标准、地方标准，鼓励发展具有引领性的团体标准、企业标准，加强标准之间的衔接配合，构建无障碍环境建设标准体系。
>
> 地方结合本地实际制定的地方标准不得低于国家标准的相关技术要求。

● **理解要点**

鉴于我国在之前相当长一段时间内，将无障碍环境与残疾人深度绑定，本条特别强调"通用设计"理念，突出标准的普适性，并将"通用设计"作为无障碍标准体系的核心理念。

● **关联规定**

中华人民共和国标准化法

（2017年11月4日）

第十三条 为满足地方自然条件、风俗习惯等特殊技

---

① 《全国人民代表大会宪法和法律委员会关于〈中华人民共和国无障碍环境建设法（草案）〉修改情况的汇报》，载中国人大网，http://www.npc.gov.cn/npc/c30834/202306/965a693676984b93bce94748bf0a5789.shtml，最后访问时间：2023年7月14日。

术要求，可以制定地方标准。

地方标准由省、自治区、直辖市人民政府标准化行政主管部门制定；设区的市级人民政府标准化行政主管部门根据本行政区域的特殊需要，经所在地省、自治区、直辖市人民政府标准化行政主管部门批准，可以制定本行政区域的地方标准。地方标准由省、自治区、直辖市人民政府标准化行政主管部门报国务院标准化行政主管部门备案，由国务院标准化行政主管部门通报国务院有关行政主管部门。

第二十一条 推荐性国家标准、行业标准、地方标准、团体标准、企业标准的技术要求不得低于强制性国家标准的相关技术要求。

国家鼓励社会团体、企业制定高于推荐性标准相关技术要求的团体标准、企业标准。

地方标准管理办法

（2020年1月16日）

第一条 为了加强地方标准管理，根据《中华人民共和国标准化法》，制定本办法。

第二条 地方标准的制定、组织实施及其监督管理，适用本办法。

法律、行政法规和国务院决定另有规定的，依照其规定。

第三条 为满足地方自然条件、风俗习惯等特殊技术要求，省级标准化行政主管部门和经其批准的设区的市级标准化行政主管部门可以在农业、工业、服务业以及社会事业等领域制定地方标准。

地方标准为推荐性标准。

第四条 制定地方标准应当遵循开放、透明、公平的原则，有利于科学合理利用资源，推广科学技术成果，做到技术上先进、经济上合理。

第五条 地方标准的技术要求不得低于强制性国家标准的相关技术要求，并做到与有关标准之间的协调配套。

禁止通过制定产品质量及其检验方法地方标准等方式，利用地方标准实施妨碍商品、服务自由流通等排除、限制市场竞争的行为。

第六条 国务院标准化行政主管部门统一指导、协调、监督全国地方标准的制定及相关管理工作。

县级以上地方标准化行政主管部门依据法定职责承担地方标准管理工作。

第七条 省级标准化行政主管部门应当组织标准化技术委员会，承担地方标准的起草、技术审查工作。设区的市级标准化行政主管部门应当发挥标准化技术委员会作用，承担地方标准的起草、技术审查工作。

未组织标准化技术委员会的，应当成立专家组，承担地方标准的起草、技术审查工作。

标准化技术委员会和专家组应当具有专业性、独立性和广泛代表性。承担起草工作的人员不得承担技术审查工作。

第八条 社会团体、企业事业组织以及公民可以向设区的市级以上地方标准化行政主管部门或者有关行政主管部门提出地方标准立项建议。

设区的市级以上地方标准化行政主管部门应当将收到的立项建议通报同级有关行政主管部门。

第九条 设区的市级以上地方有关行政主管部门可以根据收到的立项建议和本行政区域的特殊需要，向同级标准化行政主管部门提出地方标准立项申请。

第十条 设区的市级以上地方标准化行政主管部门应当对有关行政主管部门、企业事业组织、社会团体、消费者和教育、科研机构等方面的实际需求进行调查，对制定地方标准的必要性、可行性进行论证评估，并对立项申请是否符合地方标准的制定事项范围进行审查。

第十一条 设区的市级以上地方标准化行政主管部门应当根据论证评估、调查结果以及审查意见，制定地方标准立项计划。

地方标准立项计划应当明确项目名称、提出立项申请的行政主管部门、起草单位、完成时限等。

第十二条 起草单位应当对地方标准相关事项进行调查分析、实验、论证。有关技术要求需要进行试验验证的，应当委托具有相应能力的技术单位开展。

第十三条 起草单位应当征求有关行政主管部门以及

企业事业组织、社会团体、消费者组织和教育、科研机构等方面意见，并在设区的市级以上地方标准化行政主管部门门户网站向社会公开征求意见。公开征求意见的期限不少于三十日。

第十四条 起草单位应当根据各方意见对地方标准进行修改完善后，与编制说明、有关行政主管部门意见、征求意见采纳情况等材料一并报送标准化行政主管部门技术审查。

第十五条 设区的市级以上地方标准化行政主管部门应当组织对地方标准的下列事项进行技术审查：

（一）是否符合地方标准的制定事项范围；

（二）技术要求是否不低于强制性国家标准的相关技术要求，并与有关标准协调配套；

（三）是否妥善处理分歧意见；

（四）需要技术审查的其他事项。

第十六条 起草单位应当将根据技术审查意见修改完善的地方标准，与技术审查意见处理情况及本办法第十四条规定的需要报送的其他材料一并报送立项的标准化行政主管部门审核。

第十七条 设区的市级以上地方标准化行政主管部门应当组织对地方标准报批稿及相关材料进行审核，对报送材料齐全、制定程序规范的地方标准予以批准、编号。

第十八条 地方标准的编号，由地方标准代号、顺序号和年代号三部分组成。

省级地方标准代号，由汉语拼音字母"DB"加上其行政区划代码前两位数字组成。市级地方标准代号，由汉语拼音字母"DB"加上其行政区划代码前四位数字组成。

第十九条 地方标准发布前，提出立项申请的行政主管部门认为相关技术要求存在重大问题或者出现重大政策性变化的，可以向标准化行政主管部门提出项目变更或者终止建议。

标准化行政主管部门可以根据有关行政主管部门的建议等，作出项目变更或者终止决定。

第二十条 地方标准由设区的市级以上地方标准化行政主管部门发布。

第二十一条 设区的市级以上地方标准化行政主管部门应当自地方标准发布之日起二十日内在其门户网站和标准信息公共服务平台上公布其制定的地方标准的目录及文本。

第二十二条 地方标准应当自发布之日起六十日内由省级标准化行政主管部门向国务院标准化行政主管部门备案。备案材料应当包括发布公告及地方标准文本。

国务院标准化行政主管部门应当将其备案的地方标准通报国务院有关行政主管部门。

第二十三条 县级以上地方标准化行政主管部门和有关行政主管部门应当依据法定职责，对地方标准的实施进行监督检查。

第二十四条 设区的市级以上地方标准化行政主管部门应当建立地方标准实施信息反馈和评估机制，并根据反馈和评估情况，对其制定的地方标准进行复审。

地方标准复审周期一般不超过五年，但有下列情形之一的，应当及时复审：

（一）法律、法规、规章或者国家有关规定发生重大变化的；

（二）涉及的国家标准、行业标准、地方标准发生重大变化的；

（三）关键技术、适用条件发生重大变化的；

（四）应当及时复审的其他情形。

第二十五条 复审地方标准的，设区的市级以上地方标准化行政主管部门应当征求同级有关行政主管部门以及企业事业组织、社会团体、消费者组织和教育、科研机构等方面意见，并根据有关意见作出地方标准继续有效、修订或者废止的复审结论。

复审结论为修订地方标准的，应当按照本办法规定的地方标准制定程序执行。复审结论为废止地方标准的，应当公告废止。

第二十六条 地方标准的技术要求低于强制性国家标准的相关技术要求的，应当及时改正；拒不改正的，由国务院标准化行政主管部门公告废止相关标准；由有权机关对负有责任的领导人员和直接责任人员依法给予处分。

地方标准未依照本办法规定进行编号或者备案的，由国务院标准化行政主管部门要求其说明情况，并限期改正；拒不改正的，由国务院标准化行政主管部门撤销相关标准编号或者公告废止未备案标准；由有权机关对负有责任的领导人员和直接责任人员依法给予处分。

地方标准未依照本办法规定进行复审的，由国务院标准化行政主管部门要求其说明情况，并限期改正；拒不改正的，由有权机关对负有责任的领导人员和直接责任人员依法给予处分。

利用地方标准实施排除、限制市场竞争行为的，按照《中华人民共和国反垄断法》等法律、行政法规的有关规定处理。

地方标准的制定事项范围或者制定主体不符合本办法规定的，由上一级标准化行政主管部门责令限期改正；拒不改正的，公告废止相关标准。

第二十七条 对经济和社会发展具有重大推动作用的地方标准，可以按照地方有关规定申报科学技术奖励。

第二十八条 本办法所称日为公历日。

第二十九条 本办法自2020年3月1日起施行。1990年9月6日原国家技术监督局令第15号公布的《地方标准管理办法》同时废止。

第五十二条 制定标准征求意见

制定或者修改涉及无障碍环境建设的标准，应当征求残疾人、老年人代表以及残疾人联合会、老龄协会等组织的意见。残疾人联合会、老龄协会等组织可以依法提出制定或者修改无障碍环境建设标准的建议。

● **理解要点**

《残疾人保障法》《老年人权益保障法》规定，制定相关政策时应当听取残疾人、老年人及其组织的意见。地方立法中也鼓励和支持社会组织的参与，如《上海市无障碍环境建设条例》规定，编制无障碍环境建设发展规划和相关领域专项规划，应当征求残疾人联合会、依法设立的老年人组织等社会各方的意见，并通过人民建议征集等方式，听取市民群众的意见。

第五十三条 认证与评测制度

国家建立健全无障碍设计、设施、产品、服务的认证和无障碍信息的评测制度，并推动结果采信应用。

● **理解要点**

无障碍环境建设相关法律确定了方向性、指导性内容，但这些内容的落地，离不开标准所涉及的技术性规范。国际经验表明，无障碍环境建设标准在各国的执行情况普遍不佳，主要原因是无障碍环境建设标准体系不健全，以及标准体系的执行不力。标准认证、评测制度可以促进无障碍环境建设相关标准得到贯彻执行，推动无障碍环境建设高质量发展，提高无障碍环境管理和服务水平。

2021年12月，市场监管总局、中国残联联合发布了《关于推进无障碍环境认证工作的指导意见》。从2021年1月起，工业和信息化部在全国范围内组织开展为期一年的互联网应用适老化及无障碍改造专项行动，通过对网站和移动互联网应用（APP）进行评测，推动无障碍信息化建设。

本条为完善标准体系和推广无障碍设计、设施、产品、服务的认证及无障碍信息的评测制度提供了法律保障。

◐ 关联规定

中华人民共和国认证认可条例

（2020年11月29日）

第一章 总　　则

第一条 为了规范认证认可活动，提高产品、服务的质量和管理水平，促进经济和社会的发展，制定本条例。

第二条 本条例所称认证，是指由认证机构证明产品、服务、管理体系符合相关技术规范、相关技术规范的强制性要求或者标准的合格评定活动。

本条例所称认可，是指由认可机构对认证机构、检查机构、实验室以及从事评审、审核等认证活动人员的能力和执业资格，予以承认的合格评定活动。

第三条 在中华人民共和国境内从事认证认可活动，应当遵守本条例。

第四条 国家实行统一的认证认可监督管理制度。

国家对认证认可工作实行在国务院认证认可监督管理部门统一管理、监督和综合协调下，各有关方面共同实施的工作机制。

第五条 国务院认证认可监督管理部门应当依法对认证培训机构、认证咨询机构的活动加强监督管理。

第六条 认证认可活动应当遵循客观独立、公开公正、诚实信用的原则。

第七条 国家鼓励平等互利地开展认证认可国际互认活动。认证认可国际互认活动不得损害国家安全和社会公共利益。

第八条 从事认证认可活动的机构及其人员，对其所知悉的国家秘密和商业秘密负有保密义务。

第二章 认证机构

第九条 取得认证机构资质，应当经国务院认证认可监督管理部门批准，并在批准范围内从事认证活动。

未经批准，任何单位和个人不得从事认证活动。

第十条 取得认证机构资质，应当符合下列条件：

（一）取得法人资格；

（二）有固定的场所和必要的设施；

（三）有符合认证认可要求的管理制度；

（四）注册资本不得少于人民币300万元；

（五）有10名以上相应领域的专职认证人员。

从事产品认证活动的认证机构，还应当具备与从事相关产品认证活动相适应的检测、检查等技术能力。

第十一条 认证机构资质的申请和批准程序：

（一）认证机构资质的申请人，应当向国务院认证认可监督管理部门提出书面申请，并提交符合本条例第十条规定条件的证明文件；

（二）国务院认证认可监督管理部门自受理认证机构资质申请之日起45日内，应当作出是否批准的决定。涉及国务院有关部门职责的，应当征求国务院有关部门的意见。决定批准的，向申请人出具批准文件，决定不予批准的，应当书面通知申请人，并说明理由。

国务院认证认可监督管理部门应当公布依法取得认证机构资质的企业名录。

第十二条 境外认证机构在中华人民共和国境内设立代表机构，须向市场监督管理部门依法办理登记手续后，方可从事与所从属机构的业务范围相关的推广活动，但不得从事认证活动。

境外认证机构在中华人民共和国境内设立代表机构的

登记，按照有关外商投资法律、行政法规和国家有关规定办理。

第十三条 认证机构不得与行政机关存在利益关系。

认证机构不得接受任何可能对认证活动的客观公正产生影响的资助；不得从事任何可能对认证活动的客观公正产生影响的产品开发、营销等活动。

认证机构不得与认证委托人存在资产、管理方面的利益关系。

第十四条 认证人员从事认证活动，应当在一个认证机构执业，不得同时在两个以上认证机构执业。

第十五条 向社会出具具有证明作用的数据和结果的检查机构、实验室，应当具备有关法律、行政法规规定的基本条件和能力，并依法经认定后，方可从事相应活动，认定结果由国务院认证认可监督管理部门公布。

第三章 认 证

第十六条 国家根据经济和社会发展的需要，推行产品、服务、管理体系认证。

第十七条 认证机构应当按照认证基本规范、认证规则从事认证活动。认证基本规范、认证规则由国务院认证认可监督管理部门制定；涉及国务院有关部门职责的，国务院认证认可监督管理部门应当会同国务院有关部门制定。

属于认证新领域，前款规定的部门尚未制定认证规则的，认证机构可以自行制定认证规则，并报国务院认证认可监督管理部门备案。

第十八条 任何法人、组织和个人可以自愿委托依法设立的认证机构进行产品、服务、管理体系认证。

第十九条 认证机构不得以委托人未参加认证咨询或者认证培训等为理由，拒绝提供本认证机构业务范围内的认证服务，也不得向委托人提出与认证活动无关的要求或者限制条件。

第二十条 认证机构应当公开认证基本规范、认证规则、收费标准等信息。

第二十一条 认证机构以及与认证有关的检查机构、实验室从事认证以及与认证有关的检查、检测活动，应当完成认证基本规范、认证规则规定的程序，确保认证、检查、检测的完整、客观、真实，不得增加、减少、遗漏程序。

认证机构以及与认证有关的检查机构、实验室应当对认证、检查、检测过程作出完整记录，归档留存。

第二十二条 认证机构及其认证人员应当及时作出认证结论，并保证认证结论的客观、真实。认证结论经认证人员签字后，由认证机构负责人签署。

认证机构及其认证人员对认证结果负责。

第二十三条 认证结论为产品、服务、管理体系符合认证要求的，认证机构应当及时向委托人出具认证证书。

第二十四条 获得认证证书的，应当在认证范围内使用认证证书和认证标志，不得利用产品、服务认证证书、认证标志和相关文字、符号，误导公众认为其管理体系已通过认证，也不得利用管理体系认证证书、认证标志和相关文字、符号，误导公众认为其产品、服务已通过认证。

第二十五条 认证机构可以自行制定认证标志。认证机构自行制定的认证标志的式样、文字和名称，不得违反法律、行政法规的规定，不得与国家推行的认证标志相同或者近似，不得妨碍社会管理，不得有损社会道德风尚。

第二十六条 认证机构应当对其认证的产品、服务、管理体系实施有效的跟踪调查，认证的产品、服务、管理体系不能持续符合认证要求的，认证机构应当暂停其使用直至撤销认证证书，并予公布。

第二十七条 为了保护国家安全、防止欺诈行为、保护人体健康或者安全、保护动植物生命或者健康、保护环境，国家规定相关产品必须经过认证的，应当经过认证并标注认证标志后，方可出厂、销售、进口或者在其他经营活动中使用。

第二十八条 国家对必须经过认证的产品，统一产品目录，统一技术规范的强制性要求、标准和合格评定程序，统一标志，统一收费标准。

统一的产品目录（以下简称目录）由国务院认证认可监督管理部门会同国务院有关部门制定、调整，由国务院认证认可监督管理部门发布，并会同有关方面共同实施。

第二十九条 列入目录的产品，必须经国务院认证认可监督管理部门指定的认证机构进行认证。

列入目录产品的认证标志，由国务院认证认可监督管理部门统一规定。

第三十条 列入目录的产品，涉及进出口商品检验目录的，应当在进出口商品检验时简化检验手续。

第三十一条 国务院认证认可监督管理部门指定的从事列入目录产品认证活动的认证机构以及与认证有关的实验室（以下简称指定的认证机构、实验室），应当是长期从事相关业务、无不良记录，且已经依照本条例的规定取得认可、具备从事相关认证活动能力的机构。国务院认证认可监督管理部门指定从事列入目录产品认证活动的认证机构，应当确保在每一列入目录产品领域至少指定两家符合本条例规定条件的机构。

国务院认证认可监督管理部门指定前款规定的认证机构、实验室，应当事先公布有关信息，并组织在相关领域公认的专家组成专家评审委员会，对符合前款规定要求的认证机构、实验室进行评审；经评审并征求国务院有关部门意见后，按照资源合理利用、公平竞争和便利、有效的原则，在公布的时间内作出决定。

第三十二条 国务院认证认可监督管理部门应当公布指定的认证机构、实验室名录及指定的业务范围。

未经指定的认证机构、实验室不得从事列入目录产品的认证以及与认证有关的检查、检测活动。

第三十三条　列入目录产品的生产者或者销售者、进口商，均可自行委托指定的认证机构进行认证。

第三十四条　指定的认证机构、实验室应当在指定业务范围内，为委托人提供方便、及时的认证、检查、检测服务，不得拖延，不得歧视、刁难委托人，不得牟取不当利益。

指定的认证机构不得向其他机构转让指定的认证业务。

第三十五条　指定的认证机构、实验室开展国际互认活动，应当在国务院认证认可监督管理部门或者经授权的国务院有关部门对外签署的国际互认协议框架内进行。

第四章　认　　可

第三十六条　国务院认证认可监督管理部门确定的认可机构（以下简称认可机构），独立开展认可活动。

除国务院认证认可监督管理部门确定的认可机构外，其他任何单位不得直接或者变相从事认可活动。其他单位直接或者变相从事认可活动的，其认可结果无效。

第三十七条　认证机构、检查机构、实验室可以通过认可机构的认可，以保证其认证、检查、检测能力持续、稳定地符合认可条件。

第三十八条　从事评审、审核等认证活动的人员，应当经认可机构注册后，方可从事相应的认证活动。

第三十九条　认可机构应当具有与其认可范围相适应

的质量体系，并建立内部审核制度，保证质量体系的有效实施。

第四十条 认可机构根据认可的需要，可以选聘从事认可评审活动的人员。从事认可评审活动的人员应当是相关领域公认的专家，熟悉有关法律、行政法规以及认可规则和程序，具有评审所需要的良好品德、专业知识和业务能力。

第四十一条 认可机构委托他人完成与认可有关的具体评审业务的，由认可机构对评审结论负责。

第四十二条 认可机构应当公开认可条件、认可程序、收费标准等信息。

认可机构受理认可申请，不得向申请人提出与认可活动无关的要求或者限制条件。

第四十三条 认可机构应当在公布的时间内，按照国家标准和国务院认证认可监督管理部门的规定，完成对认证机构、检查机构、实验室的评审，作出是否给予认可的决定，并对认可过程作出完整记录，归档留存。认可机构应当确保认可的客观公正和完整有效，并对认可结论负责。

认可机构应当向取得认可的认证机构、检查机构、实验室颁发认可证书，并公布取得认可的认证机构、检查机构、实验室名录。

第四十四条 认可机构应当按照国家标准和国务院认证认可监督管理部门的规定，对从事评审、审核等认证活动的人员进行考核，考核合格的，予以注册。

第四十五条 认可证书应当包括认可范围、认可标准、认可领域和有效期限。

第四十六条 取得认可的机构应当在取得认可的范围内使用认可证书和认可标志。取得认可的机构不当使用认可证书和认可标志的，认可机构应当暂停其使用直至撤销认可证书，并予公布。

第四十七条 认可机构应当对取得认可的机构和人员实施有效的跟踪监督，定期对取得认可的机构进行复评审，以验证其是否持续符合认可条件。取得认可的机构和人员不再符合认可条件的，认可机构应当撤销认可证书，并予公布。

取得认可的机构的从业人员和主要负责人、设施、自行制定的认证规则等与认可条件相关的情况发生变化的，应当及时告知认可机构。

第四十八条 认可机构不得接受任何可能对认可活动的客观公正产生影响的资助。

第四十九条 境内的认证机构、检查机构、实验室取得境外认可机构认可的，应当向国务院认证认可监督管理部门备案。

第五章 监督管理

第五十条 国务院认证认可监督管理部门可以采取组织同行评议，向被认证企业征求意见，对认证活动和认证结果进行抽查，要求认证机构以及与认证有关的检查机构、实验室报告业务活动情况的方式，对其遵守本条例的情况进行监督。发现有违反本条例行为的，应当及时查处，涉及国务院有关部门职责的，应当及时通报有关部门。

第五十一条 国务院认证认可监督管理部门应当重点对指定的认证机构、实验室进行监督，对其认证、检查、检测活动进行定期或者不定期的检查。指定的认证机构、实验室，应当定期向国务院认证认可监督管理部门提交报告，并对报告的真实性负责；报告应当对从事列入目录产品认证、检查、检测活动的情况作出说明。

第五十二条 认可机构应当定期向国务院认证认可监督管理部门提交报告，并对报告的真实性负责；报告应当对认可机构执行认可制度的情况、从事认可活动的情况、从业人员的工作情况作出说明。

国务院认证认可监督管理部门应当对认可机构的报告作出评价，并采取查阅认可活动档案资料、向有关人员了解情况等方式，对认可机构实施监督。

第五十三条 国务院认证认可监督管理部门可以根据认证认可监督管理的需要，就有关事项询问认可机构、认证机构、检查机构、实验室的主要负责人，调查了解情况，给予告诫，有关人员应当积极配合。

第五十四条 县级以上地方人民政府市场监督管理部门在国务院认证认可监督管理部门的授权范围内，依照本条例的规定对认证活动实施监督管理。

国务院认证认可监督管理部门授权的县级以上地方人民政府市场监督管理部门，以下称地方认证监督管理部门。

第五十五条 任何单位和个人对认证认可违法行为，有权向国务院认证认可监督管理部门和地方认证监督管理部门举报。国务院认证认可监督管理部门和地方认证监督管理部门应当及时调查处理，并为举报人保密。

第六章 法律责任

第五十六条 未经批准擅自从事认证活动的，予以取缔，处10万元以上50万元以下的罚款，有违法所得的，没收违法所得。

第五十七条 境外认证机构未经登记在中华人民共和国境内设立代表机构的，予以取缔，处5万元以上20万元以下的罚款。

经登记设立的境外认证机构代表机构在中华人民共和国境内从事认证活动的，责令改正，处10万元以上50万元以下的罚款，有违法所得的，没收违法所得；情节严重的，撤销批准文件，并予公布。

第五十八条 认证机构接受可能对认证活动的客观公正产生影响的资助，或者从事可能对认证活动的客观公正产生影响的产品开发、营销等活动，或者与认证委托人存在资产、管理方面的利益关系的，责令停业整顿；情节严重的，撤销批准文件，并予公布；有违法所得的，没收违法所得；构成犯罪的，依法追究刑事责任。

第五十九条 认证机构有下列情形之一的，责令改正，处 5 万元以上 20 万元以下的罚款，有违法所得的，没收违法所得；情节严重的，责令停业整顿，直至撤销批准文件，并予公布：

（一）超出批准范围从事认证活动的；

（二）增加、减少、遗漏认证基本规范、认证规则规定的程序的；

（三）未对其认证的产品、服务、管理体系实施有效的跟踪调查，或者发现其认证的产品、服务、管理体系不能持续符合认证要求，不及时暂停其使用或者撤销认证证书并予公布的；

（四）聘用未经认可机构注册的人员从事认证活动的。

与认证有关的检查机构、实验室增加、减少、遗漏认证基本规范、认证规则规定的程序的，依照前款规定处罚。

第六十条 认证机构有下列情形之一的，责令限期改正；逾期未改正的，处 2 万元以上 10 万元以下的罚款：

（一）以委托人未参加认证咨询或者认证培训等为理由，拒绝提供本认证机构业务范围内的认证服务，或者向委托人提出与认证活动无关的要求或者限制条件的；

（二）自行制定的认证标志的式样、文字和名称，与国家推行的认证标志相同或者近似，或者妨碍社会管理，或者有损社会道德风尚的；

（三）未公开认证基本规范、认证规则、收费标准等信息的；

（四）未对认证过程作出完整记录，归档留存的；

（五）未及时向其认证的委托人出具认证证书的。

与认证有关的检查机构、实验室未对与认证有关的检查、检测过程作出完整记录，归档留存的，依照前款规定处罚。

第六十一条 认证机构出具虚假的认证结论，或者出具的认证结论严重失实的，撤销批准文件，并予公布；对直接负责的主管人员和负有直接责任的认证人员，撤销其执业资格；构成犯罪的，依法追究刑事责任；造成损害的，认证机构应当承担相应的赔偿责任。

指定的认证机构有前款规定的违法行为的，同时撤销指定。

第六十二条 认证人员从事认证活动，不在认证机构执业或者同时在两个以上认证机构执业的，责令改正，给予停止执业6个月以上2年以下的处罚，仍不改正的，撤销其执业资格。

第六十三条 认证机构以及与认证有关的实验室未经指定擅自从事列入目录产品的认证以及与认证有关的检查、检测活动的，责令改正，处10万元以上50万元以下的罚款，有违法所得的，没收违法所得。

认证机构未经指定擅自从事列入目录产品的认证活动

的，撤销批准文件，并予公布。

第六十四条 指定的认证机构、实验室超出指定的业务范围从事列入目录产品的认证以及与认证有关的检查、检测活动的，责令改正，处10万元以上50万元以下的罚款，有违法所得的，没收违法所得；情节严重的，撤销指定直至撤销批准文件，并予公布。

指定的认证机构转让指定的认证业务的，依照前款规定处罚。

第六十五条 认证机构、检查机构、实验室取得境外认可机构认可，未向国务院认证认可监督管理部门备案的，给予警告，并予公布。

第六十六条 列入目录的产品未经认证，擅自出厂、销售、进口或者在其他经营活动中使用的，责令改正，处5万元以上20万元以下的罚款，有违法所得的，没收违法所得。

第六十七条 认可机构有下列情形之一的，责令改正；情节严重的，对主要负责人和负有责任的人员撤职或者解聘：

（一）对不符合认可条件的机构和人员予以认可的；

（二）发现取得认可的机构和人员不符合认可条件，不及时撤销认可证书，并予公布的；

（三）接受可能对认可活动的客观公正产生影响的资助的。

被撤职或者解聘的认可机构主要负责人和负有责任的人员，自被撤职或者解聘之日起 5 年内不得从事认可活动。

第六十八条 认可机构有下列情形之一的，责令改正；对主要负责人和负有责任的人员给予警告：

（一）受理认可申请，向申请人提出与认可活动无关的要求或者限制条件的；

（二）未在公布的时间内完成认可活动，或者未公开认可条件、认可程序、收费标准等信息的；

（三）发现取得认可的机构不当使用认可证书和认可标志，不及时暂停其使用或者撤销认可证书并予公布的；

（四）未对认可过程作出完整记录，归档留存的。

第六十九条 国务院认证认可监督管理部门和地方认证监督管理部门及其工作人员，滥用职权、徇私舞弊、玩忽职守，有下列行为之一的，对直接负责的主管人员和其他直接责任人员，依法给予降级或者撤职的行政处分；构成犯罪的，依法追究刑事责任：

（一）不按照本条例规定的条件和程序，实施批准和指定的；

（二）发现认证机构不再符合本条例规定的批准或者指定条件，不撤销批准文件或者指定的；

（三）发现指定的实验室不再符合本条例规定的指定条件，不撤销指定的；

（四）发现认证机构以及与认证有关的检查机构、实验室出具虚假的认证以及与认证有关的检查、检测结论或者出具的认证以及与认证有关的检查、检测结论严重失实，不予查处的；

（五）发现本条例规定的其他认证认可违法行为，不予查处的。

第七十条 伪造、冒用、买卖认证标志或者认证证书的，依照《中华人民共和国产品质量法》等法律的规定查处。

第七十一条 本条例规定的行政处罚，由国务院认证认可监督管理部门或者其授权的地方认证监督管理部门按照各自职责实施。法律、其他行政法规另有规定的，依照法律、其他行政法规的规定执行。

第七十二条 认证人员自被撤销执业资格之日起5年内，认可机构不再受理其注册申请。

第七十三条 认证机构未对其认证的产品实施有效的跟踪调查，或者发现其认证的产品不能持续符合认证要求，不及时暂停或者撤销认证证书和要求其停止使用认证标志给消费者造成损失的，与生产者、销售者承担连带责任。

第七章　附　　则

第七十四条 药品生产、经营企业质量管理规范认证，实验动物质量合格认证，军工产品的认证，以及从事军工产品校准、检测的实验室及其人员的认可，不适用本条例。

依照本条例经批准的认证机构从事矿山、危险化学品、烟花爆竹生产经营单位管理体系认证，由国务院安全生产监督管理部门结合安全生产的特殊要求组织；从事矿山、危险化学品、烟花爆竹生产经营单位安全生产综合评价的认证机构，经国务院安全生产监督管理部门推荐，方可取得认可机构的认可。

第七十五条 认证认可收费，应当符合国家有关价格法律、行政法规的规定。

第七十六条 认证培训机构、认证咨询机构的管理办法由国务院认证认可监督管理部门制定。

第七十七条 本条例自2003年11月1日起施行。1991年5月7日国务院发布的《中华人民共和国产品质量认证管理条例》同时废止。

第五十四条　科技成果的运用

国家通过经费支持、政府采购、税收优惠等方式，促进新科技成果在无障碍环境建设中的运用，鼓励无障碍技术、产品和服务的研发、生产、应用和推广，支持无障碍设施、信息和服务的融合发展。

● 理解要点

通过经费支持、政府购买等方式支持无障碍环境建设是日本等国家的实践经验，有利于从供给侧增强市场活力，同时也有助于从需求侧解决产品和服务的销售问题。

"系统连续"是无障碍环境建设需要重点关注的方面。随着无障碍环境内容的扩展,"系统连续"已不仅是指传统意义上的无障碍设施必须连点成线、形成完整闭环,而是扩展到设施、信息和服务的互联互通,只有三者融合发展,才能相互促进,发挥无障碍环境的整体效能。

要坚持政府主导,推动共建共享。无障碍环境建设长期被人们视为残疾人的"特惠"、与自身关系不大,甚至是浪费社会资源,因此社会认知度不高、参与不足,资金投入主要依靠政府。无障碍环境建设立法坚持政府在无障碍环境建设中的主导地位,同时重视发挥市场在资源配置中的作用,通过财政补贴、经费支持、政府采购等方式,充分调动市场主体的积极性,促进相关产业发展;通过加强理论研究、宣传教育、奖励激励,鼓励全社会积极参与,实现无障碍环境共建共享。[①]

第五十五条 人才培养机制

国家建立无障碍环境建设相关领域人才培养机制。

国家鼓励高等学校、中等职业学校等开设无障碍环境建设相关专业和课程,开展无障碍环境建设理论研究、国际交流和实践活动。

[①]《关于〈中华人民共和国无障碍环境建设法(草案)〉的说明》,载中国人大网,http://www.npc.gov.cn/npc/c30834/202306/897ff8202f714e229e2ba94719b6d197.shtml,最后访问时间:2023 年 7 月 8 日。

建筑、交通运输、计算机科学与技术等相关学科专业应当增加无障碍环境建设的教学和实践内容，相关领域职业资格、继续教育以及其他培训的考试内容应当包括无障碍环境建设知识。

● **理解要点**

无障碍环境高质量发展离不开专业人才的培养。目前，高校作为人才培养的重要阵地尚没有充分发挥作用，无障碍环境建设相关专业和课程还比较少，相关培训考试内容较少涉及无障碍的内容。开设无障碍环境建设相关专业，在建筑、计算机科学与技术等相关学科专业增加无障碍环境建设的教学和实践内容，均是国外的成熟经验，清华大学、天津大学等国内著名高校已经开始进行积极探索。

人口老龄化是我国未来很长一段时期的基本国情，对经济社会发展的影响广泛而深远，劳动力减少、消费需求降低、创新动力不足是其中比较突出的方面。加强无障碍环境建设，弥补残疾人、老年人等因身体机能部分缺失或退化产生的差异，可以便利大量轻中度残疾人和低龄老年人走出家庭、进入就业市场，从而极大地释放社会劳动潜力、提升社会消费能力。同时，面对未来三成左右国民的社会生活需求，围绕无障碍的设施设备、信息技术等的研发、应用，将有力促进国家科技化、信息化水平的提升，推动经济高质量发展。

第五十六条 知识与技能培训

国家鼓励机关、企业事业单位、社会团体以及其他社会组织，对工作人员进行无障碍服务知识与技能培训。

理解要点

无障碍环境建设是一项系统工程，渗透于社会生活的方方面面，涉及政府职责、市场行为、社会公益等不同层面，公众对无障碍的认知也直接或间接地影响其发展。无障碍环境建设法通过有效的制度设计，推动政府、市场、社会共同发力，法律、法规、标准、政策协同配合，实现无障碍物理环境、信息环境、人文环境一体推进，在经济社会全面发展的过程中，促进高质量无障碍环境建设。[1]

本条规定属于倡导性、宣誓性条款，体现了法治和德治结合并举的精神，即以立法的形式明确告诉人们，国家鼓励什么、倡导什么，属于"软法"范畴。"软法"是提倡性法律规范，是激励和引导人们为或不为某种行为的法

---

[1] 《关于〈中华人民共和国无障碍环境建设法（草案）〉的说明》，载中国人大网，http://www.npc.gov.cn/npc/c30834/202306/897ff8202f714e229e2ba94719b6d197.shtml，最后访问时间：2023年7月15日。

律规范。行为人遵守这种规范能获得相应的激励，如税收优惠、政策照顾等；行为人即使违反这种倡导性的法律规范，也不会导致承担法律责任。"软法"具有自律性、引导性、建议性、激励性、协商性等特点。一般认为，"软法"是不运用国家强制力保障实施的法律规范，并不一定都是通过严格的立法程序，"软法"以协商一致为法律通过的要件，而不是采取以少数服从多数的决策机制。与"软法"相对应的是传统的"硬法"，"硬法"来源于国家意志的确认。"硬法"的立法模式是"条件+行为模式+法律后果"，依靠国家强制力保障其实施。"硬法"强调他律，"软法"侧重自律。

"软法"的法律渊源主要包括两个方面：一是国家正式立法中的"软条款"；二是政治组织形成的规则和社会共同体形成的规则。前者如本条，后者系指未经正规程序成立之法律规范，如政治组织的章程和规范性文件，行业协会对本行业自我管理、自我约束的章程。上述两种渊源的"软法"均属于广义的法律范畴。

第五十七条 文明城市等创建活动

文明城市、文明村镇、文明单位、文明社区、文明校园等创建活动，应当将无障碍环境建设情况作为重要内容。

● **理解要点**

立法是国家的重要政治活动，是把党的主张和人民的意志通过法定程序转化为国家意志的过程，关系党和国家事业发展全局。将经实践检验已经较为成熟的制度规定及实践经验上升为国家立法，从国家法律制度层面为我国无障碍环境建设奠定了坚实基础，既便于民众遵守，也便于国家机关执行。

因此，在立法中将无障碍环境建设情况与文明创建相结合，通过立法明确无障碍环境建设情况作为文明创建的重要内容，将之制度化、法治化，具有重大意义。

第六章 监督管理

第五十八条 监督检查

县级以上人民政府及其有关主管部门依法对无障碍环境建设进行监督检查,根据工作需要开展联合监督检查。

● 理解要点

当前,我国无障碍环境建设监督体系尚不完善,"重建设、轻监管"的问题比较突出。联合国《残疾人权利公约》要求缔约国应该建立完善有效的监督体系,督促无障碍环境建设相关标准规范得到有效执行。

目前,无障碍监督检查一般是由各级残联组织推动并参与,省市两级检查督导频次和方法有限,县级评估验收水平由于人力和专业水平限制而参差不齐,监督检查很难发挥实效。因此,根据政府部门在无障碍环境建设中的责任,首先要完善监督检查机制,明确县级以上人民政府及其有关主管部门的监督检查职责。

> 第五十九条 考核评价制度
>
> 国家实施无障碍环境建设目标责任制和考核评价制度。县级以上地方人民政府根据本地区实际，制定具体考核办法。

● 理解要点

现有法律法规缺乏无障碍环境建设考核监督规定，建立无障碍环境建设目标责任制和考核评价制度将有利于推进无障碍环境建设各项工作。中国残联等十三部门联合印发的《无障碍环境建设"十四五"实施方案》细化了"十四五"无障碍环境建设的主要指标，对"十四五"城市道路无障碍设施建设率、公共建筑无障碍设施建设率、居家适老化改造等6个指标提出了具体要求，为加强监管提供了较好的实践基础。

● 关联规定

政府督查工作条例

（2020年12月26日）

第一条 为了加强和规范政府督查工作，保障政令畅通，提高行政效能，推进廉政建设，健全行政监督制度，制定本条例。

第二条 本条例所称政府督查，是指县级以上人民政府在法定职权范围内根据工作需要组织开展的监督检查。

第三条 政府督查工作应当坚持和加强党的领导，以人民为中心，服务大局、实事求是，推进依法行政，推动政策落实和问题解决，力戒形式主义、官僚主义。

第四条 政府督查内容包括：

（一）党中央、国务院重大决策部署落实情况；

（二）上级和本级人民政府重要工作部署落实情况；

（三）督查对象法定职责履行情况；

（四）本级人民政府所属部门和下级人民政府的行政效能。

第五条 政府督查对象包括：

（一）本级人民政府所属部门；

（二）下级人民政府及其所属部门；

（三）法律、法规授权的具有管理公共事务职能的组织；

（四）受行政机关委托管理公共事务的组织。

上级人民政府可以对下一级人民政府及其所属部门开展督查，必要时可以对所辖各级人民政府及其所属部门开展督查。

第六条 国务院办公厅指导全国政府督查工作，组织实施国务院督查工作。国务院办公厅督查机构承担国务院督查有关具体工作。

县级以上地方人民政府督查机构组织实施本级人民政府督查工作。县级以上地方人民政府督查机构设置的形式和规格，按照机构编制管理有关规定办理。

国务院办公厅督查机构和县级以上地方人民政府督查机构统称政府督查机构。

第七条 县级以上人民政府可以指定所属部门按照指定的事项、范围、职责、期限开展政府督查。

县级以上人民政府所属部门未经本级人民政府指定，不得开展政府督查。

第八条 县级以上人民政府根据工作需要，可以派出督查组。督查组按照本级人民政府确定的督查事项、范围、职责、期限开展政府督查。督查组对本级人民政府负责。

督查组实行组长负责制，组长由本级人民政府确定。

可以邀请人大代表、政协委员、政府参事和专家学者等参加督查组。

第九条 督查人员应当具备与其从事的督查工作相适应的政治素质、工作作风、专业知识、业务能力和法律素养，遵守宪法和法律，忠于职守、秉公持正，清正廉洁、保守秘密，自觉接受监督。

政府督查机构应当对督查人员进行政治、理论和业务培训。

第十条 政府督查机构履行职责所必需的经费，应当列入本级预算。

第十一条 政府督查机构根据本级人民政府的决定或者本级人民政府行政首长在职权范围内作出的指令，确定督查事项。

政府督查机构根据党中央、国务院重大决策部署，上级和本级人民政府重要工作部署，以及掌握的线索，可以提出督查工作建议，经本级人民政府行政首长批准后，确定督查事项。

第十二条 政府督查可以采取以下方式：

（一）要求督查对象自查、说明情况；

（二）听取督查对象汇报；

（三）开展检查、访谈、暗访；

（四）组织座谈、听证、统计、评估；

（五）调阅、复制与督查事项有关的资料；

（六）通过信函、电话、媒体等渠道收集线索；

（七）约谈督查对象负责人或者相关责任人；

（八）运用现代信息技术手段开展"互联网+督查"。

第十三条 政府督查工作需要协助的，有关行政机关应当在职权范围内予以协助。

第十四条 县级以上人民政府可以组织开展综合督查、专项督查、事件调查、日常督办、线索核查等政府督查工作。

第十五条 开展政府督查工作应当制定督查方案，明确督查内容、对象和范围；应当严格控制督查频次和时限，科学运用督查方式，严肃督查纪律，提前培训督查人员。

政府督查工作应当严格执行督查方案，不得随意扩大督查范围、变更督查对象和内容，不得干预督查对象的正常工作，严禁重复督查、多头督查、越权督查。

第十六条　县级以上人民政府在政府督查工作结束后应当作出督查结论。与督查对象有关的督查结论应当向督查对象反馈。

督查结论应当事实清楚，证据充分，客观公正。

第十七条　督查对象对督查结论有异议的，可以自收到该督查结论之日起30日内，向作出该督查结论的人民政府申请复核。收到申请的人民政府应当在30日内作出复核决定。参与作出督查结论的工作人员在复核中应当回避。

第十八条　对于督查结论中要求整改的事项，督查对象应当按要求整改。政府督查机构可以根据工作需要，对整改情况进行核查。

第十九条　政府督查机构可以根据督查结论，提出改变或者撤销本级或者下级人民政府及其所属部门不适当的决定、命令等规范性文件的建议，报本级人民政府或者本级人民政府行政首长。

第二十条　政府督查机构可以针对督查结论中反映的突出问题开展调查研究，真实准确地向本级人民政府或者本级人民政府行政首长报告调查研究情况。

第二十一条　政府督查机构可以根据督查结论或者整改核查结果，提出对督查对象依法依规进行表扬、激励、批评等建议，经本级人民政府或者本级人民政府行政首长批准后组织实施。

政府督查机构可以根据督查结论或者整改核查结果,提出对督查对象依法依规追究责任的建议,经本级人民政府或者本级人民政府行政首长批准后,交有权机关调查处理。

第二十二条 政府督查应当加强与行政执法监督、备案审查监督等的协调衔接。

第二十三条 督查工作中发现公职人员涉嫌贪污贿赂、失职渎职等职务违法或者职务犯罪的问题线索,政府督查机构应当移送监察机关,由监察机关依法调查处置;发现涉嫌其他犯罪的问题线索,移送司法机关依法处理。

第二十四条 政府督查机构及督查人员违反本条例规定,滥用职权、徇私舞弊、玩忽职守的,泄露督查过程中所知悉的国家秘密、商业秘密、个人隐私的,或者违反廉政规定的,对负有责任的领导人员和直接责任人员依法依规给予处理;构成犯罪的,依法追究刑事责任。

第二十五条 督查对象及其工作人员不得阻碍督查工作,不得隐瞒实情、弄虚作假,不得伪造、隐匿、毁灭证据。有上述情形的,由政府督查机构责令改正;情节严重的,依法依规追究责任。

第二十六条 对督查人员或者提供线索、反映情况的单位和个人进行威胁、打击、报复、陷害的,依法依规追究责任。

第二十七条　县级以上人民政府及其所属部门依照有关法律法规开展的其他监督检查，按照有关法律法规规定执行。

第二十八条　本条例自 2021 年 2 月 1 日起施行。

第六十条　定期评估

县级以上地方人民政府有关主管部门定期委托第三方机构开展无障碍环境建设评估，并将评估结果向社会公布，接受社会监督。

● 理解要点

第三方专业评估有利于全面总结无障碍环境建设状况，深入分析存在的问题，并为进一步做好无障碍环境建设各项工作提供决策参考。《无障碍环境建设"十四五"实施方案》《关于切实解决老年人运用智能技术困难的实施方案》等政策文件都提出组织开展第三方评估，为该条规定提供了有价值的参考。

● 关联规定

中国残疾人联合会、住房和城乡建设部、中央网信办等
《无障碍环境建设"十四五"实施方案》

（2021 年 10 月 26 日）

在城镇老旧小区改造、乡村振兴、农村人居环境整治、养老服务设施建设等工作中统筹开展城乡无障碍设施建设和改造，将无障碍环境建设情况纳入城市体检指标体系，开展体检评估。

……

各相关部门于 2023 年对本方案实施情况进行中期检查，2025 年进行全面总结验收。探索组织全国无障碍环境建设专家委员会和残疾人组织及代表、高等院校、科研院所等进行第三方评估。

关于切实解决老年人运用智能技术困难的实施方案

（2020 年 11 月 15 日）

三、保障措施

……

（三）加强督促落实。各地区、各部门要明确时间表、路线图，建立工作台账，强化工作落实，及时跟踪分析涉及本地区、本部门的相关政策措施实施进展及成效，确保各项工作措施做实做细、落实到位。要定期组织开展第三方评估，对各地区公共服务适老化程度进行评价，相关结果纳入积极应对人口老龄化综合评估。

……

第六十一条　信息公示制度

县级以上人民政府建立无障碍环境建设信息公示制度，定期发布无障碍环境建设情况。

理解要点

《标准化法》规定，国家建立强制性标准实施情况统计分析报告制度。联合国《残疾人权利公约》也提出，要监测和公示无障碍标准规范的实施情况。为保障社会公众了解无障碍环境建设情况，督促政府部门积极开展相关工作，有必要建立和完善信息公示制度。

关联规定

中华人民共和国标准化法

（2017 年 11 月 4 日）

第二十九条 国家建立强制性标准实施情况统计分析报告制度。

国务院标准化行政主管部门和国务院有关行政主管部门、设区的市级以上地方人民政府标准化行政主管部门应当建立标准实施信息反馈和评估机制，根据反馈和评估情况对其制定的标准进行复审。标准的复审周期一般不超过五年。经过复审，对不适应经济社会发展需要和技术进步的应当及时修订或者废止。

全国人民代表大会常务委员会关于批准《残疾人权利公约》的决定

（2008 年 6 月 26 日）

第十一届全国人民代表大会常务委员会第三次会议决

定：批准 2006 年 12 月 13 日由第 61 届联合国大会通过的《残疾人权利公约》，同时声明：《残疾人权利公约》条文中关于"迁徙自由"和"国籍"的规定对于中华人民共和国香港特别行政区的适用，不改变中华人民共和国香港特别行政区关于出入境管制和国籍申请的法律的效力。

残疾人权利公约[①]

（2006 年 12 月 13 日）

第三十一条 统计和数据收集

一、缔约国承诺收集适当的信息，包括统计和研究数据，以便制定和实施政策，落实本公约。收集和维持这些信息的工作应当：

（一）遵行法定保障措施，包括保护数据的立法，实行保密和尊重残疾人的隐私；

（二）遵行保护人权和基本自由的国际公认规范以及收集和使用统计数据的道德原则。

二、依照本条规定收集的信息应当酌情分组，用于协助评估本公约规定的缔约国义务的履行情况，查明和清除残疾人在行使其权利时遇到的障碍。

三、缔约国应当负责传播这些统计数据，确保残疾人和其他人可以使用这些统计数据。

[①] 《残疾人权利公约（中文本）》，载中国人大网，http://www.npc.gov.cn/zgrdw/wxzl/gongbao/2008-12/24/content_ 1467401.htm，最后访问时间：2023 年 7 月 15 日。

中华人民共和国政府信息公开条例

(2019年4月3日)

第十九条 对涉及公众利益调整、需要公众广泛知晓或者需要公众参与决策的政府信息,行政机关应当主动公开。

第二十条 行政机关应当依照本条例第十九条的规定,主动公开本行政机关的下列政府信息:

(一)行政法规、规章和规范性文件;

(二)机关职能、机构设置、办公地址、办公时间、联系方式、负责人姓名;

(三)国民经济和社会发展规划、专项规划、区域规划及相关政策;

(四)国民经济和社会发展统计信息;

(五)办理行政许可和其他对外管理服务事项的依据、条件、程序以及办理结果;

(六)实施行政处罚、行政强制的依据、条件、程序以及本行政机关认为具有一定社会影响的行政处罚决定;

(七)财政预算、决算信息;

(八)行政事业性收费项目及其依据、标准;

(九)政府集中采购项目的目录、标准及实施情况;

(十)重大建设项目的批准和实施情况;

(十一)扶贫、教育、医疗、社会保障、促进就业等方面的政策、措施及其实施情况;

（十二）突发公共事件的应急预案、预警信息及应对情况；

（十三）环境保护、公共卫生、安全生产、食品药品、产品质量的监督检查情况；

（十四）公务员招考的职位、名额、报考条件等事项以及录用结果；

（十五）法律、法规、规章和国家有关规定规定应当主动公开的其他政府信息。

第二十一条 除本条例第二十条规定的政府信息外，设区的市级、县级人民政府及其部门还应当根据本地方的具体情况，主动公开涉及市政建设、公共服务、公益事业、土地征收、房屋征收、治安管理、社会救助等方面的政府信息；乡（镇）人民政府还应当根据本地方的具体情况，主动公开贯彻落实农业农村政策、农田水利工程建设运营、农村土地承包经营权流转、宅基地使用情况审核、土地征收、房屋征收、筹资筹劳、社会救助等方面的政府信息。

第二十二条 行政机关应当依照本条例第二十条、第二十一条的规定，确定主动公开政府信息的具体内容，并按照上级行政机关的部署，不断增加主动公开的内容。

第二十三条 行政机关应当建立健全政府信息发布机制，将主动公开的政府信息通过政府公报、政府网站或者其他互联网政务媒体、新闻发布会以及报刊、广播、电视等途径予以公开。

第二十四条 各级人民政府应当加强依托政府门户网站公开政府信息的工作，利用统一的政府信息公开平台集中发布主动公开的政府信息。政府信息公开平台应当具备信息检索、查阅、下载等功能。

第二十五条 各级人民政府应当在国家档案馆、公共图书馆、政务服务场所设置政府信息查阅场所，并配备相应的设施、设备，为公民、法人和其他组织获取政府信息提供便利。

行政机关可以根据需要设立公共查阅室、资料索取点、信息公告栏、电子信息屏等场所、设施，公开政府信息。

行政机关应当及时向国家档案馆、公共图书馆提供主动公开的政府信息。

第二十六条 属于主动公开范围的政府信息，应当自该政府信息形成或者变更之日起20个工作日内及时公开。法律、法规对政府信息公开的期限另有规定的，从其规定。

第六十二条 意见和建议

任何组织和个人有权向政府有关主管部门提出加强和改进无障碍环境建设的意见和建议，对违反本法规定的行为进行投诉、举报。县级以上人民政府有关主管部门接到涉及无障碍环境建设的投诉和举报，应当及时处理并予以答复。

残疾人联合会、老龄协会等组织根据需要，可以聘请残疾人、老年人代表以及具有相关专业知识的人员，对无障碍环境建设情况进行监督。

新闻媒体可以对无障碍环境建设情况开展舆论监督。

理解要点

该规定有利于进一步完善无障碍环境监督体系，促进残疾人、老年人等特殊群体及其组织的充分参与，反映需求，提出意见，开展社会监督。由于社会监督在实践中发挥了积极作用，近年出台的无障碍环境建设地方立法均包含社会监督的规定。

投诉举报处理机制经实践证明是推进无障碍环境建设行之有效的做法。2019年，北京市建立起以12345市民服务热线为主渠道的接诉即办机制，将无障碍环境建设纳入受理范围，取得了良好效果。2021年，《北京市无障碍环境建设条例》通过立法推动无障碍环境投诉处理机制规范化、法治化、常态化，固化了实践中取得的良好经验。

关联规定

中华人民共和国宪法

（2018年3月11日）

第四十一条 中华人民共和国公民对于任何国家机关

和国家工作人员，有提出批评和建议的权利；对于任何国家机关和国家工作人员的违法失职行为，有向有关国家机关提出申诉、控告或者检举的权利，但是不得捏造或者歪曲事实进行诬告陷害。

对于公民的申诉、控告或者检举，有关国家机关必须查清事实，负责处理。任何人不得压制和打击报复。

由于国家机关和国家工作人员侵犯公民权利而受到损失的人，有依照法律规定取得赔偿的权利。

第六十三条 公益诉讼

对违反本法规定损害社会公共利益的行为，人民检察院可以提出检察建议或者提起公益诉讼。

理解要点

从 2020 年开始，最高人民检察院将无障碍环境建设纳入检察公益诉讼新领域重点推进，推动解决无障碍环境建设中存在的突出问题。

2021 年，最高检和中国残联发布《无障碍环境建设检察公益诉讼典型案例》，有力推动了无障碍环境建设的基层自治、行业自律、系统治理，为无障碍环境建设纳入公益诉讼法定领域积累了丰富的实践经验。江苏、深圳、杭州等地的无障碍环境地方立法都明确规定无障碍环境建设检察公益诉讼。因此，在本条中对此进行了规定。

● 学习指引

最高检发布 10 件无障碍环境建设公益诉讼典型案例[①]

2021年5月14日,最高人民检察院会同中国残疾人联合会共同举办"有爱无碍,检察公益诉讼助推无障碍环境建设"新闻发布会,发布无障碍环境建设检察公益诉讼典型案例。

目　录

1. 浙江省检察机关督促规范无障碍环境建设行政公益诉讼系列案

2. 青海省人民检察院督促维护公共交通领域残疾人权益保障行政公益诉讼案

3. 浙江省杭州市人民检察院督促整治信息无障碍环境行政公益诉讼系列案

4. 福建省晋江市人民检察院督促执行无障碍设计规范行政公益诉讼案

5. 广东省深圳市宝安区人民检察院督促整治道路无障碍设施行政公益诉讼案

6. 江苏省宝应县人民检察院督促规范文物保护单位、英烈纪念设施无障碍环境建设行政公益诉讼案

7. 四川天府新区成都片区人民检察院督促规范公共基

---

① 载中华人民共和国最高人民检察院网站,https://www.spp.gov.cn/xwfbh/wsfbh/202105/t20210514_518136.shtml,最后访问时间:2023年7月8日。

础设施适老化建设行政公益诉讼案

8.浙江省宁波市鄞州区人民检察院督促整治无障碍指引标识行政公益诉讼案

9.黑龙江省铁路检察机关督促健全铁路旅客车站无障碍设施行政公益诉讼系列案

10.北京市延庆区人民检察院督促整治无障碍设施问题行政公益诉讼案

第七章 法律责任

第六十四条 违法建设、设计、施工、监理的责任

工程建设、设计、施工、监理单位未按照本法规定进行建设、设计、施工、监理的，由住房和城乡建设、民政、交通运输等相关主管部门责令限期改正；逾期未改正的，依照相关法律法规的规定进行处罚。

理解要点

本法强化了法律责任。参考《刑法》《民法典》《行政处罚法》《建设工程质量管理条例》等相关法律法规的规定，对无障碍环境建设相关法律责任进行了强化。

从《行政处罚法》第六条"实施行政处罚，纠正违法行为，应当坚持处罚与教育相结合，教育公民、法人或者其他组织自觉守法"以及第三十三条"违法行为轻微并及时改正，没有造成危害后果的，不予行政处罚。初次违法且危害后果轻微并及时改正的，可以不予行政处罚。当事人有证据足以证明没有主观过错的，不予行政处罚。法律、行政法规另有规定的，从其规定。对当事人的违法行为依法不予行政

处罚的，行政机关应当对当事人进行教育"等的规定来看，都将当事人有无主观故意作为行政处罚的重要参考原则。

当事人有改正违法行为的意图且付诸行动，尽管其行为的结果违反了法律法规的相关规定，但行为不具有主观故意，应不予行政处罚。

严格区分"逾期未改正"与"逾期未改正到位"的情形。从法条上解读，可以看出该条中"逾期未改正"的含义是主观上不去改正，而不是进行了改正但是没有改正到位的意思。当事人确实尽到了整改的义务，而且采取了相应的措施，受客观因素影响，造成在规定时间内没有整改到位的事实，属于"逾期未改正到位"，与本条规定的"逾期未改正"有本质的区别。

"逾期未改正"概念应有逻辑上的外延，不能无限扩展。有执法人员认为，只要是当事人在规定时间内未能改正到位，违法行为的事实就客观存在，以此事实为依据实施行政处罚，这是不可取的。

关联规定

中华人民共和国行政处罚法

（2021年1月22日）

第二十八条第一款 行政机关实施行政处罚时，应当责令当事人改正或者限期改正违法行为。

第六十五条 未依法维护和使用责任

违反本法规定，有下列情形之一的，由住房和城乡建设、民政、交通运输等相关主管部门责令限期改正；逾期未改正的，对单位处一万元以上三万元以下罚款，对个人处一百元以上五百元以下罚款：

（一）无障碍设施责任人不履行维护和管理职责，无法保障无障碍设施功能正常和使用安全；

（二）设置临时无障碍设施不符合相关规定；

（三）擅自改变无障碍设施的用途或者非法占用、损坏无障碍设施。

● 理解要点

本条是对第二十六条、第二十七条和第二十八条设置的罚则。

立法说明指出：无障碍环境特别是无障碍设施只有做到系统、连续、规范、安全才更有意义，孤立的、不规范的、损毁的设施，不仅会造成大量资源浪费，还会带来生活的不便，甚至形成严重的安全隐患。新时代的无障碍环境建设在继续解决"有没有"的同时，更要努力解决"好不好""管不管用"的问题。加强无障碍环境建设，拓展无障碍的内涵，普及正确理念，强化源头治理，压实各方责任，扩大社会参与，提升技术水平，将会有力推动无障碍环境建设更加科学、节约、创新、融合。①

本罚则的设定参考了《安全生产法》第九十六条"生产经营单位的其他负责人和安全生产管理人员未履行本法规定的安全生产管理职责的，责令限期改正，处一万元以上三万元以下的罚款"的规定。

◐ 关联规定

中华人民共和国无障碍环境建设法

（2023 年 6 月 28 日）

第二十六条 无障碍设施所有权人或者管理人应当对无障碍设施履行以下维护和管理责任，保障无障碍设施功能正常和使用安全：

（一）对损坏的无障碍设施和标识进行维修或者替换；

（二）对需改造的无障碍设施进行改造；

（三）纠正占用无障碍设施的行为；

（四）进行其他必要的维护和保养。

所有权人、管理人和使用人之间有约定的，由约定的责任人负责维护和管理。

第二十七条 因特殊情况设置的临时无障碍设施，应当符合无障碍设施工程建设标准。

第二十八条 任何单位和个人不得擅自改变无障碍设

---

① 《关于〈中华人民共和国无障碍环境建设法（草案）〉的说明》，载中国人大网，http://www.npc.gov.cn/npc/c30834/202306/897ff8202f714e229e2ba94719b6d197.shtml，最后访问时间：2023 年 7 月 8 日。

施的用途或者非法占用、损坏无障碍设施。

因特殊情况临时占用无障碍设施的，应当公告并设置护栏、警示标志或者信号设施，同时采取必要的替代性措施。临时占用期满，应当及时恢复原状。

第六十六条 未依法履行无障碍信息交流义务责任

违反本法规定，不依法履行无障碍信息交流义务的，由网信、工业和信息化、电信、广播电视、新闻出版等相关主管部门责令限期改正；逾期未改正的，予以通报批评。

● 理解要点

本条规定由网信、工业和信息化、电信、广播电视、新闻出版等相关主管部门责令限期改正，另外设置"通报批评"的行政处罚。

这条规定的法律责任是参考《行政处罚法》等相关法律法规的规定，对无障碍环境建设相关法律责任进行了强化。

《行政处罚法》第九条规定："行政处罚的种类：（一）警告、通报批评；（二）罚款、没收违法所得、没收非法财物；（三）暂扣许可证件、降低资质等级、吊销许可证件；（四）限制开展生产经营活动、责令停产停业、责令关闭、限制从业；（五）行政拘留；（六）法律、行政法规规定的其他行政处罚。"本条是 2021 年 7 月 15 日修订的重点条款。

通报批评作为一种申诫罚，又称声誉罚或精神罚。行政主体对违法者的名誉、荣誉、信誉或精神上的利益造成一定损害以示警诫的行政处罚。申诫罚主要适用于轻微违法行为或尚未造成实际危害后果的违法行为，既适用于个人也适用于组织。申诫罚是最轻的一种行政处罚，形式主要包括警告和通报批评两种。

1. 警告。即行政主体对违法者实施的一种书面形式的谴责和告诫。警告必须向违法者本人宣布并送交。警告具有教育性质和制裁性质。

2. 通报批评。即行政主体以公开、公布的方式，使被处罚人的名誉权受到损害，既制裁、教育违法者，又可以广泛教育他人的一种行政处罚形式。一般而言，通报批评只适用于法人或其他组织而不适用于自然人；以被处罚人的荣誉或信誉作为处罚的内容；通常通过报刊或政府文件在一定范围内公开、公布、影响比较大；通报批评往往单独适用。

第六十七条　未依法提供无障碍信息服务责任

电信业务经营者不依法提供无障碍信息服务的，由电信主管部门责令限期改正；逾期未改正的，处一万元以上十万元以下罚款。

理解要点

本条是对第三十四条"电信业务经营者提供基础电信服务时,应当为残疾人、老年人提供必要的语音、大字信息服务或者人工服务"设定的相应罚则。

电信是信息化社会的重要支柱,信息通信产业是整个国民经济中的基础性、战略性、先导性产业。无论是在人类的社会、经济活动中,还是在人们日常生活的方方面面,都离不开电信这个高效、可靠的手段。

因此,在缺少《电信法》等上位法律规定的情形下,本条参照《电信条例》第七十四条"由省、自治区、直辖市电信管理机构责令改正,并向电信用户赔礼道歉,赔偿电信用户损失;拒不改正并赔礼道歉、赔偿损失的,处以警告,并处1万元以上10万元以下的罚款;情节严重的,责令停业整顿"设定了罚则。

应当明确:为残疾人、老年人提供必要的语音、大字信息服务或者人工服务是最基本的法律要求。在电信业务经营者不依法提供上述无障碍信息服务的情形下,首先由电信主管部门责令限期改正;逾期未改正的,由电信主管部门依法处1万元以上10万元以下的罚款。

第六十八条 未依法提供无障碍社会服务责任

负有公共服务职责的部门和单位未依法提供无障碍社会服务的，由本级人民政府或者上级主管部门责令限期改正；逾期未改正的，对直接负责的主管人员和其他直接责任人员依法给予处分。

● 理解要点

本法的法律责任参考《刑法》《民法典》《行政处罚法》《建设工程质量管理条例》等相关法律法规的规定，对无障碍环境建设相关法律责任进行了强化。

《行政处罚法》第二十八条第一款规定，行政机关实施行政处罚时，应当责令当事人改正或者限期改正违法行为。关于责令改正，在理论及执法实践中存在一定争议，目前的通说认为这不是一种行政处罚，而是行政命令。

在行政处罚中，责令改正的主要作用就是救济性，达到恢复被侵害的权利秩序或阻止侵害行为继续发生的目的。原则上，对于任何一种违法行为都应当予以改正，因此，责令改正属于依附于行政处罚的从行政行为，是行政处罚的先行行为或者后续行为，而不应当是一种独立的行政处罚。

在王某和诉某市人民政府行政复议案[①]中，最高人民法院对"关于责令改正或限期改正违法行为是否属于行政处

---

① 最高人民法院（2018）最高法行申 4718 号，载中国裁判文书网。

罚的问题"进行了权威论证。

第一，责令改正（或者限期改正）与行政处罚概念有别。行政处罚是行政主体对违反行政管理秩序的行为依法定程序所给予的法律制裁；而责令改正或限期改正违法行为是指行政机关在实施行政处罚的过程中对违法行为人发出的一种作为命令。

第二，两者性质、内容不同。行政处罚是法律制裁，是对违法行为人的人身自由、财产权利的限制和剥夺，是对违法行为人精神和声誉造成损害的惩戒；而责令改正或者限期改正违法行为，其本身并不是制裁，只是要求违法行为人履行法定义务，停止违法行为，消除不良后果，恢复原状。

第三，两者的规制角度不同。行政处罚是从惩戒的角度，对行政相对人谋以新的义务，以告诫违法行为人不得再违法，否则将受罚；而责令改正或者限期改正违法行为则是命令违法行为人履行既有的法定义务，纠正违法，恢复原状。

第四，两者形式不同。《行政处罚法》第九条规定了行政处罚的具体种类，具体有：警告、通报批评，罚款、没收违法所得、没收非法财物，暂扣许可证件、降低资质等级、吊销许可证件，限制开展生产经营活动、责令停产停业、责令关闭、限制从业，行政拘留等；而责令改正或者限期改正违法行为，因各种具体违法行为不同而分别表现为停止违法行为、责令退还、责令赔偿、责令改正、限期拆除等形式。

因此，本条中的"由本级人民政府或者上级主管部门责令限期改正"应理解为行政命令。

行政命令是行政主体依法要求相对人进行一定的作为或不作为的意思表示。行政命令具有强制力，它包括两类：一类是要求相对人进行一定作为的命令，如命令纳税、命令外国人出境。另一类是要求相对人履行一定的不作为的命令，称为禁（止）令，如因修建马路禁止通行，禁止携带危险品的旅客上车等。

一般认为，责令改正除法律、法规、规章明确规定为行政处罚的以外，属于行政命令，与行政处罚一样可以申请复议和提起诉讼，但在程序审查上不适用行政处罚法的规定。

第六十九条 未依法向有残疾的考生提供便利服务责任

考试举办者、组织者未依法向有残疾的考生提供便利服务的，由本级人民政府或者上级主管部门予以批评并责令改正；拒不改正的，对直接负责的主管人员和其他直接责任人员依法给予处分。

◐ 理解要点

《残疾人保障法》第五十四条对残疾考生的教育考试权

益保障进行了规定，共分四款：

一是国家采取措施，为残疾人信息交流无障碍创造条件。

二是各级人民政府和有关部门采取措施，为残疾人获取公共信息提供便利。

三是国家和社会研制、开发适合残疾人使用的信息交流技术和产品。

四是国家举办的各类升学考试、职业资格考试和任职考试，有盲人参加的，应当为盲人提供盲文试卷、电子试卷或者由专门的工作人员予以协助。

对应《无障碍环境建设法》第四十三条"教育行政部门和教育机构应当加强教育场所的无障碍环境建设，为有残疾的师生、员工提供无障碍服务。国家举办的教育考试、职业资格考试、技术技能考试、招录招聘考试以及各类学校组织的统一考试，应当为有残疾的考生提供便利服务"的规定，可见现行法律的条文更加明晰、更具人性化，也更有针对性，扩展了社会服务范围。

更重要的是，《残疾人保障法》第五十四条没有设定相应法律责任。法律责任是立法、执法和司法中的重大问题。对于一种行为是否要设定法律责任，这是法律责任设定首先要面对和解决的问题。法律责任本质上是依法对公民、法人和其他组织权益的强制性限制或剥夺，其设定是否科学合理直接关系到法律的可行性和权威性。如果法律上已经规定了应当如何行为，而对于违反规定的行为不设定法律责任，那么法律的实施效果通常会受影响。

因此，本条参照《国家教育考试违规处理办法》的相关条款设置了具体罚则。

学习指引

教育部：教育考试机构要为残疾考生提供合理便利

眼下全国高考正在进行，2023年全国共有10884名各类残疾考生参加高考。教育部要求，各地教育考试机构在保证考试安全和考场秩序的前提下，根据残疾考生的残疾情况和需要以及各地实际情况，要提供一种或几种必要条件和合理便利。

为视力残疾考生提供现行盲文试卷、大字号试卷（含大字号答题卡）或普通试卷。允许视力残疾考生携带答题所需的盲文笔、盲文手写板、盲文作图工具、橡胶垫、无存储功能的盲文打字机、无存储功能的电子助视器、盲杖、台灯、光学放大镜等辅助器具或设备。

为听力残疾考生免除外语听力考试。允许听力残疾考生携带助听器、人工耳蜗等助听辅听设备。

允许行动不便的残疾考生使用轮椅、助行器等，有特殊需要的残疾考生可以自带特殊桌椅参加考试。

使用盲文试卷的视力残疾考生的考试时间，在该科目规定考试总时长的基础上延长50%；使用大字号试卷或普通试卷的视力残疾考生、因脑瘫或其他疾病引起的上肢无法正常书写或无上肢考生等书写特别困难考生的考试时间，在该科目规定考试总时长的基础上延长 30%。

在山东，今年也有 325 名考生申请了合理便利，在山东省巨野县第一中学考点，当地成立了由残联、公安、教体等部门组成的志愿服务小组，为残疾考生提供考场指引和行动协助等无障碍化服务。山东省济南市第九中学考点为残疾考生单独设置考场，提供合理便利。[1]

第七十条 滥用职权、玩忽职守的责任

无障碍环境建设相关主管部门、有关组织的工作人员滥用职权、玩忽职守、徇私舞弊的，依法给予处分。

理解要点

本条是对国家、有关组织工作人员的责任规定。"无障碍环境建设长期被人们视为残疾人的'特惠'、与自身关系不大，甚至是浪费社会资源，因此社会认知度不高、参与不足，资金投入主要依靠政府"[2]，因此规定相应的责任符

---

[1] 教育部：《教育考试机构要为残疾考生提供合理便利》，载央广网，https://news.cnr.cn/native/gd/20230608/t20230608_526280022.shtml，最后访问时间：2023 年 7 月 14 日。

[2] 《关于〈中华人民共和国无障碍环境建设法（草案）〉的说明》，载中国人大网，http://www.npc.gov.cn/npc/c30834/202306/897ff8202f714e229e2ba94719b6d197.shtml，最后访问时间：2023 年 7 月 8 日。

合权责一致原则。

权责一致原则是指在一个组织中的管理者所拥有的权力应当与其所承担的责任相适应的准则。行政机关违法或者不当行使职权,应当依法承担法律责任。这一原则的基本要求是行政权力和法律责任的统一,即执法有保障、有权必有责、用权受监督、违法受追究、侵权须赔偿。所以权责一致的后果除了行政处分,还应该予以赔偿,不是补偿。补偿一般是法律基于公平原则而作的填补性规定,目的是填补受害人的损失,填平原则,对承担补偿责任的个体并不进行否定性评价;赔偿则是法律为了惩罚责任人而进行的惩罚性规定,目的不仅是填补受害人损失,更侧重惩罚责任人,对承担赔偿责任的个体进行否定性评价。

● 关联规定

中华人民共和国公职人员政务处分法

(2020年6月20日)

第七条 政务处分的种类为:

(一)警告;

(二)记过;

(三)记大过;

(四)降级;

(五)撤职;

(六)开除。

第三十九条 有下列行为之一，造成不良后果或者影响的，予以警告、记过或者记大过；情节较重的，予以降级或者撤职；情节严重的，予以开除：

（一）滥用职权，危害国家利益、社会公共利益或者侵害公民、法人、其他组织合法权益的；

（二）不履行或者不正确履行职责，玩忽职守，贻误工作的；

（三）工作中有形式主义、官僚主义行为的；

（四）工作中有弄虚作假，误导、欺骗行为的；

（五）泄露国家秘密、工作秘密，或者泄露因履行职责掌握的商业秘密、个人隐私的。

第七十一条 造成人身损害、财产损失的责任

违反本法规定，造成人身损害、财产损失的，依法承担民事责任；构成犯罪的，依法追究刑事责任。

● 理解要点

民事责任、行政责任和刑事责任是法律责任的基本分类。民事责任是指民事主体因违反民事法律、违约或者因法律规定的其他事由而应当依法承担的法定的不利后果，包括侵权责任、违约责任等；行政责任是指因违反行政法律或行政法规而应当承担的法定的不利后果；刑事责任是指因违反刑事法律而应当承担的法定的不利后果。

民事责任、行政责任和刑事责任虽然是三种性质不同的法律责任，却可能因为同一法律行为而同时产生。一个行为既违反了民法又违反了行政法或者刑法，由此同时产生民事责任、行政责任或者刑事责任，即发生责任聚合。从法理上说，责任聚合的原因是法条竞合。这种民事与行政、刑事的法条竞合存在于我国现行法中，从而可能导致民事与行政、刑事的责任聚合的情形。

民事责任、行政责任和刑事责任作为三种不同性质的法律责任，各自有其不同的发生根据和特定的适用范围。一般情况下，三者各自独立存在，并行不悖。

我国《民法典》第一百八十七条规定了民事责任优先承担的原则，民事主体因同一行为应当承担民事责任、行政责任和刑事责任的，承担行政责任或者刑事责任不影响承担民事责任；民事主体的财产不足以支付的，优先用于承担民事责任。

确立民事责任优先原则的理由主要有：

1. 民事责任优先是实现法的价值的需要。国家和个人承受财产损失的能力差别很大，在不足以同时承担两种以上责任时，不缴纳罚款、罚金及没收财产等行政责任、刑事责任，不会使国家发生经济上的困难，但如果不履行民事责任却可能使个人陷入极大的困难乃至绝境。民事责任优先可以取得良好的社会效益，也更能体现法律的人道和正义，人道和正义是法的社会功能的体现，也是法所追求的主要价值所在。

2. 民事责任优先是维护市场经济秩序和交易安全的需要。民事主体在民事活动中依法取得的权利，应具有法律的保障性。如果一方当事人对另一方当事人依法享有债权，但因另一方当事人承担财产性的行政、刑事责任后丧失清偿债务的能力而无法实现，必然造成当事人在以后的民事活动中投入一定注意，核对对方当事人是否存在违法或犯罪行为，否则可能影响自己权利的实现，这样必然会影响双方当事人之间进行交易的信赖和效率，也不符合市场经济秩序和交易安全应具有法律保障性的要求。

3. 罚款、罚金及没收财产等行政责任、刑事责任体现了国家对行为人的惩罚。民事责任的主要是平等主体之间发生的一方依法向另一方承担的责任，目的在于弥补权利人因他人的民事违法行为而给其造成的经济损失，补偿性是民事责任的显著特征。这种补偿性的责任一旦遭到破坏，权利人的权利则难以实现。

4. 民事责任和行政责任、刑事责任的目的和功能不同。民事责任主要目的是给受害人以补偿损失、恢复权利；行政责任和刑事责任具有惩罚行为人、维护社会秩序的目的。在责任人的财产不足以承担两种以上的责任时，不承担民事责任，民事责任的目的就无法实现。与民事责任单一的财产性特征相比，行政责任、刑事责任具有人身性和财产性的双重特征。在三者发生竞合时，即使民事责任优先适用，结果可能造成财产性的罚款、罚金及没收财产等行政制裁或刑事制裁难以实施，也并不影响责任人承担人身方面的行政责任、刑事责任。

对于在非刑事法律及刑事法规中常见的"构成犯罪的，依法追究刑事责任"（以下简称刑责规定）应该怎样理解？首先，刑责规定是必要的刑事违法性提示。刑法的明确性原则是罪刑法定原则的当然之义，这必然也要求作为刑法补充规范的其他规范性文件，要明示违反某项规定有可能导致承担刑事责任，人们据此才能够对自己的行为有一定的判断和预期。如果一部法律中，有的条文有明确的刑责规定，有的条文则只规定了行政责任，人们当然有理由认为，违反后者是不需承担刑事责任的。其次，也是出于刑法谦抑性的需要。由于补充规范涉及领域的复杂性和专业性，有了明确的刑责规定，也有利于司法工作人员从形式和实质意义上准确判断行为是否构成刑事违法，从而有效、科学地控制刑法打击范围。

● 关联规定

中华人民共和国行政处罚法

（2021年1月22日）

第八条 公民、法人或者其他组织因违法行为受到行政处罚，其违法行为对他人造成损害的，应当依法承担民事责任。

违法行为构成犯罪，应当依法追究刑事责任的，不得以行政处罚代替刑事处罚。

最高人民法院印发《关于加强和
改进行政审判工作的意见》的通知

（2007年4月24日）

21. 高度重视"以罚代刑"的问题。当前在行政程序中，"以罚代刑"的现象比较突出。各级人民法院在行政审判中发现违法行为已经构成犯罪的，应当及时移送刑事侦查机关处理；对于行政机关可能存在"以罚代刑"、放纵犯罪问题的，要向行政机关或者有关部门及时提出司法建议。

第八章　附　　则

第七十二条　时效

本法自 2023 年 9 月 1 日起施行。

● 理解要点

法律施行日期是法律开始生效的标志。

法律的施行时间也就是法律的生效时间。正确地理解法律的生效时间，是运用法律不可缺少的条件。

法律中明确规定生效时间一般涉及法律有无溯及力的问题。所谓法律的溯及力，即是法律溯及既往的效力。简言之，就是新的法律施行后，对它生效前发生的事件和行为是否适用新法的问题。如果适用，就是具有溯及力；如果不适用，就是不具有溯及力。如果具有溯及力，法律要明确规定适用原则。关于溯及力的原则一般是采用"从旧兼从轻"的原则。即新的法律施行以前的行为，该行为实施时的法律不认为是违法的，适用当时的法律；当时的法律认为是违法的，依照当时的法律给予处罚；但是若新的法律不认为是违法的，或者处罚较轻的，则适用新法。一般的法律没有溯及力，这种不溯及既往的原则已成为各国立法所共同遵循的通例。我国《立法法》也明确规定了我国的法律一般不具有溯及力。

附录：

《中华人民共和国无障碍环境建设法》立法文件

关于《中华人民共和国无障碍环境建设法（草案）》的说明

——2022年10月27日在第十三届全国人民代表大会常务委员会第三十七次会议上

全国人大社会建设委员会主任委员　何毅亭

委员长、各位副委员长、秘书长、各位委员：

我受全国人大社会建设委员会委托，作关于《中华人民共和国无障碍环境建设法（草案）》的说明。

一、立法的必要性和重大意义

无障碍环境建设是残疾人、老年人等群体权益保障的重要内容，对于促进社会融合和人的全面发展具有重要价值，党和国家一直高度重视。党的十八大以来，以习近平同志为核心的党中央就推动我国人权事业发展、加强残疾人和老年人等群体的权益保障、推进无障碍环境建设，作出一系列决策部署。习近平总书记明确指出："无障碍设施建设问题是一个国家和社会文明的标志，我们要高度重视"，将无障碍环境建设的重要性提升到新的高度，为我们做好无障碍环境建设工作、开展相应立法指明了方向、提供了遵循。

我国的无障碍环境建设从上世纪80年代起步，2012年《无障碍环境建设条例》（以下简称《条例》）颁布实施后快速发展，为包括残疾人、老年人在内的全体社会成员参与融入社会生活、共享改革发展成果发挥了重要作用，展示了我国经济社会发展和人权保障的成就。但总的来看，我国的无障碍环境建设整体水平与经济社会发展成就尚不匹配，存在许多问题、面临亟待解决的困难：无障碍设施建设需求量大而迫切，不平衡不充分不系统特征明显；无障碍信息交流和无障碍社会服务远远不能满足当前人民群众的实际需要，"数字鸿沟"和"服务赤字"客观存在，与此同时，无障碍理念尚未深入人心、人才培养严重不足、建设资金来源渠道狭窄、管理体制不够完善，都在一定程度上制约着无障碍环境建设的健康发展。新时代人民群众对美好生活的向往和我国人口老龄化的加速发展，对无障碍环境建设提出了新的更高的要求。面对无障碍环境建设需求多样、基数庞大、主体多元的现实，民法典、残疾人保障法、老年人权益保障法等法律中对无障碍的相关规定失于零散、缺乏衔接，有的内容交叉重叠；城乡规划法、建筑法、民用航空法、铁路法等与无障碍环境建设密切相关的法律中则没有直接涉及；现行《条例》位阶不高、规定较为原则、监管力度不足、约束力不强，已不适应形势发展的需要。迫切需要制定一部专门的法律，对无障碍环境建设进行集中规范。

这是坚持以人为本、尊重和保障人权的重要体现。我国现有残疾人约8500万，截至2021年底60岁及以上的老年人已有2.67亿，加上有无障碍需求的孕妇、儿童、伤病人员等，人数合计数亿人。加强无障碍环境建设，消除公共设施、交通出行、信息交流、社会服务等领域的障碍，使这些人平等参与到社会生活中，保障其生活尊严，提升其生活品质，是坚持以人民为中心的发展思想、落实宪法法律要求和党中央有关决策部署、推动我国人权事业进步的内在要求，也是我国履行联合国《残疾人权利公约》等国际公约义务的重要内容，体现了国家的责任和社会的温情。

这是实施积极应对人口老龄化国家战略的必然要求。人口老龄化是未来很长一段时期内我国的基本国情，对经济社会发展的影响广泛而深远，劳动力减少、消费需求降低、创新动力不足可能是其中比较突出的方面。目前我国的残疾人中5900多万属于轻中度残疾，低龄老年人口中仅60—65岁年龄段的人数就有6700多万。加强无障碍环境建设，弥补残疾人、老年人等因身体机能部分缺失或退化产生的差异，可以便利大量轻中度残疾人和低龄老年人走出家庭、进入就业市场，从而极大地释放社会劳动潜力、提升社会消费能力。同时，面对未来三成左右国民的社会生活需求，围绕无障碍的设施设备、信息技术等的研发、应用，将有力促进国家科技化、信息化水平的提升，推动经济高质量发展。

这是切实提高无障碍环境建设质量的有力保障。无障碍环境特别是无障碍设施只有做到系统、连续、规范、安全才更有意义，孤立的、不规范的、损毁的设施，不仅会造成大量资源浪费，还会带来生活的不便，甚至形成严重的安全隐患。新时代的无障碍环境建设在继续解决"有没有"的同时，更要努力解决"好不好""管不管用"的问题。加强无障碍环境建设，拓展无障碍的内涵，普及正确理念，强化源头治理，压实各方责任，扩大社会参与，提升技术水平，将会有力推动无障碍环境建设更加科学、节约、创新、融合。

全国人大常委会贯彻落实党中央决策部署，积极回应社会关切，将无障碍环境建设立法列入常委会2022年度立法工作计划。社会委在中国残联提供的建议稿基础上，结合几年来办理代表议案建议和相关调研掌握的情况，并认真听取国务院相关部门的意见建议，形成了草案征求意见稿。其后征求了31个省级人大社会委的意见，召开了专家座谈会，委托中国残联收集了广大残疾人、老年人代表的意见和建议，并征求了"一府两院"的意见。在认真研究讨论、充分吸纳各方意见的基础上，形成了《中华人民共和国无障碍环境建设法（草案）》（以下简称《草案》）。

二、立法的指导思想和总体思路

指导思想是：以习近平新时代中国特色社会主义思想为指导，贯彻落实习近平总书记有关重要指示批示精神和党中央决策部署，坚持以人民为中心，践行全过程人民民主，以推动建设惠及全体社会成员的无障碍环境为目标，建立健全我国无障碍环境建设法律制度，为无障碍环境建设提供法治保障。

总体思路是：

（一）面向全体成员，突出重点人群。无障碍环境建设事关每一个人，特别是残疾人、老年人、孕妇、幼儿、伤病者、负重者等。《草案》强调通用设计、广泛受益，同时基于数量庞大的残疾人和老年人群体对无障碍环境需求更大、倚赖更深的实际情况，充分考虑残疾人部分功能丧失、老年人功能衰退而产生的无障碍需求，对部分无障碍设施和信息交流作出适残、适老的特别规定，在无障碍社会服务中明确要求为有无障碍需求的社会成员提供便利，以最大限度满足残疾人和老年人的特定需要。

（二）坚持政府主导，推动共建共享。无障碍环境建设长期被人们视为残疾人的"特惠"、与自身关系不大，甚至是浪费社会资源，因此社会认知度不高、参与不足，资金投入主要依靠政府。《草案》坚持政府在无障碍环境建设中的主导地位，同时重视发挥市场在资源配置中的作用，通过财政补贴、经费支持、政府采购等方式，充分调动市场主体的积极性，促进相关产业发展；通过加强理论研究、宣传教育、奖励激励，鼓励全社会积极参与，实现无障碍环境共建共享。

（三）立足国情实际，实行适度前瞻。与经济社会发展水平相适应，是无障碍环境建设推得动、可持续的客观要求。《草案》在无障碍实现程度上，把建设目标建立在财力可持续和社会可承受的基础之上，坚持尽力而为、量力而行，合理安排无障碍环境建设达标时序，对新建与改造、不同领域和场所等，作出适度区别的规定，不搞过高标准、齐步走、"一刀切"；在实现形式上，实行因地制宜，既高度重视技术标准，也鼓励配套服务，同时充分考虑科技赋能因素，对于未来可能通过高科技实现无障碍的领域不做过细的规范，为科技发展留下充足空间。

（四）坚持系统思维，实现统筹推进。无障碍环境建设是一个系统工程，渗透于社会生活的方方面面，涉及政府职责、市场行为、社会公益等不同层面，公众对无障碍的认知也直接或间接地影响其发展。《草案》试图通过有效的制度设计，推动政府、市场、社会共同发力，法律、法规、标准、政策协同配合，实现无障碍物理环境、信息环境、人文环境一体推进，在经济社会全面发展的过程中，促进高质量无障碍环境建设。

三、《草案》的结构和主要内容

《草案》是对《条例》的丰富和发展，将《条例》中经实践证明行之有效的规定上升为法律并予以充实，同时对《条例》欠缺的内容作了补充。目前的《草案》包括总则、无障碍设施建设、无障碍信息交流、无障碍社会服务、监督保障、法律责任、附则，共7章72条。主要内容如下：

（一）扩展了受益人群。将受益人群从以残疾人为主扩大为全体社会成员，同时为避免以往无障碍受益人群多采用列举方式导致的界限不清问题，从身体功能受限的角度，创设"有无障碍需求的社会成员"概念，并在附则中单设一条予以明确。

（二）完善了相关体制机制。一是确立了经费保障机制；二是规定了县级以上人民政府无障碍环境建设协调机制；三是增加了政府及其有关部门的监督检查、考核评价、信息公示、投诉处理等相关工作机制；四是充实了包括体验试用、社会监督、检察公益诉讼等在内的监督机制。

（三）对设施建设和改造提出更高要求。一是从城乡一体化发展考虑，不再对城市和农村的无障碍设施建设分别表述；二是明确工程建设、设计、施工、监理、审查、验收备案各单位的相应职责；三是要求地方政府制定对不符合强制性标准的既有设施进行无障碍改造的计划并组织实施，对家庭、居住区、就业场所、道路、公共交通运输工具等的无障碍以及无障碍卫生间和停车位，提出明确要求；四是对无障碍设施维护和管理等作出细化规定。

（四）丰富了信息交流内容。一是要求政府及其有关部门在提供公共信息、发布突发事件信息时应采取无障碍方式；二是强化影视节目、图书报刊、网络应用、硬件终端、电信业务、公共图书馆等提供无障碍信息的要求；三是鼓励食品药品等商品外部包装配置无障碍说明书的要求；四是对国家通用手语和通用盲文的推广使用作出要求。

（五）扩展了社会服务范围。一是规定国家机关和法律法规授权具有管理公共事务职能的组织的公共服务场所提供无障碍服务的基本要求；二是细化与社会生活密切相关的选举、公共服务、司法诉讼以及公共交通、教育考试、医疗卫生、文旅体育等方面的无障碍社会服务；三是要求政府热线和报警求助、消防应急、交通事故、医疗急救等紧急呼叫系统逐步具备无障碍功能；四是要求根据残疾人、老年人的特点，保留现场人工办理等传统服务方式。

（六）强化了法律责任。参考刑法、民法典、行政处罚法、《建设工程质量管理条例》等相关法律法规的规定，对无障碍环境建设相关法律责任进行了强化。

《中华人民共和国无障碍环境建设法（草案）》和以上说明是否妥当，请审议。

全国人民代表大会宪法和法律委员会关于《中华人民共和国无障碍环境建设法（草案）》修改情况的汇报

全国人民代表大会常务委员会：

无障碍环境建设是保障残疾人、老年人等群体平等充分参与社会生活的一项重要工作，是国家和社会文明的标志。制定无障碍环境建设法，提升无障碍环境建设质量，对于加强残疾人、老年人等群体权益保障，增进民生福祉，提高人民生活品质具有重要意义。根据全国人大常委会2022年度立法工作计划，草案由社会建设委员会牵头组织起草。草案包括总则、无障碍设施建设、无障碍信息交流、无障碍社会服务、监督保障、法律责任、附则，共7章72条。2022年10月，十三届全国人大常委会第三十七次会议对无障碍环境建设法草案进行了初次审议。

会后，法制工作委员会将草案印发有关部门、地方和单位征求意见；在中国人大网公布草案全文，征求社会公众意见；赴重庆、广东、天津、上海、山东开展调研，广泛听取有关部门、残联、高校、基层立法联系点以及全国人大代表、残疾人代表等的意见建议；张庆伟副委员长到北京市、中国残联进行调研，听取有关方面的意见。宪法和法律委员会于4月13日召开会议，根据常委会组成人员审议意见和各方面意见，对草案进行了逐条审议。全国人大社会建设委员会、中国残疾人联合会有关负责同志列席了会议。4月17日，宪法和法律委员会召开会议，再次进行了审议。现将无障碍环境建设法草案主要问题修改情况汇报如下：

一、有的常委委员、地方提出，应当进一步加大对无障碍环境建设的保障力度，建议增加相关保障措施。宪法和法律委员会经研究，建议增加"保障措施"一章，从强化无障碍环境宣传教育、完善标准体系建设、加强人才培养和文明创建活动等方面充实相关规定；并将草案第五章章名由"监督保障"修改为"监督管理"，作为草案第六章。

二、无障碍环境建设是为残疾人、老年人等群体提供服务便利。草案第一条在立法目的中，将无障碍环境建设的保障对象扩大为全体社会成员。有的常委委员、专委会组成人员、基层立法联系点和社会公众提出，无障碍环境建设应当突出基本定位，重点保障残疾人、老年人，同时惠及其他人。宪法和法律委员会经研究，建议修改有关规定，明确本法的立法目的："为了加强无障碍环境建设，保障残疾人、老年人等平等、充分、便捷地参与和融入社会生活，弘扬社会主义核心价值观，促进社会全体人员共享经济社会发展成果，根据宪法，制定本法。"同时明确规定："残疾人、老年人之外的其他人有无障碍需求的，可以享受无障碍环境提供的便利。"

三、有的常委委员、部门和地方提出，应当进一步明确参与无障碍环境建设工作的有关单位及其职能。宪法和法律委员会经研究，建议作以下修改：一是删除草案第五条第二款有关政府部门应当制定无障碍环境建设专项规划和计划并组织实施的规定。二是增加规定："乡镇人民政府、街道办事处协助有关部门依法履行职责，做好无障碍环境建设工作。"

四、草案第六条第一款规定，县级以上人民政府应当建立无障碍环境建设协调机制，协调机制具体工作由县级以上人民政府住房和城乡建设部门承担。有的部门和地方提出，关于建立协调机制，党中央有严格要求，无障碍环境建设协调机制目前仅在个别地方探索，尚不成熟，建议按照党中央有关从严控制议事协调机构设立的精神，删除协调机制有关规定。宪法和法律委员会经研究，建议采纳这一意见。

五、草案多处规定有"依法设立的老年人组织"。有的常委委员、地方和社会公众提出，这一概念不够准确，也不能全覆盖，实践中老年人组织多种多样，有经批准设立的，也有依法登记成立的，建议按照党和国家机构改革方案有关完善老龄工作体制的要求，将"依法设立的老年人组织"修改为"老龄协会"。宪法和法律委员会经研究，建议采纳这一意见。

六、有的常委委员、部门和地方建议，完善有关规定推动解决城镇老旧小区无障碍设施和适老化改造中加装电梯问题。宪法和法律委员会经研究，建议将草案第二十二条第二款单独作为一条，修改为："国家支持既有住宅加装电梯或者其他无障碍设施，为残疾人、老年人等提供便利。""县级以上人民政府及其有关部门应当采取措施创造条件，推动既有住宅加装电梯或者其他无障碍设施。""房屋所有权人应当弘扬中华民族与邻为善、守望相助等传统美德,积极配合既有住宅加装电梯或者其他无障碍设施。"

七、有的常委委员提出,草案一些规定与其他法律规定不一致,也不符合实践中的实际做法。宪法和法律委员会经研究,建议作以下修改:一是与公共图书馆法衔接,将草案第三十六条修改为:"公共图书馆应当考虑残疾人、老年人等的特点,积极创造条件,提供适合其需要的文献信息、无障碍设施设备和服务等。"二是与选举法等规定一致,将草案第四十条修改为:"组织选举的部门和单位应当采取措施,为残疾人、老年人等选民参加投票提供便利和必要协助。"

八、有的常委委员、单位和地方提出,应当支持无障碍环境建设工作的交流与合作,并加大对无障碍环境建设的宣传力度。宪法和法律委员会经研究,建议增加规定:"国家支持开展无障碍环境建设工作的国际交流与合作。""新闻媒体应当积极开展无障碍环境建设方面的公益宣传。"

九、有的常委委员、部门和地方提出,草案有关法律责任的规定,有的其他法律、行政法规已经明确,不必重复;有的涉及的问题比较复杂,不宜硬性要求;有的行为主体不同,应当适当区分。宪法和法律委员会经研究,建议对草案第六十条、第六十一条作合并修改,并对法律责任其他有关规定进行修改完善。

此外,还对草案作了一些文字修改。

草案二次审议稿已按上述意见作了修改,宪法和法律委员会建议提请本次常委会会议继续审议。

草案二次审议稿和以上汇报是否妥当,请审议。

全国人民代表大会宪法和法律委员会

2023 年 4 月 24 日

全国人民代表大会宪法和法律委员会关于《中华人民共和国无障碍环境建设法（草案）》审议结果的报告

全国人民代表大会常务委员会：

常委会第二次会议对无障碍环境建设法草案进行了二次审议。会后，法制工作委员会在中国人大网公布草案二次审议稿全文，向社会公开征求意见；召开四个基层立法联系点视频座谈会，专门听取基层立法联系点有关单位、社区工作人员、居民代表等的意见建议。宪法和法律委员会、法制工作委员会赴福建、河北开展调研，广泛听取有关部门、残联、高校以及全国人大代表、残疾人代表等的意见建议。宪法和法律委员会于6月1日召开会议，根据常委会组成人员审议意见和各方面的意见，对草案进行了逐条审议。全国人大社会建设委员会、中国残疾人联合会有关负责同志列席了会议。6月19日，宪法和法律委员会召开会议，再次进行了审议。宪法和法律委员会认为，草案经过两次审议修改，已经比较成熟。同时，提出以下主要修改意见：

一、有的常委委员提出，统筹推进无障碍环境建设与适老化改造，是应对人口老龄化和加强新时代老龄工作的重要举措，本法应该有所体现。宪法和法律委员会经研究，建议增加规定，明确无障碍环境建设应当与适老化改造相结合。

二、有的常委会组成人员提出，实践中无障碍设施改造工作涉及的范围广泛、情况较为复杂，为确保改造取得实效，政府制定的改造计划应当具有针对性。宪法和法律委员会经研究，建议明确县级以上人民政府应当制定"有针对性的"无障碍设施改造计划并组织实施。

三、草案二次审议稿第二十二条从国家支持、政府推动、居民配合三个方面，对加装电梯等无障碍设施作出规定。有些常委委员、基层立法联系点和社会公众提出，社会广泛关注加装电梯等无障碍设施的问题，应当进一步明确加装范围，发挥社区基层组织作用，并充分考虑居民的不同利益诉求。宪法和法律委员会经研究，建议作如下修改：一是将加装电梯等无障碍设施的住宅范围明确为"城镇老旧小区既有多层住宅"；二是增加"发挥社区基层组织作用"以及房屋所有权人"加强沟通协商"的规定。

四、有的常委委员、全国人大代表和单位提出，应当鼓励编写、出版盲文版、低视力版教材，满足有视力障碍学生的学习需求。宪法和法律委员会经研究，建议增加规定："国家鼓励教材编写、出版单位根据不同教育阶段实际，编写、出版盲文版、低视力版教学用书，满足盲人和其他有视力障碍的学生的学习需求。"

五、草案二次审议稿第三十六条按照公共图书馆法的规定作了修改。有的常委委员和社会公众提出，草案也应当与公共文化服务保障法相衔接，进一步扩大提供无障碍信息服务的主体范围。宪法和法律委员会经研究，建议增加"博物馆、文化馆、科技馆"等为残疾人、老年人提供无障碍设施设备和服务的规定。

六、草案二次审议稿第三十七条规定，国家鼓励食品、药品等商品生产经营者在商品外部包装配置盲文、大字、语音说明书。有的常委委员和社会公众提出，商品尤其是药品的说明书字体小、阅读不方便的问题较为突出，建议进一步完善相关规定。宪法和法律委员会经研究，建议修改为："国家鼓励食品、药品以及其他商品的生产经营者提供语音、大字、盲文等无障碍格式版本的标签、说明书，方便残疾人、老年人识别和使用。"

七、有的常委委员提出，全国各地经济社会发展水平不同，应当推动有条件的地方高标准建设无障碍环境。宪法和法律委员会经研究，建议增加规定："地方结合本地实际制定的地方标准不得低于国家标准的相关技术要求。"

八、有的常委会组成人员提出，无障碍环境建设应当采取适当的税收优惠鼓励措施，并支持新技术成果的运用。宪法和法律委员会经研究，建议在鼓励支持措施中增加"税收优惠"，并增加"促进新科技成果在无障碍环境建设中的运用"的规定。

此外，还对草案二次审议稿作了一些文字修改。

6月13日，法制工作委员会召开会议，邀请基层有关政府部门、残联、残疾人代表和专家学者等就草案主要制度规范的可行性、出台时机、实施的社会效果和可能出现的问题等进行评估。与会人员一致认为，草案坚持以人民为中心，从设施建设、信息交流、社会服务等方面对无障碍环境建设作出全面规定，着力解决人民群众的"急难愁盼"问题，积极回应社会关切，内容全面、结构合理，主要制度规范是可行的；草案充分吸收了各方面意见，已经比较成熟，建议尽快出台。与会人员还提出了一些具体修改意见，有的意见已经采纳。

草案三次审议稿已按上述意见作了修改，宪法和法律委员会建议提请本次常委会会议审议通过。

草案三次审议稿和以上报告是否妥当，请审议。

全国人民代表大会宪法和法律委员会
2023 年 6 月 26 日

全国人民代表大会宪法和法律委员会
关于《中华人民共和国无障碍环境建设法（草案三次审议稿）》修改意见的报告

全国人民代表大会常务委员会：

本次常委会会议于 6 月 26 日下午对无障碍环境建设法草案三次审议稿进行了分组审议。普遍认为，草案已经比较成熟，赞成进一步修改后，提请本次常委会会议表决通过。同时，有些常委会组成人员和列席人员还提出了一些修改意见。宪法和法律委员会于 6 月 26 日晚召开会议，逐条研究了常委会组成人员和列席人员的审议意见，对草案进行了审议。全国人大社会建设委员会、中国残疾人联合会有关负责同志列席了会议。宪法和法律委员会认为，草案是可行的，同时，提出以下修改意见：

一、草案三次审议稿第二十三条第二款规定，城市中心区的人行横道的交通信号设施应当安装过街音响提示装置。有的常委委员提出，从有关地方的实践看，在残疾人较为集中的区域安装过街音响提示装置，对于保障残疾人出行安全很有助益，建议进一步扩大安装范围。宪法和法律委员会经研究，建议将安装范围规定为"城市中心区、残疾人集中就业单位和集中就读学校周边的人行横道"。

二、有些常委委员提出，药品直接涉及人民群众生命健康，有必要对药品无障碍格式版本的标签、说明书提出更为明确的要求。宪法和法律委员会经研究，建议修改有关规定，明确："国务院有关部门应当完善药品标签、说明书的管理规范，要求药品生产经营者提供语音、大字、盲文、电子等无障碍格式版本的标签、说明书。"

三、有的常委委员提出，为进一步加强无障碍环境建设监督的针对性和有效性，建议借鉴一些地方的做法，增加聘请相关人员开展监督的规定。宪法和法律委员会经研究，建议增加规定："残疾人联合会、老龄协会等组织根据需要，可以聘请残疾人、老年人代表以及具有相关专业知识的人员，对无障碍环境建设情况进行监督。"

常委会组成人员还提出了一些修改意见。宪法和法律委员会研究认为，有的在制定过程中已经反复研究，有的宜在实践中具体把握，有的需要有关部门和地方在配套规定中予以细化，草案可不再作进一步修改。

经与有关方面研究，建议将本法的施行时间确定为2023年9月1日。

此外，根据常委会组成人员的审议意见，还对草案三次审议稿作了个别文字修改。

草案修改稿已按上述意见作了修改，宪法和法律委员会建议本次常委会会议审议通过。

草案修改稿和以上报告是否妥当，请审议。

全国人民代表大会宪法和法律委员会

2023年6月28日

地方立法参考

北京市无障碍环境建设条例

(2021年9月24日北京市第十五届人民代表大会常务委员会第三十三次会议通过)

目　　录

第一章　总　　则

第二章　无障碍设施建设与管理

第三章　无障碍信息交流

第四章　无障碍社会服务

第五章　法律责任

第六章　附　　则

第一章　总　　则

第一条　为了提升无障碍环境建设水平，保障社会成员平等参与社会生活的权利，促进友好人居环境建设，提高社会文明程度，根据有关法律、行政法规，结合本市实际，制定本条例。

第二条 本条例所称无障碍环境建设，是指为便于残疾人、老年人等社会成员自主安全地通行道路、出入相关建筑物、搭乘公共交通工具、交流信息、获得社会服务所进行的建设活动。

第三条 政府及其有关部门应当弘扬社会主义核心价值观，坚持社会成员平等、参与、共享的文明理念，在全社会营造理解、尊重、关心和帮助残疾人、老年人等社会成员的良好氛围。

无障碍环境建设应当与经济和社会发展水平相适应，遵循通用设计、合理便利、广泛受益的原则。

第四条 市、区人民政府应当加强无障碍环境建设与管理，征求残疾人联合会、老年人组织、妇女联合会等有关组织的意见，制定无障碍环境建设发展规划，纳入国民经济和社会发展规划和相应的国土空间规划；建立部门间工作协调机制，统筹解决无障碍环境建设与管理中的重大问题，督促落实各项工作任务。

区人民政府负责组织无障碍设施改造、维护和管理，将无障碍环境维护和管理纳入网格化城市管理体系。

街道办事处、乡镇人民政府按照职责做好本辖区内的无障碍环境建设相关工作。

第五条 规划自然资源、住房和城乡建设、城市管理、交通、市场监督管理、文化和旅游、通信、经济和信息化、教育、体育、卫生健康、民政、农业农村、园林绿化等部门应当将无障碍环境建设内容纳入相关专项规划，并组织实施，依据法定职责，加强指导监督检查；制定本市无障碍环境建设领域相关的地方标准。

第六条 无障碍环境建设是全社会的共同责任，政府、市场、社会和个人共同推动无障碍环境建设。

任何单位和个人都应当爱护无障碍环境，有权对破坏无障碍环境的行为进行劝阻、投诉和举报。

残疾人联合会、老年人组织、妇女联合会等有关组织可以邀请人大代表、政协委员、专家学者、市民代表等担任监督员，对无障碍环境建设和管理进行监督，向有关部门提出意见和建议；有关部门应当为监督工作提供便利，对意见和建议及时办理并答复。

第七条 本市支持无障碍环境的科学技术研究，加强相关领域人才培养，鼓励采用无障碍通用设计的技术和产品，推进无障碍技术和产品的开发、应用和推广。

鼓励公民、法人和其他组织为无障碍环境建设提供捐助和志愿服务。

政府及其有关部门应当提供资金、人员培训等方面的支持，鼓励以服务残疾人、老年人为宗旨的公益慈善组织的发展。

对在无障碍环境建设工作中作出显著成绩的单位和个人，按照国家和本市有关规定，给予表彰和奖励。

第八条 残疾人联合会、老年人组织应当组织编制无障碍服务通用知识读本，普及无障碍服务知识，指导有关单位开展无障碍服务技能培训，提升对残疾人、老年人等社会成员的服务水平。

报刊、广播、电视、网络等媒体应当加强无障碍环境建设的公益宣传；在国际残疾人日、老年节等重要时间节点安排固定时段或者版面进行公益宣传。

第二章 无障碍设施建设与管理

第九条 新建、扩建和改建道路、公共建筑、公共交通设施、居住建筑、居住区，应当符合无障碍设施工程建设标准。有关单位应当严格执行国家和本市关于无障碍设施工程建设的标准，保障残疾人、老年人等社会成员的通行安全和使用便利。

新建、扩建和改建的无障碍设施工程应当与主体工程同步设计、同步施工、同步验收投入使用，并与周边的无障碍设施相衔接。

第十条 建设单位不得明示或者暗示设计单位或者施工单位违反无障碍设施工程建设强制性标准，降低无障碍设施工程建设质量。

建设单位组织建设工程竣工验收，应当同步对无障碍设施进行验收，根据实际需要可以邀请残疾人、老年人等代表对无障碍设施进行试用体验，听取意见和建议。

建设单位向住房和城乡建设或者其他专业工程行政主管部门报送备案的工程竣工验收报告应当包含无障碍设施建设情况。

第十一条 设计单位开展建设工程设计，应当按照无障碍设施工程建设标准同步设计无障碍设施。无障碍设施设计内容应当在建设工程设计总说明中进行单项说明。

规划自然资源部门审核建设工程设计方案，应当执行无障碍设施工程建设标准，并就无障碍设施工程建设征求住房和城乡建设、交通等部门的意见。

施工图审查单位审核建设工程施工图设计文件，应当按照有关法律、法规和无障碍设施工程建设标准对无障碍设施施工图进行审查。

第十二条 施工单位应当按照施工图设计文件和有关标准进行无障碍设施的施工。

工程监理单位应当按照无障碍设施工程建设标准和施工图设计文件，对无障碍设施的施工质量实施监督管理，承担监理责任。

第十三条 住房和城乡建设以及相关专业工程行政主管部门应当对无障碍设施建设工程质量实施监督管理。

建设工程质量监督机构出具的建设工程质量监督报告，应当包含无障碍设施建设的相关情况。

第十四条 无障碍设施管理责任人应当加强对无障碍设施的日常巡查，履行下列维护管理责任，确保无障碍设施正常使用：

（一）设置符合国家标准的无障碍标识，保证标识位置醒目、内容清晰、规范，指明无障碍设施的走向以及具体位置；

（二）定期对无障碍设施进行维护和保养；

（三）发现无障碍设施、标识损毁、损坏的，及时维修；

（四）发现无障碍设施被占用的，及时纠正；

（五）对确需改造的无障碍设施，履行改造责任。

本条前款所称管理责任人，是指道路、公共建筑、公共交通设施、居住建筑、居住区的所有权人；所有权人、管理人和使用人对维护管理和改造责任的承担另有约定的，按照约定执行。

第十五条 已经建成的道路、公共建筑、公共交通设施、居住建筑、居住区应当建设但未建设无障碍设施的，有关管理责任人应当在限定的时间内完成整改。

已经建成且无障碍设施符合原建设标准的道路、公共建筑、公共交通设施、居住建筑、居住区，按照新的标准进行无障碍设施改造的，由市人民政府组织有关部门制定无障碍设施改造计划，区人民政府负责组织实施，管理责任人应当在限定的时间内完成改造。市、区人民政府可以采取财政补贴等措施予以扶持。具体扶持办法由市政府有关部门制定。

残疾人、老年人家庭申请进行生活设施无障碍改造的，区人民政府可以按照本市相关规定予以补贴。

本市支持社会力量参与无障碍设施改造。

第十六条 城市公共汽电车、城市轨道交通车辆应当设置扶手、轮椅专席或者专区、坡板等无障碍设施、设备，安装字幕、语音报站装置。

城市轨道交通的车站应当设置无障碍检票通道、无障碍厕所、无障碍电梯，未设置的应当进行改造；确实不具备加装无障碍电梯条件的，应当设置公共区站台到站厅、站厅到地面的无障碍设施、设备。

出租汽车经营者应当配置一定比例的供使用轮椅乘客乘坐

的无障碍车辆，并为残疾人、老年人等社会成员预约使用提供便利。

本市逐步建立无障碍公交导乘系统，方便听力、视力障碍者出行和换乘公交。

第十七条　公共停车场应当按照有关法规和无障碍设施工程建设标准设置并标明无障碍停车位，专门用于肢体残疾人驾驶或者乘坐的机动车停放，不得擅自改变用途。

使用无障碍停车位的，驾驶人或者乘坐人应当出示肢体残疾人证。停车场管理人员应当进行引导，并提供必要的便利服务。

停车场管理单位应当加强对无障碍停车位的管理，对擅自占用无障碍停车位的，予以劝阻、制止；对当事人拒不改正的，应当向公安机关交通管理部门报告。

第十八条　旅馆、酒店应当按照无障碍设施工程建设标准配置一定比例的无障碍客房。

第十九条　任何单位、个人不得损毁、侵占或者擅自停止使用道路、公共建筑、居住建筑和居住区内的无障碍设施。

经批准临时占用道路的，应当避免占用无障碍设施；确需占用的，应当设置护栏、警示标志或者语音提示，并采取必要的替代措施。临时占用期届满，占用单位应当及时恢复无障碍设施功能。

第三章　无障碍信息交流

第二十条　本市支持信息无障碍领域的技术研发与应用，

推进人工智能、物联网、区块链等技术在信息无障碍领域的成果转化，支持新技术在导盲、声控、肢体控制、图文识别、语音识别、语音合成等方面的应用。

第二十一条 残疾人联合会、老年人组织网站应当达到无障碍网站设计标准，政府及其部门网站、政务服务平台、网上办事大厅应当逐步达到无障碍网站设计标准。

本市鼓励新闻媒体、金融服务、电子商务等网站建设符合无障碍网站设计标准。

第二十二条 政府及其部门、公共服务机构提供的移动互联网应用，应当符合相关无障碍设计的国家标准，满足无障碍信息传播与交流的需求。

本市支持无障碍地图产品开发和人工智能技术的融合应用，推进社交通讯、生活购物、旅游出行等领域移动互联网应用的无障碍设计，为残疾人、老年人等社会成员提供无障碍信息传播与交流的便利。

第二十三条 市、区人民政府及其有关部门应当采取措施，为残疾人、老年人等社会成员获取公共信息提供便利。

政府通过视频方式发布涉及自然灾害、事故灾难、公共卫生事件等突发事件信息的，应当同时采取实时字幕、手语等无障碍方式。

第二十四条 本市提供政务服务和其他公共服务的场所应当创造条件，为残疾人、老年人等社会成员提供语音和文字提示、手语、盲文等信息交流服务。

举办有视力、听力残疾人参加的会议和公共活动，举办单位应当根据需要提供实时字幕、手语、解说等服务。

第二十五条 110、119、120、122等紧急呼叫系统应当具备文字信息传送和语音呼叫功能，方便残疾人、老年人等社会成员报警、求助和呼救。

12345市民服务热线及其网络平台应当具备文字信息传送和语音呼叫功能，方便残疾人、老年人等社会成员咨询、求助、投诉、举报、建议。

第二十六条 市、区广播电视台应当创造条件，在播出电视节目时同步配备字幕；市广播电视台播出主要新闻节目应当配播手语；区广播电视台应当逐步扩大手语配播节目的范围。

第四章 无障碍社会服务

第二十七条 本市提供政务服务和其他公共服务的场所应当根据残疾人、老年人等社会成员的需求，提供助视、助听、助行设备以及辅助服务，开展无障碍预约服务。

政府有关部门应当会同残疾人联合会、老年人组织，根据需要组织编制有声版、大字版办事指南，为残疾人、老年人等社会成员办理相关事务提供便利。

第二十八条 本市加强突发事件中对残疾人、老年人等社会成员的保护；强化残疾人、老年人集中场所和服务机构的安全保障、应急服务、消防安全能力建设，完善相关工作措施。

第二十九条 本市根据残疾人、老年人等社会成员的需求，围绕出行、就医、消费、文娱、办事等事项，坚持传统服务与智能创新相结合，保留和改进传统服务方式，加强技术创新，提供更多智能化产品和服务，为残疾人、老年人等社会成员提供便利。

本市支持利用信息技术加快推进食品、药品信息识别无障碍。鼓励在食品、药品和日用品的外形或者外部包装上设置无障碍识别标识、技术和语言，方便残疾人、老年人等社会成员识别和使用。

第三十条　本市加大对读屏软件、阅读终端等视觉无障碍设备，语音转文字软件、语音识别系统、实时字幕等听觉无障碍设备以及可穿戴、便携式监测监护等无障碍终端设备研发的投入，培育无障碍终端设备制造产业，支持残健融合型无障碍智能终端产品的生产。

第三十一条　本市举办的各类升学考试、职业资格考试和任职考试，应当根据视力、听力或者肢体残疾考生的实际需要，提供阅卷、书写、助听、唇语等便利，或者由工作人员予以协助。

符合机动车驾驶资格考试条件的听力障碍者参加考试的，公安机关交通管理部门应当为其提供便利。

第三十二条　组织残疾人、老年人等社会成员参加选举的，应当在场地、设施、材料提供方面充分考虑其无障碍需求，根据需要提供盲文、大字选票。

第三十三条　视力残疾人持视力残疾人证、导盲犬工作证可以携带导盲犬进入公共场所、乘坐公共交通工具，有关单位和个人不得拒绝。

第三十四条 本市支持儿童读物、工具书以及医学、历史、音乐、技能等领域的盲文、有声出版物出版，满足视力障碍者的需要。

本市支持盲文图书馆、图书室、图书角等建设，鼓励捐赠各类图书和有声读物。鼓励高等院校、社会团体、文化企业参与无障碍模式的作品制作，扩大无障碍模式的作品供应，为残疾人、老年人等社会成员享受公共文化服务提供便利。

第三十五条 语言文字机构、残疾人联合会应当加大手语翻译等人才的培养，为有无障碍服务需求的单位提供专业人才。

第五章 法 律 责 任

第三十六条 建设单位、设计单位、施工单位、工程监理单位违反本条例规定的，由规划自然资源、住房和城乡建设或者专业工程行政主管部门依据职权依法处罚。

第三十七条 违反本条例第十四条规定，管理责任人未履行维护管理责任的，由街道办事处、乡镇人民政府或者相关部门依据职权责令限期改正；逾期不改正的，处三千元以上三万元以下罚款。

第三十八条 违反本条例第十五条规定，管理责任人未在限定的时间内完成整改的，由街道办事处、乡镇人民政府或者相关部门依据职权责令限期改正；逾期不改正的，处应当建设或者改造的无障碍设施工程造价一倍以上二倍以下罚款。

第三十九条 违反本条例第十七条第一款规定，擅自改变无障碍停车位用途的，由街道办事处或者乡镇人民政府责令限期改正；逾期不改正的，按照擅自改变用途的无障碍停车位数量，每个泊位处一万元罚款。

违反本条例第十七条第三款规定，擅自占用无障碍停车位的，由公安机关交通管理部门依法处罚，并可以将该机动车拖移至不妨碍交通的地点或者公安机关交通管理部门指定的地点停放。

第四十条 违反本条例第十九条第一款规定，损毁、侵占或者擅自停止使用道路、公共建筑、居住建筑和居住区内无障碍设施的，由街道办事处、乡镇人民政府或者相关部门依据职权责令限期改正；逾期不改正的，处三千元以上三万元以下罚款。

违反本条例第十九条第二款规定，未设置护栏、警示标志或者语音提示，或者未采取必要的替代措施的，由街道办事处或者乡镇人民政府责令限期改正；逾期不改正的，处三千元以上三万元以下罚款；临时占用期届满，未及时恢复无障碍设施功能的，由街道办事处或者乡镇人民政府责令限期改正；逾期不改正的，处恢复无障碍设施功能所需的工程造价一倍以上二倍以下罚款。

在城市道路上违反规定停放机动车占用无障碍设施的，由公安机关交通管理部门依法处罚。

第四十一条 违反本条例第三十三条规定，拒绝视力残疾人携带导盲犬进入公共场所、乘坐公共交通工具的，由街道办事处、乡镇人民政府或者相关部门依据职权责令改正；拒不改正的，对相关单位和个人予以警告或者通报批评。

第四十二条 本条例规定的街道办事处、乡镇人民政府或者相关部门的行政处罚分工，依据市人民政府制定的行政执法职权清单确定。

第六章 附 则

第四十三条 本条例自 2021 年 11 月 1 日起施行。2004 年 4 月 1 日北京市第十二届人民代表大会常务委员会第十次会议通过的《北京市无障碍设施建设和管理条例》同时废止。

上海市无障碍环境建设条例

(2023年1月15日上海市第十六届人民代表大会第一次会议通过)

第一章 总 则

第一条 为了践行人民城市重要理念，加快无障碍环境建设，增进民生福祉，提高人民生活品质，促进全体社会成员平等、充分、便捷地参与和融入社会生活，共享经济社会发展成果，不断开创人民城市建设的新局面，根据相关法律、行政法规，结合本市实际，制定本条例。

第二条 本条例适用于本市行政区域内的无障碍设施建设与维护、信息交流、社会服务以及相关社会共治、监督管理等无障碍环境建设活动。

本条例所称无障碍环境建设，是指为有无障碍需求的社会成员自主安全地出入建筑物以及使用其附属设施、通行道路、搭乘公共交通运输工具，获取、使用和交流信息，获得社会服务等提供便利和条件所进行的相关活动。

本条例所称有无障碍需求的社会成员，是指因残疾、年老、年幼、生育、疾病、意外伤害、负重等原因，致使身体功能永久或者短暂地丧失或者缺乏，面临行动、感知或者表达障碍的人员及其同行的陪护人员。

第三条 无障碍环境建设应当坚持中国共产党的领导，发挥政府主导作用，调动市场主体积极性，引导社会组织和公众广泛参与，推动全社会共建共治共享。

无障碍环境建设是全社会的共同责任，应当与经济社会发展水平相适应，遵循系统协同、通用易行、安全便利、广泛受益的原则，体现人文关怀与社会支持。

第四条 市人民政府应当加强对本市无障碍环境建设工作的领导，建立市无障碍环境建设协调机制，研究、决定相关重大事项，统筹部署、协调推进无障碍环境建设工作。

区人民政府应当落实推进本辖区无障碍环境建设的主体责任，建立区无障碍环境建设协调机制；负责组织、协调和管理辖区内无障碍环境建设工作。

市、区无障碍环境建设协调机制办公室，设在市、区住房城乡建设管理部门。

乡镇人民政府、街道办事处应当按照有关规定，并结合阳光助残工程、老年友好社区、儿童友好社区和文明城区创建等，推进辖区无障碍环境建设；督促无障碍设施管理责任人加强对无障碍设施的日常巡查和履行维护管理责任，保障无障碍设施正常使用。

各级人民政府应当将推进无障碍环境建设工作所需经费，纳入本级财政预算。

第五条 住房城乡建设管理部门负责无障碍环境建设协同推进工作，具体负责公共建筑、居住建筑无障碍设施工程建设活动的监督管理工作，并会同有关部门对公共建筑和居住建筑无障碍建设项目的使用状况进行监督管理。

交通部门负责道路、交通运输设施无障碍设施工程建设活动和使用状况的监督管理工作。

经济信息化部门负责信息无障碍建设的指导、推进和监督管理工作，推动无障碍信息传播与交流。

民政部门负责养老服务机构、儿童福利机构、残疾人养护机构等无障碍环境建设的指导、推进和监督管理工作，组织推动老年人家庭适老化改造。

卫生健康部门负责组织拟订、协调落实应对人口老龄化的政策措施，推动无障碍环境建设相关工作；负责医疗卫生机构等无障碍环境建设的指导、推进和监督管理工作。

教育、体育部门负责学校、体育健身场所等无障碍环境建设的指导、推进和监督管理工作。

商务、文化旅游、绿化市容部门负责商业、文化、旅游、公园绿地等无障碍环境建设的指导、推进和监督管理工作。

发展改革、财政、规划资源、房屋管理、农业农村、科技、市场监督管理、公安、民族宗教、司法行政、金融管理、机关事务管理、城管执法等部门在各自职责范围内，负责无障碍环境建设相关工作。

第六条　工会、共产主义青年团、妇女联合会、残疾人联合会、依法设立的老年人组织等组织按照法律、法规和各自章程，协助各级人民政府及其有关部门开展无障碍环境建设工作。

相关行业组织应当发挥行业自律作用，协助本行业开展无障碍环境建设相关工作。

第七条 从事无障碍环境建设的相关单位,应当根据法律、法规、标准和合同约定履行各自责任,加强对工作人员的培训,提升为有无障碍需求的社会成员服务的能力。

第八条 市、区人民政府负责组织编制本行政区域无障碍环境建设发展规划,将其纳入国民经济和社会发展规划以及国土空间规划,并组织实施。

住房城乡建设管理、交通运输、城市数字化转型、残疾人事业、老龄事业、养老服务等领域的相关专项规划,应当包含无障碍环境建设的相关内容。

编制无障碍环境建设发展规划和相关领域专项规划,应当征求残疾人联合会、依法设立的老年人组织等社会各方的意见,并通过人民建议征集等方式,听取市民群众的意见。

第九条 本市推广通用设计理念,建立健全无障碍设施、信息交流和社会服务等标准体系,加强标准之间的衔接配合;有关部门和单位应当依法实施无障碍环境建设标准。市市场监督管理部门会同住房城乡建设管理、交通、经济信息化等部门组织制定无障碍环境建设相关地方标准。有关部门根据需要,制定规范和指南。鼓励社会团体和企业制定、完善具有引领性的无障碍环境建设团体标准和企业标准。

本市建立无障碍信息的评测制度,推动评测结果采信应用,鼓励在市场采购、行业管理、社会治理等领域推广使用。

第十条 本市支持和鼓励高等学校、科研机构、企业事业单位、社会组织和个人研发无障碍环境建设的技术、产品,加强专利权、著作权、商标权等知识产权的保护,加快成果转化和推广应用。

本市依托政务服务"一网通办"、城市运行"一网统管"平台,推进无障碍环境建设数据互联互通,拓展无障碍数字化应用场景和服务。

第十一条 本市鼓励在无障碍环境建设中推广运用绿色低碳技术、产品和服务,促进无障碍环境建设绿色发展。

第十二条 本市有关重点单位、重点区域应当在无障碍环境建设中发挥引领示范作用。

国家机关和法律、法规授权的具有管理公共事务职能的组织应当率先推进其公共服务场所的无障碍环境建设,加快无障碍设施建设和改造,提升无障碍服务精细化水平。

黄浦江和苏州河滨水公共空间、五个新城、临港新片区、虹桥国际中央商务区等重点区域应当加强系统规划,采用通用设计,按照高标准建设、高水平管理的要求,通过创建无障碍环境示范项目等多种方式,构建开放、创新、包容的无障碍环境。

第十三条 本市结合乡村特点和实际情况,统筹推进乡村无障碍设施建设和改造,发展乡村无障碍基本公共服务,提高乡村无障碍环境建设水平。农业农村、住房城乡建设管理、交通、经济信息化等相关部门按照各自职责开展相关工作。

第十四条 本市设立由无障碍环境建设相关领域专业人士组成的无障碍环境建设专家委员会,为推进无障碍环境建设提供专业支撑。

第十五条 本市建立无障碍环境建设信息统计和发布制度。住房城乡建设管理部门会同交通、经济信息化、民政等部门以及残疾人联合会等，开展强制性标准实施等无障碍环境建设情况的统计分析，定期发布本市无障碍环境建设白皮书。

第十六条 本市将无障碍环境建设纳入文明城区、文明社区、文明村镇、文明单位、文明校园和文明行业等的创建、评定活动。

第十七条 市、区人民政府应当建立和完善本市无障碍环境建设目标责任制和考核评价制度，将无障碍环境建设目标完成情况纳入对所属部门、下一级人民政府和街道办事处的考核评价内容。具体考核办法由市、区人民政府另行制定。

对在无障碍环境建设工作中作出显著成绩的单位和个人，按照国家和本市有关规定给予表彰和奖励。

第二章　无障碍设施建设与维护

第十八条 新建、改建、扩建的居住建筑、居住区、公共建筑、公共场所、交通运输设施、道路等，应当符合无障碍设施工程建设标准。

无障碍设施应当与主体工程同步设计、同步施工、同步验收、同步交付使用。新建、改建、扩建的无障碍设施，应当与周边的无障碍设施相衔接。

无障碍设施应当设置符合标准的无障碍标识，并纳入周边环境或者建筑物内部的引导标识系统。无障碍标识应当位置醒目，内容清晰、规范，指明无障碍设施的走向和位置。

第十九条 工程建设单位应当将无障碍设施建设经费纳入工程建设项目概预算；在组织建设工程竣工验收时，应当同时对无障碍设施进行验收，在工程竣工验收报告中说明无障碍设施验收情况，并依法办理竣工验收备案手续。

第二十条 工程设计单位应当按照无障碍设施工程建设标准，设计无障碍设施。无障碍设施设计内容应当在建设工程设计总说明中进行专项说明。

依法应当进行施工图设计文件审查的，工程施工单位应当按照审查合格的施工图设计文件和相关技术标准，建设无障碍设施，并对施工质量负责。

委托监理的，工程监理单位应当根据相关规定和合同约定，按照审查合格的施工图设计文件和相关技术标准，对无障碍设施施工进行监理。

第二十一条 规划资源部门在审核建设工程设计方案时，应当就配套的无障碍设施建设要求，征询住房城乡建设管理、交通等相关部门的意见。

施工图审查机构审核建设工程施工图设计文件时，应当按照法律、法规和无障碍设施工程建设标准，对无障碍设施设计内容进行审查；不符合有关强制性标准相关技术要求的，不予审查通过。

受住房城乡建设管理、交通等相关部门委托的建设工程质量监督机构提交的建设工程质量监督报告中，应当包含无障碍设施建设的内容。

第二十二条　无障碍设施管理责任人应当加强对无障碍设施的日常巡查，履行下列维护管理职责，保障无障碍设施正常、安全使用：

（一）定期对无障碍设施进行维护和保养；

（二）发现无障碍设施、标识损毁、损坏的，及时维修；

（三）发现无障碍设施被擅自占用的，及时纠正；

（四）对确需改造的无障碍设施，履行改造责任。

前款所称管理责任人，是指居住建筑、居住区、公共建筑、公共场所、交通运输设施、道路等的所有权人。所有权人、管理人和使用人对维护管理责任有约定的，按照约定执行；法律、法规另有规定的，从其规定。

第二十三条　对既有的不符合无障碍设施工程建设标准的居住建筑、居住区、公共建筑、公共场所、交通运输设施、道路等，市住房城乡建设管理、交通、房屋管理等相关部门，以及区人民政府应当在各自职责范围内，推进无障碍设施改造工作，制定计划并组织实施。

市、区人民政府有关部门应当按照"放管服"改革的要求，对无障碍设施建设、改造项目简化审批材料、缩减审批时限、优化审批环节，提高审批效能。

无障碍设施改造由管理责任人负责。不具备无障碍设施改造条件的，管理责任人应当采取必要的替代性措施，为有无障碍需求的社会成员提供帮助或者服务。

第二十四条　本市在开展城市更新活动过程中，应当将无障碍环境建设要求纳入更新方案，持续改善和提升无障碍环境建设水平。

第二十五条　新建、改建、扩建的城市道路、商业区、居住区的人行天桥和人行地下通道，应当按照无障碍设施工程建设强制性标准的相关技术要求，建设或者改造无障碍设施。既有道路人行天桥应当在规定期限内，完成无障碍改造。

城市道路、商业区各种路口、出入口和人行横道处有高差时，应当设置缘石坡道。主要商业街、步行街和视力障碍者集中区域周边道路的人行横道的交通信号设施应当按照标准，加装行人过街提示装置，并保持正常使用。

盲道应当按照无障碍设施工程建设标准设置，并与周边的人行天桥、人行地下通道和公共建筑、交通运输设施的无障碍设施相衔接。

第二十六条　客运船舶、公共汽电车、轨道交通车辆等公共交通运输工具应当符合无障碍技术标准。交通枢纽、公共交通车站、客运码头在地面至站厅、换乘站之间，应当实现无障碍设施衔接。

公共汽电车、轨道交通车辆应当配备语音和字幕报站系统，并保持正常使用。公共交通运输工具运营单位应当加快配置无障碍公共汽电车。轨道交通车辆应当逐步配备无障碍车厢。

出租汽车运营企业应当配置一定比例的无障碍出租汽车，供有无障碍需求的社会成员乘坐，并提供预约服务。

第二十七条　城市公共停车场、大型居住区停车场应当按照无障碍设施工程建设标准，设置并标明无障碍停车位。

无障碍停车位供肢体残疾人驾驶或者乘坐的机动车使用。

使用无障碍停车位的机动车，应当在车辆显著位置放置残疾人车辆专用标志或者提供肢体残疾人凭证。法律另有规定的，从其规定。

停车场管理者对于违规占用无障碍停车位的，应当予以劝阻；对拒不驶离或者强行停车，扰乱停车场公共秩序的，应当及时报告公安机关。

对无障碍停车费用给予优惠的，按照本市有关规定执行。

第二十八条 旅馆、酒店等应当按照无障碍设施工程建设标准，逐步配置一定比例的无障碍客房。

新建和具备改造条件的公共建筑、公共场所、交通运输设施等应当按照无障碍设施工程建设标准，建设或者改造无障碍卫生间。

第二十九条 本市鼓励和支持用人单位开展就业场所无障碍设施建设和改造，为有无障碍需求的员工提供必要的劳动条件和便利。

残疾人集中就业单位应当按照有关标准和需求，建设和改造无障碍设施，提供相关无障碍服务，并做好员工培训。

第三十条 居住区新建公共服务设施应当按照无障碍设施工程建设标准，配套建设无障碍设施；既有公共服务设施未达到无障碍设施工程建设强制性标准相关技术要求的，应当进行必要、合理的改造。

本市推进既有多层住宅加装电梯，加装的电梯优先使用无障碍设施设计标准。

第三十一条 本市支持推进残疾人家庭无障碍改造、老年人家庭适老化改造工作，对符合条件的，按照本市有关规定给予适当补贴。

居民委员会、村民委员会、居住区物业服务企业以及业主委员会应当支持并配合残疾人家庭无障碍改造、老年人家庭适老化改造。

本市加强居住区、居住建筑无障碍改造工作与残疾人家庭无障碍改造、老年人家庭适老化改造工作的衔接。

第三十二条 禁止下列影响无障碍设施正常使用的行为：

（一）损坏、擅自占用无障碍设施；

（二）擅自改变无障碍设施用途；

（三）法律、法规规定的其他禁止行为。

第三十三条 因特殊情况设置临时无障碍设施的，应当符合无障碍设施工程建设强制性标准的相关技术要求。

因特殊情况临时占用无障碍设施的，应当符合本市有关规定，并设置护栏、警示标志或者信号设施，采取必要的替代性措施。临时占用期满，应当及时恢复原状。

第三十四条 本市将符合条件的无障碍环境建设项目按照有关规定纳入民心工程和为民办实事项目。

商业、办公类建设项目提供符合实际需要、经相关主管部门认定的残疾人康复医疗设施、残疾人特殊教育设施等无障碍环境建设公共要素的，可以按照有关规定，适用规划鼓励措施。其中，新建项目提供的相关公共要素的建筑面积可以不计入地块容积率；城市更新项目可以按照相关规定，增加经营性建筑量。

鼓励企业、社会组织自筹资金，完成大中型商场和餐饮、旅馆、旅游等商业服务场所的无障碍设施维修、更新和改造。符合财政补贴政策的，给予补贴。

第三章　无障碍信息交流

第三十五条　市、区人民政府应当将无障碍信息交流作为数字政府建设的重要内容，拓展应用场景，纳入城市数字化转型专项规划，并组织实施。

第三十六条　各级人民政府及其有关部门应当采取措施，为残疾人、老年人等获取政务信息提供便利。本市与残疾人、老年人等密切相关的地方性法规、政府规章、规范性文件发布时，应当及时提供有声、大字等无障碍阅读文本。

市、区人民政府通过召开新闻发布会等方式发布政务信息的，应当配备同步速录字幕或者手语翻译。

第三十七条　各级人民政府及其有关部门发布涉及自然灾害、事故灾难、公共卫生事件、社会安全事件等突发事件信息时，应当同步采取语音、文字、手语等无障碍方式。

本市完善"12345"市民服务热线以及报警求助、消防应急、交通事故、医疗急救等紧急呼叫系统，健全文字、语音等无障碍功能，保障有无障碍需求的社会成员及时获取咨询、建议、求助、报警等服务。

第三十八条　市级电视台应当在播出电视节目时配备同步字幕，每天播放至少一次配播手语的新闻节目，并逐步扩大配播手语的节目范围。

公开出版发行的影视制品,应当具备可供选择的字幕等无障碍功能。

鼓励网络视频节目加配字幕、手语或者口述音轨。

鼓励有条件的影剧院、社区文化活动中心等单位开设无障碍电影专场,举办无障碍电影日等活动。

第三十九条 本市鼓励公开出版发行的图书、报刊配备有声、电子、大字、盲文等版本,方便有无障碍需求的社会成员阅读。

市、区人民政府设立的公共图书馆应当设置无障碍阅览室或者区域,通过提供有声读物、盲文读物、大字读物、信息检索设备等方式,满足社会成员的无障碍阅读需求。

本市鼓励食品、药品以及其他商品生产经营者在商品外部包装配置盲文、大字、语音说明书等,方便有无障碍需求的社会成员使用。

第四十条 本市国家机关的互联网门户网站、公共服务平台和法律、法规授权的具有管理公共事务职能的组织的互联网网站、服务平台,应当符合无障碍网站设计标准。

本市鼓励新闻资讯、社交通讯、生活购物、医疗健康、金融服务、学习教育、交通出行等领域的互联网网站、移动互联网应用程序以及智能设备操作系统符合国家信息无障碍标准,提供无障碍信息和服务。

第四十一条 本市持续推进数字化服务无障碍,支持为残疾人、老年人等提供相关硬件和软件安装等服务。

鼓励开发满足残疾人、老年人等需求的即时通讯、远程医疗、学习教育、地图导航、金融支付、网络购物和预约服务等无障碍应用程序。

支持各类教育机构以及其他社会主体通过多种形式，开展培训、提供课程，帮助残疾人、老年人等提高运用智能技术的能力。

第四十二条 本市鼓励音视频以及多媒体设备、智能移动终端设备、电信终端设备制造者，开展相关设备研发和改造，推动技术和产品具备语音、大字等无障碍功能。

银行、医院、铁路客运站、轨道交通车站、民用运输机场航站区等应当确保一定比例的自助公共服务终端设备具备语音、大字、盲文等无障碍功能。

第四十三条 基础电信业务经营者提供电信服务时，应当创造条件，为有无障碍需求的社会成员提供必要的文字和语音信息服务；鼓励其为有无障碍需求的社会成员提供优惠服务。

第四十四条 本市推广和使用国家通用手语、国家通用盲文，支持相关培训、服务机构建设。

提供基本公共服务使用手语、盲文，以及学校开展手语、盲文教育教学的，应当使用国家通用手语、国家通用盲文。

第四章　无障碍社会服务

第四十五条 国家机关和法律、法规授权的具有管理公共事务职能的组织，应当在其公共服务场所配备必要的无障碍设备和辅助器具，公示无障碍设施信息，提供无障碍服务。

区、乡镇人民政府和街道办事处应当根据本辖区的实际情况，组织编制无障碍环境信息指南。

行政服务、社区服务以及供水、供电、供气等公共服务机构，应当设置低位服务台或者无障碍服务窗口，建立无障碍服务预约制度，为有无障碍需求的社会成员提供服务。

第四十六条 组织选举的部门和单位应当为有无障碍需求的选民参加选举提供便利和必要协助，为视力障碍选民提供盲文、大字或者电子选票。

第四十七条 司法机关、法律援助机构应当为有无障碍需求的社会成员参加诉讼活动、获得法律援助提供无障碍服务，并按照国家有关规定提供手语翻译、盲文翻译等服务。

本市鼓励仲裁机构、律师事务所、公证处、司法鉴定机构、基层法律服务所等法律服务机构结合所提供的服务内容，提供无障碍服务。

第四十八条 教育部门和各类教育机构应当采取措施，加强教育场所的无障碍设施建设、改造和设备配备，为有无障碍需求的师生提供服务。

有关部门和考试组织单位应当根据国家规定，为有无障碍需求的社会成员参加教育考试、职业资格考试、技术技能考试、招录招聘考试等提供便利。

公安机关、交通部门应当为符合条件的肢体残疾人、听力障碍者、老年人参加机动车驾驶资格考试提供便利。

第四十九条 医疗卫生机构应当结合医疗服务实际，提供相关无障碍设施设备和服务，为有无障碍需求的社会成员就医提供便利。鼓励医疗卫生机构为听力、言语、视力障碍者就医提供手语翻译、助盲导医等服务。

残疾人、老年人等相关服务机构应当配备无障碍设施设备，在生活照料、康复护理等方面提供无障碍服务。

第五十条 养老机构、居家社区养老服务机构以及其他提供养老服务的机构、场所，应当符合无障碍标准，并结合老年人身体机能、行动特点、生活需求等，提供适老性产品安装、康复辅助器具配备和使用指导等服务，推进适老化改造，满足老年人对居住、活动场所的安全、卫生、便利等要求。

第五十一条 本市鼓励文化、旅游、绿化、体育、金融、邮政、电信、商业、会展、餐饮、旅馆等服务场所结合所提供的服务内容，为有无障碍需求的社会成员提供辅助器具、咨询引导等服务，相关服务场所不得拒绝使用轮椅等康复辅助器具者进入。

本市鼓励邮政、快递企业为行动不便的残疾人、老年人提供上门收寄服务。邮政企业应当对盲人读物给予免费寄递。

本市鼓励高等学校、社会团体、文化企业根据残疾人、老年人等的特点和需求，参与无障碍模式的文化作品制作，扩大无障碍模式的文化作品供应。

第五十二条 交通运输设施和公共交通运输工具运营单位应当根据各类运输方式的服务特点，结合设施设备条件和所提供的服务内容，为有无障碍需求的社会成员设置无障碍窗口、专用等候区域、绿色通道和优先坐席，提供辅助器具、咨询引导、字幕报站、语音提示、预约定制等无障碍服务。

交通运输设施和公共交通运输工具运营单位应当逐步建立无障碍公共交通导乘系统,提供公共交通路线和站点的详细地图、无障碍设施设置等信息,服务有无障碍需求的社会成员自主出行。

第五十三条　本市支持运用人工智能、物联网、大数据、云计算、仿生等技术开发无障碍出行服务软件、无障碍公共交通导乘系统和智能助盲辅具。

鼓励地图导航等出行服务软件逐步完善无障碍设施的标识和无障碍出行路线导航功能,并加强与相关网站和移动互联网应用程序的融合运用。

公共场所经营管理单位、交通运输设施和公共交通运输工具运营单位应当为残疾人携带导盲犬、导听犬、辅助犬等服务犬提供便利。

残疾人携带服务犬出入公共场所、使用交通运输设施和公共交通运输工具的,应当采取必要的防护措施。

第五十四条　本市鼓励和支持服务于残疾人、老年人等听力、言语、视力障碍人群的无障碍信息服务平台建设,为有无障碍需求的社会成员提供远程实时无障碍信息服务。

本市支持运用互联网、物联网等技术手段,为残疾人、老年人等提供"一键通"服务,创建推广示范应用场景,即时接收、响应残疾人、老年人等就医、出行、紧急救援、政策咨询等需求。

第五十五条　应急避难场所的维护管理单位在制定和实施工作预案时,应当考虑社会成员的无障碍需求,视情况设置语音、文字、闪光等提示装置，设置无障碍标识，并完善集中场所和服务机构的安全保障、应急服务、消防安全功能，加强突发事件中对残疾人、老年人等的保护。

第五十六条　各级人民政府及其有关部门和提供公共服务的场所应当根据残疾人、老年人等社会成员的无障碍需求，为其使用相关信息化服务给予帮助；涉及医疗、社会保障、生活缴费等服务事项的，应当保留现场人工办理等传统服务方式，推动线上、线下服务融合发展、互为补充。

第五章　社会共治

第五十七条　本市推进阳光助残工程，促进老年友好社区创建，支持儿童友好城市建设，共同营造无障碍友好环境。

第五十八条　本市建立健全无障碍环境建设公众参与机制，强化社会公众对无障碍环境建设的认识和理解，依法保障公众在无障碍环境建设中的知情权、参与权、表达权和监督权。

有关部门应当广泛听取社会各界的意见，改进无障碍环境建设工作。

第五十九条　本市开展无障碍环境建设的宣传教育，推广建设无障碍友好环境理念，普及无障碍知识，传播无障碍文化，提升全社会无障碍意识。

教育部门应当将无障碍理念纳入各类学校的校园文化建设，通过开展无障碍体验活动等方式，培育学生尊重和帮助有无障碍需求的社会成员的理念。

广播、电视、报刊、网站等应当按照有关规定，开展无障碍环境建设公益宣传。

鼓励相关服务机构和企业通过多种形式，向公众告知本单位所提供的无障碍设施或者服务，为有无障碍需求的社会成员提供便利。

第六十条　本市鼓励志愿者、志愿服务组织和其他社会组织为残疾人、老年人等有无障碍需求的社会成员使用无障碍设施、便利出行、交流信息和获取社会服务等提供志愿服务。

本市志愿服务相关信息平台应当将无障碍服务纳入志愿服务项目和类别，为残疾人、老年人等有无障碍需求的社会成员发布无障碍需求信息，以及为志愿者、志愿服务组织开展相应的志愿服务提供便利。

本市鼓励和支持企业事业单位、社会组织和个人以公益赞助、慈善捐赠等方式，参与无障碍环境建设。

第六十一条　本市建立无障碍环境建设相关领域人才培养机制，加强无障碍环境建设相关专业学科建设，支持高等学校、中等职业学校等开设无障碍环境建设相关专业课程，开展无障碍环境建设理论研究和实践活动。

城市规划、建筑设计、工程管理、交通运输、景观园林、室内设计、计算机科学与信息技术等相关学科专业应当增加无障碍环境建设方面的教学和实践内容。

第六十二条　本市加强无障碍环境建设领域的队伍建设，强化对无障碍环境建设建筑师、工程师、手语翻译等专业人员的职业教育和培训。

行政服务、社区服务以及供水、供电、供气等公共服务机构，以及教育、医疗、养老、托育、公共交通、物业管理等服务机构和企业，应当通过模拟体验、现场操作等多种方式，对工作人员进行无障碍职业道德教育和无障碍服务专业技能、心理咨询等培训，提升为残疾人、老年人等提供无障碍服务的意识和水平。

鼓励前款所列服务机构和企业以及相关行业组织与残疾人联合会、依法设立的老年人组织等组织合作，提升无障碍服务教育和技能培训水平。

第六十三条　本市鼓励以下无障碍技术、产品和服务的研发、生产和推广应用，为残疾人、老年人等有无障碍需求的社会成员提供便利：

（一）康复辅助器具、紧急救援器具、无障碍交通工具等无障碍设备，及其安装、使用和维护服务；

（二）读屏软件、阅读终端等视力无障碍设备；

（三）语音转文字软件、手语视频软件、语音识别系统、实时字幕等听力无障碍设备；

（四）可穿戴、便携式监测监护无障碍终端设备；

（五）安全防护、照料护理、健康促进、情感关爱等智慧产品和服务；

（六）其他有社会需求的无障碍技术、产品和服务。

本市发展康复辅助器具在社区的租赁服务，为有需求的群体提供基本保障类康复辅助器具和其他可供选择的多样化产品。

第六十四条　本市加强对无障碍环境建设的金融支持，完善融资扶持措施，鼓励金融机构开发、提供金融产品和服务，促进无障碍环境建设。

鼓励政府性融资担保机构为符合条件的无障碍环境建设企业提供融资增信支持。

鼓励保险业金融机构提供产品责任保险、公众责任保险等险种，为无障碍环境建设相关主体提供保障。

第六十五条　本市鼓励有关单位在下列与无障碍环境建设相关的活动中，邀请残疾人联合会、依法设立的老年人组织等组织以及残疾人、老年人等有无障碍需求的社会成员代表，进行意见征询、试用体验：

（一）无障碍设施设计；

（二）新建、改建、扩建公共服务场所、公共活动场所、商业服务场所等建设项目竣工验收；

（三）信息化项目建设；

（四）无障碍产品设计、研发；

（五）其他与无障碍环境建设相关的活动。

第六十六条　残疾人联合会、依法设立的老年人组织等组织应当定期组织开展无障碍设施、信息交流和公共服务的使用或者体验活动，汇总分析各类无障碍需求信息，形成需求清单，为完善政策，改进工作，促进相关技术、产品和服务供需对接等提供参考。

第六章　监督管理

第六十七条　无障碍设施应当纳入城市网格化管理。区、乡镇人民政府和街道办事处所属的城市运行管理机构对巡查发现的无障碍设施损毁、故障、被占用等情况，应当进行派单调度、督办核查，指挥协调有关部门或者单位及时进行维护管理。

第六十八条 本市建立完善无障碍环境建设第三方评估机制，有关主管部门应当定期委托第三方机构开展评估，将评估结果作为开展无障碍环境建设工作的重要依据，并向社会公布。

第三方机构开展评估时，应当邀请残疾人联合会、依法设立的老年人组织等参加，充分听取残疾人、老年人等社会成员有关无障碍需求、使用感受等方面的意见。

第六十九条 对于违反无障碍环境建设相关规定的行为，任何单位和个人可以通过"12345"市民服务热线、"随申拍"、部门网站等渠道提出意见、建议，或者进行投诉举报。有关部门接到意见、建议和投诉举报后，应当及时核实处理并予以答复。

残疾人联合会、依法设立的老年人组织等组织可以邀请人大代表、政协委员、专家学者、市民代表等，参与无障碍环境建设情况的监督活动。

新闻单位可以对无障碍环境建设情况开展舆论监督。

第七十条 市、区人民代表大会常务委员会通过听取和审议专项工作报告、开展执法检查等方式，加强对本行政区域内无障碍环境建设情况的监督。

市、区人民代表大会常务委员会充分发挥人大代表作用，组织人大代表围绕无障碍环境建设开展专题调研和视察等活动，汇集、反映人民群众的意见和建议，督促有关方面落实无障碍环境建设的各项工作。

第七十一条 人民检察院通过诉讼监督、检察建议、支持起诉等方式对无障碍环境建设工作进行法律监督。

对违反无障碍环境建设相关法律、法规规定，损害公共利益的，人民检察院可以依法提起公益诉讼。

第七章 法律责任

第七十二条 违反本条例规定的行为，法律、行政法规已有处理规定的，从其规定。

第七十三条 无障碍设施管理责任人不履行维护管理职责，致使无障碍设施无法正常、安全使用的，由交通、城管执法等相关部门责令限期改正；造成使用人人身损害、财产损失的，依法承担赔偿责任。

第七十四条 擅自改变无障碍设施用途或者依法应当采取必要的替代性措施却未予执行的，由交通、城管执法等相关部门责令限期改正；逾期不改正或者情节严重的，处一万元以上三万元以下罚款；造成人身损害、财产损失的，依法承担赔偿责任。

第七十五条 违规占用无障碍停车位拒不驶离或者强行停车，扰乱停车场公共秩序的，由公安机关责令改正，依法予以处罚。

第七十六条 有义务提供无障碍信息的主体未依法提供的，由经济信息化、网信、广播电视、新闻出版等有关主管部门责令限期改正。

第七十七条 负有公共服务职责的部门和单位未依法提供无障碍社会服务的,由本级人民政府或者上级主管部门责令限期改正;逾期未改正的,对直接负责的主管人员和其他直接责任人员依法给予处分。

第七十八条 违反本条例规定的行为,除依法追究相应法律责任外,相关部门还应当按照规定将违法行为的失信信息向市公共信用信息服务平台归集,并依照有关规定进行惩戒。

第七十九条 有关主管部门、有关组织的工作人员滥用职权、玩忽职守、徇私舞弊的,依法给予处分;构成犯罪的,依法追究刑事责任。

第八章 附 则

第八十条 本条例自 2023 年 3 月 1 日起施行。

重庆市无障碍环境建设与管理规定

(2021年11月26日重庆市人民政府令第348号公布 自2022年1月1日起施行)

第一章 总 则

第一条 为了创造无障碍环境，保障残疾人、老年人等社会成员平等参与社会生活，根据《中华人民共和国残疾人保障法》《无障碍环境建设条例》和有关法律法规，结合本市实际，制定本规定。

第二条 本市行政区域内无障碍环境的建设与管理，适用本规定。

本规定所称无障碍环境，是指便于残疾人、老年人以及其他有需要的社会成员自主安全地通行道路、出入相关建筑物、搭乘公共交通工具、交流信息、获得社会服务的环境。

第三条 无障碍环境建设应当遵循实用、易行、广泛受益的原则，满足相关社会成员自主出行、便捷交流、获得服务等需求，体现人文关怀与社会支持。

第四条 市、区县（自治县）人民政府应当加强对无障碍环境建设与管理工作的领导，建立健全综合协调机制，加大对公共设施和公共服务无障碍环境建设与管理的投入，将相关支出列入财政预算。

乡（镇）人民政府、街道办事处配合有关部门做好无障碍环境建设与管理工作。

第五条 住房城乡建设部门负责房屋建筑和市政基础设施工程中无障碍设施建设活动的监督管理，会同有关部门制定无障碍设施工程建设标准。

交通部门负责国道、省道、县道公路，客运码头，地方铁路及综合交通运输体系等工程无障碍设施建设活动的监督管理，协调指导民用机场、国家铁路无障碍设施建设、维护和改造相关工作。

网信部门负责指导统筹无障碍信息交流建设，监督指导网站无障碍服务能力建设，促进信息无障碍服务。

发展改革、教育、科技、经济信息、公安、民政、财政、规划自然资源、城市管理、文化旅游、卫生健康、市场监管、体育、通信、邮政管理、地方金融、新闻出版等部门和残联、老年人组织应当按照各自职责，做好无障碍环境建设与管理的有关工作。

第六条 市、区县（自治县）人民政府应当组织编制无障碍环境建设发展规划。无障碍环境建设发展规划应当纳入国民经济和社会发展规划，涉及空间保障的还应当纳入国土空间规划。

市、区县（自治县）有关部门应当根据无障碍环境建设发展规划的要求，编制无障碍环境建设专项规划，按照规定经批准后组织实施。

编制无障碍环境建设发展规划和专项规划,应当征求残联、老年人组织的意见。

第七条 市、区县(自治县)有关部门和残联、老年人组织应当加强对无障碍环境建设的宣传,普及无障碍环境知识,提高全体社会成员的无障碍环境意识。

广播电台、电视台和报刊等新闻媒体应当按照有关规定安排一定时段或者版面进行无障碍环境建设的公益宣传。

第八条 鼓励企业、高等院校、科研机构等组织开展无障碍环境建设课题研究,进行无障碍新技术新产品的研发、推广和应用。

鼓励公民、法人和其他组织为无障碍环境建设提供捐助和志愿服务。

对在无障碍环境建设工作中作出显著成绩的单位和个人,按照有关规定给予表彰和奖励。

第二章 无障碍设施建设

第九条 城镇新建、改建、扩建道路、公共建筑、公共交通设施、居住建筑、居住区的无障碍设施工程建设,应当符合国家和本市无障碍设施工程建设标准。

乡村应当按照有关规定进行无障碍设施建设。

无障碍设施工程应当和主体工程同步设计、同步施工、同步验收投入使用。新建的无障碍设施应当与周边的无障碍设施相衔接。

第十条 工程建设项目的建设单位应当对无障碍设施建设质量安全承担首要责任，根据法律、法规、规章规定和国家标准、地方标准配套建设无障碍设施，所需经费纳入工程建设项目概（预）算；在编制项目可行性研究报告、提出设计委托时，应当包含无障碍设施建设相关内容。

建设单位组织竣工验收应当将配套无障碍设施验收内容纳入工程竣工验收报告。无障碍设施建设项目竣工验收前，鼓励建设单位邀请残疾人、老年人等社会成员代表试用体验配套建设的无障碍设施，并听取相关意见和建议。

第十一条 涉及下列内容的工程项目设计应当符合国家和本市无障碍设施工程建设标准：

（一）城市道路、城市广场等公共区域；

（二）居住建筑、居住区等居住生活区域；

（三）教育、医疗康复、福利及特殊服务、体育、商业服务、文化、公共停车场等公共建筑；

（四）其他与残疾人、老年人等社会成员生活密切相关的公共场所等。

施工图审查机构应当按照无障碍设施工程建设标准对设计文件进行审查，对应当设计无障碍设施而未设计或者设计不符合标准的设计文件，不得出具合格书。

第十二条 施工单位、监理单位应当按照审查合格的施工图设计文件、施工技术标准进行无障碍设施的施工、监理。

第十三条 住房城乡建设、交通等部门及其所委托的建设工程质量监督机构，应当对建设单位、施工单位、监理单位等

379

有关单位的无障碍设施建设质量行为实施监督。建设工程质量监督机构提交的建设工程质量监督报告中，应当包含无障碍设施建设的内容。

第十四条 对城镇已建成的不符合无障碍设施工程建设标准的道路、公共建筑、公共交通设施、居住建筑和居住区，区县（自治县）人民政府应当制定无障碍设施改造计划，并与基础设施建设和改造计划相衔接。

无障碍设施改造由所有权人或者管理人负责。

第十五条 区县（自治县）人民政府应当优先推进下列机构、场所的无障碍设施改造：

（一）特殊教育、康复、供养、托管、社会福利等机构；

（二）国家机关的公共服务场所；

（三）文化、体育、医疗卫生等单位的公共服务场所；

（四）交通运输、金融、邮政、商业、旅游等公共服务场所。

第十六条 城市的主要道路、主要商业区和大型居住区的人行天桥和人行地下通道，应当按照无障碍设施工程建设标准配备无障碍设施，人行道交通信号设施应当逐步完善无障碍服务功能，适应残疾人、老年人等社会成员通行的需要。

第十七条 公共停车场、建筑物配建停车场、路内停车点应当按照国家和本市无障碍设施工程建设标准，在方便通行的位置设置无障碍停车位，并设立显著标识。

无障碍停车位为肢体残疾人驾驶或者乘坐的机动车专用。

第十八条 新投入运营的民用航空器、客运列车、客运船舶、公共汽车、城市轨道交通车辆等公共交通工具应当按照国家和本市有关规定达到无障碍设施的要求。既有公共交通工具应当逐步达到无障碍设施的要求。

城市轨道交通车辆、公共汽车应当装置、使用语音和字幕报站系统,有条件的应当装置应急闪光警报系统。

第十九条 视力残疾人携带导盲犬出入公共场所和乘坐公共交通工具,应当随身携带相关证件,并遵守国家有关规定。公共场所和公共交通工具的工作人员应当按照国家有关规定提供无障碍服务。

第二十条 无障碍设施的所有权人和管理人,应当对无障碍设施进行保护,有损毁或者故障及时进行维修,确保无障碍设施正常使用。

任何组织或者个人不得损毁、侵占无障碍设施,或者擅自改变无障碍设施的用途。因城市建设等特殊情况需要临时占用无障碍设施的,应当依法办理相关手续,设置防护装置和警示标志,采取必要的替代措施。临时占用期满,应当及时恢复无障碍设施原状。

第三章 无障碍信息交流

第二十一条 市、区县(自治县)人民政府应当将无障碍信息交流建设纳入信息化建设规划,并采取措施推进信息交流无障碍建设。

市、区县(自治县)人民政府应当将信息无障碍纳入数字社会、数字政府、智慧城市建设。

第二十二条　市、区县（自治县）人民政府及其有关部门发布重要政府公共信息、突发事件信息和与残疾人、老年人等社会成员相关的信息，应当提供语音和文字提示、手语等信息交流服务。

第二十三条　有残疾人参加的各类升学考试、职业资格考试和任职考试，考试组织单位应当为其提供便利，根据需要为对应类别残疾人提供盲文试卷、大字试卷、电子试卷、手语、文字标识、速录或者语音转文字、佩带助听器或者人工耳蜗、听力免考、延长考试时间等便利，必要时可以由工作人员予以协助。

第二十四条　市、区县（自治县）人民政府设立的电视台应当在播出电视节目时配备字幕，每周播放 1 次以上配播手语的新闻节目，有条件的应当开发残疾人、老年人专题节目。

公开出版发行的影视类录像制品应当配备字幕。

第二十五条　市、区县（自治县）人民政府设立的公共图书馆应当开设无障碍阅览室，推动图书数字化建设，为残疾人、老年人等社会成员提供盲文读物、有声读物和无障碍信息检索设备。

鼓励其他有条件的图书馆开设视力残疾人阅读室，提供盲文读物、有声读物和无障碍信息检索设备。

第二十六条　残疾人组织的网站应当达到无障碍网站设计标准，市、区县（自治县）人民政府网站、政府公益活动网站应当逐步达到无障碍网站设计标准。

鼓励其他有条件的网站达到无障碍网站设计标准。

第二十七条 公用事业、交通运输、金融、邮政、通信、商业、旅游、文化、体育、医疗卫生等公共服务机构和公共场所应当创造条件为残疾人、老年人等社会成员提供语音和文字提示、手语、盲文等信息交流服务，并对工作人员进行无障碍服务技能培训。

民政、人力社保、乡（镇）人民政府、街道办事处等承担社会公共服务职责的部门和单位应当在显著的位置设置盲文标识牌、触摸式语音播报器或者字幕等提示设备，其工作人员应当主动向残疾人、老年人等社会成员提供咨询、导向服务等帮助。

各级政务服务机构应当为残疾人、老年人等社会成员提供必要的无障碍服务，并优先办理相关事项。

第二十八条 举办视力、听力残疾人集中参加的会议、讲座、培训、演出等公共活动，举办单位应当提供解说、字幕或者手语等信息交流服务。

第二十九条 市、区县（自治县）有关部门和提供公共服务的单位应当采取措施，推广应用符合残疾人、老年人等社会成员需求特点的智能信息服务并提供相应支持，尊重残疾人、老年人的习惯，保留并完善传统服务方式，推动线上、线下服务融合发展、互为补充。

电信业务经营者提供电信服务，应当向有需求的残疾人、老年人等社会成员提供语音和文字提示等信息交流服务。

电信终端设备制造者应当提供能够与无障碍信息交流服务相衔接的技术、产品。

鼓励残联、老年人组织和培训机构开展专题培训，帮助残疾人、老年人等社会成员提高运用智能技术的能力。

第三十条　市、区县（自治县）有关部门、残联、老年人组织应当根据残疾人、老年人等社会成员无障碍信息交流需求，引导和鼓励有关科研机构、企业或者个人开展无障碍环境建设课题研究，研发、推广和应用无障碍地图、教学材料、翻译软件等满足无障碍信息交流的技术、产品、服务。

第四章　无障碍社会服务

第三十一条　市、区县（自治县）人民政府应当逐步完善报警、医疗急救、应急疏散等紧急呼叫信息系统，开展应急手语培训，方便残疾人、老年人等社会成员报警、呼救。

第三十二条　市、区县（自治县）有关部门、乡（镇）人民政府、街道办事处应当推进住宅、社区的无障碍设施建设和改造，为残疾人、老年人等社会成员创造无障碍居住环境。村（居）民委员会应当对无障碍设施建设和改造工作予以协助。

在乡村建设行动、城市更新行动、城镇老旧小区改造和居住社区建设中，应当同步实施无障碍设施建设和改造。

鼓励和支持为残疾人、老年人等社会成员提供集中供养和托管服务的机构，推进居住环境无障碍设施建设和改造。

第三十三条　支持居民开展既有居住建筑家庭无障碍设施改造。市、区县（自治县）人民政府对符合条件的残疾人、老年人等社会成员家庭无障碍设施改造可以给予适当补助。

残疾人、老年人等社会成员进行家庭无障碍设施改造的，在不影响安全和他人使用的情况下，房屋管理部门、物业服务企业或者其他管理人应当为其改造提供支持和便利。

鼓励和支持社会力量开展家庭无障碍设施改造公益活动，为残疾人、老年人等社会成员家庭无障碍设施改造提供支持和保障。

第三十四条　幼儿园、中小学、中等职业学校、技工院校、高等学校等各级各类学校应当在无障碍设施设备、教育教学、生活等方面，为残疾学生提供必要的无障碍服务。

第三十五条　残疾人集中就业单位应当为残疾人提供无障碍设施设备、信息交流等服务，满足其生产、生活等方面的无障碍需求。

第三十六条　医院、社区卫生服务中心（站）、卫生院等医疗机构应当按照有关规定，为残疾人、老年人等社会成员就医开设专用窗口或者快速通道，提供优先挂号、导医等便利服务。

鼓励医疗机构开设无障碍门诊，为听力、言语残疾人就医提供文字提示、手语服务。

第三十七条　政府设立的博物馆、美术馆、科技馆、影剧院、社区文化活动中心等公共文化设施和旅游景区，应当根据相关文化旅游服务标准为残疾人、老年人等社会成员提供轮椅、语音文字导览或者手语等无障碍服务。

鼓励其他有条件的公共文化设施和旅游景区，提供无障碍服务。

第三十八条 鼓励和支持提供法律援助的组织和个人为残疾人、老年人等社会成员提供盲文、手语服务。

第三十九条 组织选举的国家机关、社会团体、基层群众自治组织、业主委员会等单位,应当为残疾人、老年人等社会成员参加选举提供便利,并根据需要为视力残疾人提供盲文选票,为听力残疾人提供文字提示、手语服务。

第五章　监督管理

第四十条 市、区县(自治县)有关部门应当建立无障碍环境建设和使用情况投诉机制,并与本市政务服务热线联动。任何组织或者个人有权投诉、举报损坏、侵占无障碍设施以及改变无障碍设施用途等行为。有关部门接到投诉、举报后,应当登记并及时依法处理。

第四十一条 市、区县(自治县)有关部门可以采取现场检查、询问、查阅资料等方式,对以下内容进行监督检查:

(一)无障碍环境建设规划实施情况以及无障碍设施改造计划执行情况;

(二)建设、设计、施工、监理等单位以及相关机构执行无障碍环境建设有关规定情况;

(三)无障碍信息技术和产品的研发、推广、应用情况;

(四)其他无障碍环境建设情况。

第四十二条 市、区县(自治县)有关部门可以委托第三方机构对无障碍环境建设情况进行评估检查。

第四十三条 残联、老年人组织有权向有关部门反映残疾人、老年人等社会成员的无障碍环境需求,提出加强和改进无障碍环境建设与管理的意见、建议。有关部门应当对合理需求作出有效回应并制定改进措施。

第四十四条 对单位和个人因违反无障碍环境建设与管理相关规定,受到行政处罚等失信信息,依法纳入本市公共信用信息平台予以共享并实施相应惩戒。

第六章 附 则

第四十五条 本规定自 2022 年 1 月 1 日起施行。

江苏省无障碍环境建设实施办法

（2021年12月20日江苏省人民政府令第149号公布　自2022年3月1日起施行）

第一章　总　　则

第一条　为了加强无障碍环境建设，保障残疾人、老年人等社会成员平等参与社会生活，提升社会文明程度，根据《中华人民共和国残疾人保障法》《中华人民共和国老年人权益保障法》《无障碍环境建设条例》等法律、法规，结合本省实际，制定本办法。

第二条　本省行政区域内无障碍环境建设及其监督管理活动，适用本办法。

本办法所称无障碍环境建设，是指为便于残疾人、老年人等社会成员自主安全地通行道路、出入相关建筑物、搭乘公共交通工具、交流信息以及获得社会服务和便利居家生活所进行的建设活动。

第三条　无障碍环境建设应当与经济和社会发展水平相适应，坚持政府主导、社会参与、家庭支持、全民行动，遵循实用、易行、广泛受益的原则。

地方各级人民政府以及有关部门应当弘扬社会主义核心价

值观，坚持社会成员平等、参与、共享的文明理念，在全社会营造理解、尊重、关心和帮助残疾人、老年人等社会成员的良好氛围。

第四条　县级以上地方人民政府负责组织编制、实施无障碍环境建设发展规划，将无障碍环境建设发展规划纳入国民经济和社会发展规划以及国土空间规划。

地方各级人民政府在文明城市、卫生城市、健康城市、智慧城市创建以及城市更新、美丽宜居城市建设、美丽乡村建设中一体化推进无障碍环境建设。

县级以上地方人民政府工业和信息化、自然资源、住房和城乡建设、交通运输、卫生健康等部门应当将无障碍环境建设等内容纳入相关专项规划，并组织实施。

第五条　县级以上地方人民政府残疾人工作委员会负责组织、指导、督促有关部门做好无障碍环境建设工作，研究相关政策、规划、计划并推动实施，协调解决重大问题。残疾人工作委员会办公室设在残疾人联合会，负责日常工作。

县级以上地方人民政府老龄工作委员会及其办公室（以下统称老龄工作机构）按照本办法做好无障碍环境建设相关工作。

第六条　住房和城乡建设部门负责无障碍设施工程建设活动的监督管理工作，会同有关部门组织开展无障碍环境市县村镇创建。交通运输、水利等部门依法做好相关专业建设工程涉及无障碍设施工程建设的监督管理工作。

民政部门负责推进儿童福利、养老、残疾人服务等机构的无障碍环境建设工作，组织实施老年人家庭无障碍改造。

工业和信息化、通信管理、广播电视等部门在各自职责范围内做好无障碍信息交流工作。

发展改革、教育、科技、公安、财政、人力资源和社会保障、农业农村、商务、文化和旅游、卫生健康、市政园林、体育等部门在各自职责范围内，做好无障碍环境建设工作。

乡（镇）人民政府、街道办事处应当依法履行无障碍环境建设职责，配合有关部门做好相关工作。

第七条 残疾人联合会在无障碍环境建设中履行以下职责：

（一）代表残疾人的利益，收集、反映残疾人的无障碍需求；

（二）向政府及其有关部门提出加强和改进无障碍环境建设的意见和建议；

（三）协助做好残疾人无障碍设施建设、无障碍信息交流工作；

（四）负责残疾人家庭无障碍改造工作；

（五）法律、法规规定或者政府委托实施的其他无障碍环境建设工作。

第八条 县级以上地方人民政府及其有关部门、残疾人联合会、老龄工作机构等应当加强对无障碍环境建设的宣传，普及无障碍环境知识，提高全社会的无障碍环境意识。

广播、电视、报刊以及网络媒体等应当按照规定开展无障碍环境建设公益宣传。

第九条 支持和引导全民共同参与无障碍环境建设。

鼓励支持高等院校、科研机构、企业或者个人开展无障碍技术、产品的研发、改造、应用和推广。

鼓励支持单位和个人为无障碍环境建设提供捐助或者志愿服务。

第十条 对在无障碍环境建设工作中作出显著成绩的单位和个人，按照国家和省有关规定给予表彰和奖励。

第二章 无障碍设施建设

第十一条 城镇新建、改建、扩建道路、公共建筑、公共交通设施、居住建筑、居住区，应当符合无障碍设施工程建设标准。无障碍设施工程应当与主体工程同步规划、同步设计、同步施工、同步验收投入使用。新建的无障碍设施应当与周边的无障碍设施相衔接。

乡村建设与发展，应当逐步达到无障碍设施工程建设相关标准。

第十二条 支持设计、施工、监理、建设等单位采用通用理念和技术，建设人性化、系统化、与周边环境相协调的无障碍设施。

设计单位进行建设工程设计，应当按照无障碍设施工程建设标准，设计配套的无障碍设施。

施工图审查机构应当按照无障碍设计施工图审查要点，对施工图设计文件中的无障碍设施设计进行审查。施工单位应当按照施工图设计文件和工程建设相关标准进行无障碍设施施工，对施工质量负责。

监理单位应当按照施工图设计文件和工程建设标准对施工质量实施监理，并承担监理责任。

建设单位组织对建设工程项目进行竣工验收时，应当按照无障碍设施工程建设标准对无障碍设施进行同步验收。住房和城乡建设等有关部门应当将无障碍环境知识纳入建设工程项目规划设计、施工、监理、验收等培训内容。

第十三条 政府机关和交通运输、文化、旅游、教育、体育、医疗卫生等公共服务场所在竣工验收前应当逐步推行无障碍设施体验，邀请残疾人、老年人等社会成员代表试用体验配套建设的无障碍设施，听取意见和建议。鼓励金融、邮政、电信、商业、旅游等营业服务场所根据实际需要开展无障碍体验。

第十四条 对城镇已建成的不符合无障碍设施工程建设标准的道路、公共建筑、公共交通设施、居住建筑、居住区，县级以上地方人民政府应当制定无障碍改造计划并组织实施。制定无障碍改造计划，应当征求相关所有权人、管理人、使用人和残疾人、老年人等社会成员代表的意见。

第十五条 县级以上地方人民政府应当优先推进下列机构、场所的无障碍设施改造：

（一）特殊教育、康复、福利、养老、残疾人服务等机构；

（二）国家机关的公共服务场所；

（三）城市的主要道路、广场、公园、绿地、景区、公共卫生间等公共场所；

（四）文化、体育、教育、医疗卫生、影视等单位的公共服务场所；

（五）机场、车站、客运码头、地铁等公共交通服务场所；

（六）金融、邮政、公用事业、商业、旅游等营业服务场所。

第十六条 城市的主要道路、主要商业区、大型居住区的人行天桥和人行地下通道，应当按照无障碍设施工程建设标准配备无障碍设施。

人行道的路口、出入口位置应当按照无障碍设施工程建设标准设置缘石坡道。有台阶的人行道、人行天桥以及地下通道应当按标准设置满足轮椅通行需求的无障碍坡道、无障碍电梯或者升降平台。

盲道应当按照无障碍设施工程建设标准设置，并与周边的人行天桥、人行地下通道和公共建筑、公共交通设施的无障碍设施相衔接。

人行横道信号灯应当逐步设置过街声响提示等装置。

第十七条 城镇公共停车场和大型居住区的停车场应当按照规定比例在方便的区域设置无障碍停车位，并有明显标识。按照比例计算不足一个停车位的应当至少设置一个。

鼓励停车场通过停车位预约、设置可变车位等方式满足残疾人、老年人等社会成员的特殊停车需求。

城镇公共停车场应当为残疾人减免停车费用。

第十八条 公共交通运营和建设单位应当按照以下规定逐步配置无障碍车辆，完善无障碍设施：

（一）公共汽车、城市轨道交通车辆提供便于残疾人、老年人等社会成员乘用的无障碍踏板、扶手和轮椅坐席等辅助设备；

（二）城镇主要交通要道和主要停车站点设置符合规定的智能电子站牌，配置语音和文字提示等设施。

城市道路管理部门应当推动在公交无障碍设施与道路无障碍设施之间设置过渡设施，便于残疾人、老年人等社会成员通行。

支持出租车运营单位配置无障碍出租车辆。

第十九条 地方各级人民政府应当完善社区文化、体育、养老、医疗卫生等公共服务设施的无障碍服务功能，推进老旧住宅区的无障碍设施改造。

第二十条 对有需求、具备改造条件并且申请无障碍改造的低保和低保边缘残疾人、老年人家庭，县级以上地方人民政府应当按照规定项目和标准给予免费改造。鼓励有条件的地区扩大免费改造范围，提高免费改造标准，对其他无障碍改造家庭给予适当补助。

残疾人、老年人家庭应当配合无障碍改造工作，为有需求家庭成员创造无障碍居住环境。

第二十一条 安排残疾人就业的用人单位应当满足残疾人无障碍需求。用人单位实施工作场所、就业设施等就业环境无障碍改造的，按照有关规定给予补贴。

第二十二条 无障碍设施管理责任人应当加强对无障碍设施的日常巡查，履行下列维护管理责任，确保无障碍设施正常使用：

（一）设置符合国家标准的无障碍标识，保证标识位置醒目、内容清晰、规范，指明无障碍设施的走向以及具体位置；

（二）定期对无障碍设施进行维护和保养；

（三）发现无障碍设施、标识损毁、损坏的，及时维修；

（四）发现无障碍设施被占用的，及时纠正；

（五）对确需改造的无障碍设施，履行改造责任。

前款所称管理责任人，是指道路、公共建筑、公共交通设施、居住建筑、居住区的所有权人；所有权人、管理人和使用人之间约定维护管理和改造责任的，按照其约定承担相应责任。

第二十三条　因城市建设、重大社会公益活动等需要临时占用无障碍设施的，应当按照有关规定办理手续，设置护栏、警示标志或者信号设施，并采取必要的替代措施。临时占用期满，应当及时恢复无障碍设施的原状。

第三章　信息无障碍建设

第二十四条　县级以上地方人民政府工业和信息化、通信管理等部门应当将无障碍信息建设纳入信息化建设规划，推进无障碍信息技术应用，为残疾人、老年人获取公共信息提供便利。

支持信息无障碍领域的技术研发与应用，推进人工智能、物联网、区块链等技术在信息无障碍领域的成果转化，支持新技术在导盲、声控、肢体控制、图文识别、语音识别、语音合成等方面的应用。

第二十五条　县级以上地方人民政府及其有关部门发布以下信息时，应当为残疾人、老年人等社会成员提供语音和文字提示等服务：

（一）政府年度工作报告；

（二）国民经济和社会发展规划；

（三）国民经济和社会发展统计信息；

（四）突发公共事件应急预案、预警信息以及应对情况；

（五）与残疾人、老年人权益密切相关的规章、规范性文件和其他政府信息。

第二十六条　县级以上地方人民政府设立的电视台应当创造条件，在播出电视节目时同步配备字幕，播出主要新闻节目时还应当配播手语。公开出版发行的影视类录像制品应当配备字幕，鼓励制作发行其他形式的无障碍影视作品。

鼓励有条件的影剧院、文化馆、社区文化活动中心等单位开设无障碍影视文化专场。

第二十七条　政府设立的公共图书馆应当按照规定开设视力障碍阅览室或者阅读专区，提供盲文、有声读物、语音读屏、大字阅读等设备和软件。其他图书馆应当逐步开设视力障碍阅览室或者阅读专区。

政府设立的公共图书馆进行图书数字化建设时，应当利用无障碍技术手段，为残疾人、老年人等社会成员阅读书籍、获取信息提供便利。

第二十八条　残疾人联合会、老年人组织网站应当达到无障碍网站设计标准，政府及其部门网站、政务服务平台、网上办事大厅应当逐步达到无障碍网站设计标准。

鼓励支持新闻媒体、交通出行、社交通讯、生活购物、搜索引擎、金融服务等领域的网站符合无障碍网站设计标准。

第二十九条 公共服务机构和公共场所应当对其工作人员进行无障碍知识教育和服务技能培训。在为残疾人、老年人等社会成员办理相关事务时，提供语音、字幕、手语等信息交流服务，并提供优先服务和辅助性服务。

第三十条 举办视力、言语、听力残疾人集中参加的会议、讲座、培训、演出等公共活动，举办单位应当配备解说员、提供字幕或者手语等便于交流的服务。

第三十一条 县级以上地方人民政府应当统筹推进出行无障碍服务平台建设，整合各类无障碍数据资源，利用现代信息技术，通过无障碍地图、无障碍导航、远程无障碍服务以及无障碍出行信息发布等方式，为残疾人、老年人等社会成员出行提供无障碍信息交流服务。

第三十二条 电信业务经营者提供电信服务，应当为有需求的听力、言语、视力残疾人和老年人等社会成员提供文字信息、语音信息等无障碍信息交流服务。

第三十三条 鼓励食品药品企业利用信息技术，添加食品药品无障碍识别标识，方便残疾人、老年人等社会成员识别和使用。

第四章 无障碍社会服务

第三十四条 110、119、120等紧急呼叫系统以及12345政务热线应当具备文字信息报警、呼叫等功能，方便残疾人、老年人等社会成员报警、呼救、咨询、投诉等。

第三十五条 应急避难场所应当完善无障碍服务功能，保障残疾人、老年人等社会成员紧急疏散、临时避难和生活等需要。

第三十六条 国家和省举办的各类升学考试、职业资格考试和任职考试，应当按照国家和省有关规定为残疾人参加考试提供便利。有视力残疾人参加的，应当为其提供所必须的盲文、大字号、电子等试卷，或者由专门工作人员按照相关规定提供便利。

第三十七条 县级以上地方人民政府可以根据需要组织相关部门制定公共交通、文化旅游、医疗卫生等领域无障碍服务准则和规范。鼓励服务单位按照无障碍服务准则和规范配备无障碍设施、提供无障碍服务。

第三十八条 组织选举的部门和单位应当为残疾人、老年人等社会成员参加选举提供便利，并为视力残疾人提供盲文选票或者大字选票。

第三十九条 残疾人携带服务犬出入公共场所、搭乘公共交通工具，应当随身携带相关证件，遵守国家和省相关规定，有关工作人员应当按照规定提供无障碍服务，其他任何单位和个人不得阻拦。

第五章 保障与监督

第四十条 鼓励支持高等院校、科研机构成立无障碍研究机构，开设无障碍相关专业课程，开展无障碍环境建设研究，培养和引进无障碍相关专业人才。

县级以上地方人民政府残疾人工作委员会建立无障碍环境建设管理专家库，聘任无障碍环境建设专业人才，为无障碍环境建设工作提供技术支持和服务。

第四十一条 县级以上地方人民政府残疾人工作委员会应当每年听取成员单位无障碍环境建设工作情况汇报，对未按照规定履行职责的成员单位予以书面通报。

第四十二条 制定和实施无障碍相关规划的部门、单位应当定期组织开展规划实施情况评估。

残疾人联合会等可以通过政府购买服务的方式委托第三方开展无障碍环境建设实施情况评估和调查。

第四十三条 残疾人联合会、老龄工作机构等可以邀请人大代表、政协委员、专家学者、新闻媒体工作者、残疾人和老年人代表等担任督导员，监督无障碍环境的建设和使用情况，开展无障碍体验活动。督导员发现不符合无障碍环境建设和使用要求的问题，可以提出改进建议，由残疾人联合会、老龄工作机构转送相关部门，相关部门应当及时反馈建议采纳或者处理情况。

政府及其有关部门对残疾人联合会提出的加强和改进无障碍环境建设的意见和建议，应当及时办理和答复。

第四十四条 县级以上地方人民政府及其有关部门应当积极配合无障碍环境建设领域检察公益诉讼工作，依法落实无障碍环境建设的检察建议。

第四十五条 对故意损毁、非法侵占无障碍设施或者改变无障碍设施用途的行为，任何单位或者个人可以向便民服务热线或者公安、住房和城乡建设、交通运输、城市管理等部门投诉、举报。有关部门接到投诉、举报后，应当及时处理或者告知有权处理的部门。

第六章 法律责任

第四十六条 政府有关部门及其工作人员违反本办法规定，滥用职权、玩忽职守、徇私舞弊的，对直接负责的主管人员和其他直接责任人员依法给予处分。

第四十七条 城镇新建、改建、扩建道路、公共建筑、公共交通设施、居住建筑、居住区，不符合无障碍设施工程建设标准的，由住房和城乡建设主管部门责令改正，依法给予处罚。

第四十八条 无障碍设施的管理责任人对无障碍设施未进行保护或者及时维修，导致无法正常使用的，由有关主管部门责令限期维修；造成使用人人身、财产损害的，依法承担赔偿责任。

第四十九条 对单位或者个人违反无障碍环境建设相关规定的失信行为，由行业主管部门依法依规予以认定、记录，相关信息纳入省信用信息共享平台。

第七章 附 则

第五十条 本办法自 2022 年 3 月 1 日起施行。

海南省无障碍环境建设管理条例

(2020年4月2日海南省第六届人民代表大会常务委员会第十九次会议通过)

第一条 为提升海南社会文明程度和国际化水平，创造优良人居环境，保障残疾人等社会成员平等参与社会生活，根据《中华人民共和国残疾人保障法》《无障碍环境建设条例》等有关法律法规，结合本省实际，制定本条例。

第二条 本条例所称无障碍环境建设管理，是指为便于残疾人、老年人等社会成员自主安全地通行道路、出入相关建筑物、搭乘公共交通工具、交流信息、获得社区服务、居家生活等所进行的建设管理活动。

第三条 县级以上人民政府应当加强对无障碍环境建设管理工作的领导。

县级以上人民政府残疾人工作委员会负责组织、协调、指导、督促有关部门做好无障碍环境建设管理工作。

县级以上人民政府住房和城乡建设部门负责无障碍设施工程建设管理活动的监督管理工作，会同有关部门对无障碍设施工程建设管理情况进行监督检查。

县级以上人民政府发展和改革、自然资源和规划、市政管理、旅游和文化广电体育、商务、公安、民政、教育、卫生健康、交通运输等有关部门在各自职责范围内，做好无障碍环境建设管理工作，并督促本行业、本领域有关单位开展无障碍环境建设管理工作。

乡镇人民政府、街道办事处应当配合有关部门做好本行政区域内的无障碍环境建设管理工作。

村民委员会、居民委员会应当协助乡镇人民政府、街道办事处做好公共服务设施无障碍建设管理工作。

第四条 残疾人联合会等相关单位应当主动了解残疾人等社会成员的无障碍环境建设需求，并向有关部门提出意见和建议，组织开展无障碍环境建设宣传和社会监督活动，配合做好无障碍环境建设规划的制定和实施工作。

第五条 县级以上人民政府负责组织自然资源和规划、住房和城乡建设、发展和改革、旅游和文化广电体育、商务、公安、民政、教育、卫生健康、交通运输等有关部门编制无障碍环境建设专项规划并组织实施。

无障碍环境建设专项规划应当纳入国民经济和社会发展规划以及国土空间规划。

县级以上人民政府应当每五年至少组织一次无障碍环境建设专项规划实施情况评估。

市、县、自治县人民政府应当向省人民政府报告无障碍环境建设专项规划的实施情况。

第六条 县级以上人民政府应当将无障碍信息交流建设纳入信息化建设规划，引导和鼓励有关部门、科研单位、企业或者个人开展无障碍信息交流技术、产品、服务的研发、推广和应用工作，为残疾人、老年人等社会成员获取公共信息提供便利。

第七条 县级以上人民政府应当加强无障碍技术人才的培养和引进。

省人民政府残疾人工作委员会应当组织建立无障碍环境建设管理专家库，聘任无障碍环境建设管理领域内的专业人才，为无障碍环境建设管理工作提供技术支持和服务。

第八条 县级以上人民政府及其有关部门应当利用广播、电视、报刊、互联网等媒体，加强对无障碍环境的宣传，增强社会公众的无障碍环境建设管理意识。

鼓励公民、法人或者其他组织为无障碍环境建设管理提供捐助及志愿服务。

第九条 新建、改建、扩建的道路、公共建筑、公共交通设施、居住区等以及城镇的居住建筑应当符合无障碍设施工程建设标准。

国家规定乡、村庄的居住建筑应当符合无障碍设施工程建设标准的，从其规定。

第十条 无障碍设施工程应当与主体工程同步规划、同步设计、同步施工、同步验收投入使用。新建的无障碍设施应当与周边的无障碍设施相衔接。

第十一条 建设项目审批部门、规划行政主管部门依照无障碍环境建设标准做好审核工作，对不符合无障碍环境建设标准的道路、公共建筑、公共交通设施、居住建筑、居住区等建设项目依法不予批准或许可。

第十二条　鼓励建设、设计、施工等单位采用先进的理念和技术，建设人性化、系统化、与周边环境相协调的无障碍设施。

设计单位进行建设工程设计时，应当按照无障碍设计规范的要求，设计配套的无障碍设施。

施工图设计文件审查机构应当按照无障碍设施工程建设标准对设计文件进行审查，对应当设计无障碍设施而未设计或者设计不符合标准的设计文件，不得通过审查。

施工单位应当按照审查合格的施工图设计文件和施工技术标准进行无障碍设施施工，并对施工质量负责。

工程监理单位应当依照法律法规以及无障碍设施工程建设标准、审查合格的施工图设计文件，对无障碍设施的施工质量实施监理，并对施工质量承担监理责任。

建设单位应当将无障碍设施作为建设项目竣工验收的内容，验收合格后，方可交付使用；未经验收或者验收不合格的，不得交付使用。

第十三条　对已建成的不符合无障碍设施工程建设标准的道路、公共建筑、公共交通设施、居住区、居住建筑等，县级以上人民政府应当制定无障碍设施改造计划，并与基础设施建设和改造计划相衔接。

所有权人或者管理人改造无障碍设施的，应当符合无障碍环境建设专项规划、无障碍设施工程建设标准。

县级以上人民政府可以安排资金用于残疾人集中就业的用人单位进行无障碍改造。

县级以上人民政府有关部门应当安排资金用于道路的无障碍改造。

第十四条 建设无障碍设施应当遵守下列规定：

（一）主要道路、大型商业区和人口密集的居住区等的人行天桥和人行地下通道应当配备无障碍设施，人行道的路口、出入口位置应当设置缘石坡道，人行道信号灯应当设置语音提示装置；

（二）公共建筑的售票处、服务台、公用电话、饮水器等应当设置低位服务设施；

（三）公共建筑、公共交通设施的玻璃门、玻璃墙、楼梯口、电梯口和通道等处应当设置警示标志、信号或者指示装置；

（四）公共交通工具应当为残疾人、老年人等社会成员设置专座，并逐步安装字幕、语音报站装置和供视力障碍者识别的车辆导盲系统；停靠站设置盲文站牌的，站牌的位置、高度、形式和内容应当方便视觉障碍者使用；

（五）公交公司等应当配置一定比例方便乘坐轮椅乘客使用的无障碍车辆；

（六）公共建筑、室外公共厕所应当设置含有残疾人专用厕位和出入口坡道的无障碍卫生间。

第十五条 公共服务场所的公共停车场应当按照无障碍设施工程建设标准设置无障碍停车位，免费提供给肢体残疾人使用。

无障碍停车位为肢体残疾人驾驶或者乘坐的机动车专用，应当设立在方便肢体残疾人通行的位置，并设置显著标志标识。

第十六条　4星级以上旅馆应当配置一定比例的无障碍客房。

鼓励其他有条件的旅馆配置无障碍客房，并作为旅馆评星评比的内容。

旅游景区的出入口、游客中心等应当设置无障碍通道。

第十七条　机场、火车站、长途汽车站、客运码头、图书馆、博物馆等公共服务场所应当提供轮椅等无障碍设备，建立无障碍设施服务规范，为残疾人、老年人等社会成员提供便利。

第十八条　县级以上人民政府应当对需要进行居家无障碍改造的残疾人家庭及其他贫困家庭给予适当补助。

第十九条　保障性住房项目应当配置一定数量的无障碍住房以满足残疾人、老年人等社会成员的需求。住房和城乡建设部门应当将无障碍住房信息在保障性住房选房清单中标示注明。

第二十条　县级以上人民政府及其有关部门、电视台、公共图书馆、残疾人组织等单位应当依法为视力、听力、言语障碍者提供语音、手语、字幕等无障碍信息服务。

公共服务机构应当推进涉及残疾人、老年人等社会成员的服务事项网上办理，对相关工作人员进行无障碍知识教育和必要的技能培训，并根据需要对残疾人、老年人等社会成员使用相关信息化服务给予指导和帮助。

第二十一条　政府综合服务热线、报警、火警、医疗急救等公共服务系统应当具备文字信息报送、文字呼叫功能，方便听力、言语障碍者咨询、求助、建议、投诉、举报、报警、呼救等。

第二十二条 无障碍设施的所有权人或者管理人应当在明显位置设置符合标准的无障碍标志标识，并及时对损毁、脱落的无障碍标志标识进行修复，确保无障碍标志标识正常使用。

第二十三条 无障碍设施的所有权人或者管理人应当加强对无障碍设施的维护、管理，及时对损毁或者有故障的无障碍设施进行维修、改造，确保无障碍设施正常使用。

第二十四条 任何单位和个人都应当遵守无障碍设施的相关规定，不得破坏、侵占无障碍设施或者改变无障碍设施的用途。

第二十五条 因城市建设、重大社会公益活动等原因需要临时占用城市道路的，应当避免占用盲道等无障碍设施。确需占用的，应当按照规定经有关部门批准，并设置护栏、警示标志或者信号设施，采取必要的替代措施。临时占用期满，应当及时恢复无障碍设施的使用功能。

第二十六条 残疾人、老年人等社会成员可以对无障碍环境建设管理情况，向有关部门提出意见和建议，有关部门应当按照规定时限办理和答复。

残疾人联合会、老龄工作机构等可以组织残疾人、老年人等代表对本行政区域内的无障碍环境建设情况开展调查评估，并将不符合无障碍设施工程建设标准的道路、公共建筑、公共交通设施等报告当地人民政府。接到报告的人民政府应当督促相关部门及时处理。

第二十七条 违反本条例第九条第一款规定，新建、改建、扩建的道路、公共建筑、公共交通设施、居住区等以及城镇的居住建筑不符合无障碍设施工程建设标准的，由住房和城乡建设部门责令限期改正；逾期未改正的，按照建设工程管理相关规定依法给予处罚。

第二十八条 违反本条例第十五条规定，肢体残疾人驾驶或者乘坐的机动车以外的机动车占用公共停车场无障碍停车位，影响肢体残疾人使用的，县级以上人民政府公安机关交通管理部门可以指出违法行为，并予以口头警告，令其立即驶离。

机动车驾驶人不在现场或者虽在现场但拒绝立即驶离的，处一百元罚款，并可以将该机动车拖移至不妨碍交通的地点或者公安机关交通管理部门指定的地点停放。

第二十九条 违反本条例第十六条第一款规定，4星级以上旅馆未配置无障碍客房的，由旅游和文化广电体育部门予以警告，并责令限期改正；逾期不改正的，处两千元以上一万元以下的罚款。

违反本条例第十六条第三款规定，旅游景区的出入口、游客中心等未设置无障碍通道的，由旅游和文化广电体育部门或者有关部门予以警告，并责令限期改正；逾期不改正的，处两千元以上一万元以下的罚款。

第三十条 违反本条例第二十二条规定，无障碍设施的所有权人或者管理人未设置符合标准的无障碍标志标识，或者未及时对损毁、脱落的无障碍标志标识进行修复，导致无法正常使用的，由有关主管部门责令限期改正；逾期不改正的，由有关主管部门给予一千元以上一万元以下罚款。

第三十一条 违反本条例第二十四条规定，破坏、侵占无障碍设施或者改变无障碍设施用途的，由有关部门责令限期改正，赔偿损失，并可以对个人处五百元以上一千元以下罚款，对单位处三千元以上三万元以下罚款；构成治安管理处罚的，由公安机关依照《中华人民共和国治安管理处罚法》处罚；构成犯罪的，依法追究刑事责任。

第三十二条 有本条例规定的违法行为的，依照有关规定记入信用档案，予以公示，并依照有关规定实施信用联合惩戒。

第三十三条 本条例规定的违法行为，根据国务院相对集中行政处罚权的规定已经确定集中由市、县、自治县综合执法部门处理的，从其规定。

第三十四条 违反本条例规定的行为，本条例未设定处罚，相关法律法规已设定处罚的，从其规定。

第三十五条 无障碍环境建设管理相关部门的工作人员滥用职权、玩忽职守、徇私舞弊的，依法给予处分；构成犯罪的，移交司法机关依法处理。

第三十六条 本条例自2020年5月1日起施行。

广州市无障碍环境建设管理规定

（2020年3月6日广州市人民政府令第172号公布 自2020年5月1日起施行）

第一条 为了创造无障碍环境，保障残疾人等社会成员平等参与社会生活，促进社会文明和进步，根据《中华人民共和国残疾人保障法》《无障碍环境建设条例》《广东省无障碍环境建设管理规定》等法律、法规以及规章，结合本市实际，制定本规定。

第二条 本规定适用于本市行政区域内无障碍环境建设及相关管理活动。

本规定所称无障碍环境建设，是指为便于残疾人、老年人、伤病患者、孕妇和儿童等社会成员自主安全地通行道路、出入相关建筑物、搭乘公共交通工具，交流信息，获得社会服务、享受公共服务和家居生活所进行的建设活动。

第三条 市、区人民政府应当加强对无障碍环境建设工作的领导。

市、区人民政府残疾人工作议事协调机构负责组织协调本行政区域内的无障碍环境建设与管理工作，并制定具体协调工作制度。

第四条 市住房城乡建设部门负责本行政区域内房屋建筑

无障碍设施工程建设活动的监督管理工作，对房屋建筑无障碍设施工程建设情况和使用状况进行监督检查。

市交通运输管理部门负责本行政区域内道路、城市轨道交通无障碍设施工程建设活动的监督管理工作，对道路、城市轨道交通无障碍设施工程建设情况和使用状况进行监督检查。

市林业园林、水务、城市管理综合执法、港务等行政管理部门在各自职责范围内，做好公园、碧道、公共厕所、港口等的无障碍设施工程建设活动的监督管理工作。

市发展改革、政务服务数据管理、工业和信息化、公安、规划和自然资源、民政、文化广电旅游、金融、邮政等有关部门在各自职责范围内，做好无障碍环境建设与监督管理工作。

区有关部门在各自职责范围内，做好本行政区域内无障碍环境建设与监督管理工作。

第五条 市、区住房城乡建设部门应当会同交通、林业园林、水务、城市管理综合执法、港务、政务服务数据管理、工业和信息化、发展改革、规划和自然资源等部门，编制本行政区域无障碍环境建设发展规划，报本级人民政府批准后实施。

编制无障碍环境建设发展规划，应当征求残疾人组织、老年人组织、妇女联合会等的意见；必要时，可以征求相关利害关系人的意见。

无障碍环境建设发展规划应当纳入市、区国民经济和社会发展规划以及城乡规划。

市人民政府残疾人工作议事协调机构应当每五年至少组织一次无障碍环境建设发展规划实施情况评估，将评估结果报告市人民政府。各有关部门和单位每年应当将实施情况向市残疾人工作议事协调机构报告。

第六条 市、区有关部门应当将无障碍环境建设作为文明行为促进工作重要内容，纳入本系统文明行为评估体系，并将无障碍环境建设情况列入文明单位、文明社区等文明行为表彰奖励的评价指标体系。

第七条 残疾人组织、老年人组织、妇女联合会可以聘请监督员，对本市无障碍环境建设与管理情况进行监督。

残疾人和残疾人组织、老年人和老年人组织、妇女联合会可以对无障碍环境建设与管理情况，向有关部门提出意见和建议，有关部门应当及时办理和答复。

残疾人联合会、老龄工作委员会办公室、妇女联合会可以对本市无障碍环境建设情况组织调查评估，将调查评估报告向社会公布，向有关部门提出意见和建议，有关部门应当及时办理和答复。

第八条 残疾人联合会、老龄工作委员会办公室、妇女联合会可以定期开展无障碍环境建设宣传教育活动，并为相关单位和个人学习无障碍环境知识、开展相关技能培训提供指导和帮助。

广播电台、电视台、报刊、新闻网站等媒体应当按照有关规定安排一定时段或者版面进行无障碍环境建设的公益宣传。

本市鼓励慈善组织、志愿服务组织等社会组织及个人为无障碍环境建设提供捐助或者志愿服务。

第九条 对损毁、擅自占用无障碍设施以及擅自改变无障碍设施用途的行为，任何单位或者个人可以向无障碍设施的所有权人和管理人反映，或者通过全市统一的政府服务热线、平台等途径进行投诉、举报。

住房城乡建设、交通、林业园林、水务、城市管理综合执法、港务、公安、规划和自然资源等有关部门接到投诉、举报后，应当及时监督无障碍设施的所有权人和管理人履行保护或者维修责任，并将处理情况告知举报人、投诉人。

第十条 建设无障碍设施应当符合安全、适用和便利的基本要求，符合无障碍设施工程建设标准，并遵守下列规定：

（一）城市的主要道路、主要商业区、大型居住区的人行天桥和人行地下通道，应当按照无障碍设施工程建设标准，设置轮椅坡道或者无障碍电梯等无障碍设施，人行道的路口、出入口位置应当设置缘石坡道；

（二）城市的主要道路、主要商业区、公共交通站点以及城市广场，应当铺设盲道，且盲道铺设应当连续，并避开树木（穴）、电线杆、拉线、垃圾箱等障碍物；

（三）公共汽车、城市轨道交通车辆的停靠站设置盲文站牌的，站牌的位置、高度、形式和内容应当方便视觉障碍者使用；

（四）公共建筑、历史文物保护单位建筑内的售票处、服务台、公用电话、饮水器等应当设置低位服务设施；

（五）公共建筑、公共交通设施的玻璃门、玻璃墙、楼梯口、电梯口和通道等处应当设置警示标志、信号或者指示装置；

（六）城市的主要道路、主要商业区和大型居住区的人行道信号灯应当设置声响提示装置；

（七）地铁站、火车站、汽车客运站、客运码头、机场、公园、医院、国家机关窗口服务单位、文化体育类公共建筑、餐厅、商场、银行营业服务场所、居民小区的出入口设置台阶的，应当设置轮椅坡道；

（八）国家机关窗口服务单位、银行营业服务场所、旅游景区、公园、医院、大中型商场的卫生间以及室外公共厕所，应当设置无障碍出入口和无障碍厕位。

村庄应当逐步建设无障碍设施，设有人行道的道路设置缘石坡道，村民综合服务中心、活动广场、公园、公共厕所设置相关的无障碍设施。

第十一条 工程建设项目的建设单位应当根据法律、法规、规章规定和国家标准配套建设无障碍设施，所需经费纳入工程建设项目概（预）算；在编制项目可行性研究报告、提出设计委托时，应当包含无障碍设施建设相关内容。

设计单位进行建设工程设计时，应当按照无障碍设计规范的要求，设计配套的无障碍设施。对应当设计无障碍设施而未设计的，施工图设计文件审查机构不予通过设计文件审查。

施工单位应当按照审查合格的施工图设计文件和施工技术标准进行无障碍设施施工，并对施工质量负责。

工程监理单位应当依照法律、法规以及无障碍设施工程建设标准、审查合格的施工图设计文件，对无障碍设施的施工质量实施监理，并对施工质量承担监理责任。

第十二条 新建地铁站等城市轨道交通车站应当至少有一

个出入口设置可供轮椅乘客使用的无障碍电梯。

已建成的城市轨道交通车站未设置可供轮椅乘客使用的无障碍电梯，但具备改造条件的，应当逐步组织实施无障碍改造。

第十三条 下列停车场应当按照《无障碍设计规范》《城市公共停车场工程项目建设标准》等规定，在方便通行的位置设置并标明无障碍停车位：

（一）国家机关的公共服务场所停车场；

（二）大型商场、二级以上医院、三星级以上酒店停车场；

（三）中型、大型、特大型城市公共停车场。

前款规定的停车场已建成但未设置无障碍停车位的，应当逐步完成设置。

无障碍停车位为肢体残疾人驾驶或者乘坐的机动车专用，其他机动车不得占用。肢体残疾人使用无障碍停车位时，应当在车辆明显位置放置《中华人民共和国残疾人证》。

机动车停放者不遵守前款规定的，停车场经营者应当予以劝阻；对不听劝阻的，可以要求立即驶离停车场或者拒绝提供停车服务，并依法报告相关行政管理部门；影响治安管理秩序或者涉嫌消防违法的，应当及时报告公安机关依法处理。

停车场属于政府举办的，应当减半收取残疾人专用机动车停放服务费。鼓励其他停车场经营者免收或者减收残疾人停车费用。

第十四条 下列新建、改建和扩建的工程建设项目在组织竣工验收时，建设单位应当邀请残疾人联合会参加，听取残疾人代表的试用意见；不符合无障碍设施工程建设标准的，不得通过竣工验收和办理备案手续：

（一）机场、火车站、汽车客运站、地铁站、客运码头等公共交通枢纽场所；

（二）城市的主要道路及其附属的人行道、人行天桥、人行地下通道等设施；

（三）医院、体育场馆、图书馆、博物馆、影剧院等机构或者场所；

（四）国家机关、事业单位对外窗口服务场所；

（五）旅游景点、公园、公共厕所等公共场所。

建设单位应当提前5个工作日告知残疾人联合会，由其安排残疾人代表参加试用。

第十五条 公共（电）汽车、轨道交通车辆和巡游出租车运营单位应当配置一定比例的可供轮椅乘客使用的无障碍车辆，并制定相配套的无障碍服务规范。

公共（电）汽车和轨道交通车辆应当逐步安装字幕、语音报站装置。

无障碍车辆停靠的公交站台，应当符合国家无障碍设施建设标准。

鼓励本市网络预约出租汽车向轮椅乘客提供满足其乘车需要的无障碍车辆和服务。

第十六条 任何单位和个人不得损毁、擅自侵占无障碍设施或者改变其用途。

无障碍设施的所有权人和管理人应当对无障碍设施进行日常巡查，及时维护和修复，确保无障碍设施正常使用。所有权人和管理人自行约定对无障碍设施的维护和修复责任的,按照其约定承担相应责任。

住房城乡建设、交通、林业园林、水务、城市管理综合执法、港务等有关部门应当建立巡检制度,定期检查无障碍设施维护使用状况,对残疾人使用不便的无障碍设施及时督促所有权人和管理人进行整改。检查、督促整改无障碍设施时应当听取残疾人意见。

第十七条 已建成的不符合无障碍设施工程建设标准的道路、城市广场、城市绿地、居住区、居住建筑、公共建筑、公共交通设施、公园以及具备无障碍设施改造条件的对外开放的文物保护单位,市、区人民政府应当制定无障碍设施改造计划并组织实施。

无障碍设施改造由所有权人或者管理人负责。住房城乡建设、交通、林业园林、水务、城市管理综合执法、港务、公安等有关部门应当对无障碍设施所有权人或者管理人的改造情况进行监督检查。

第十八条 市、区人民政府应当优先推进下列机构、场所的无障碍设施改造:

(一)特殊教育、康复、社会福利等机构以及养老服务设施;

(二)国家机关、事业单位的公共服务场所;

(三)学校、医院、体育场馆、图书馆、文化馆、博物馆、影剧院;

(四)机场、火车站、汽车客运站、地铁站、客运码头、口岸等公共交通服务场所;

（五）金融、邮政、通信、商业、旅游等公共服务场所；

（六）城市的主要道路及其附属的人行道、人行天桥、人行地下通道等设施，广场、绿地、公园；

（七）与行动不便者生活、工作密切相关的其他服务场所。

前款规定的机构、场所的无障碍设施进行改造的，应当征求残疾人组织、老年人组织、妇女联合会的意见。

第十九条 新建配备手扶电梯或者直升电梯的公共图书馆、地铁站、人行天桥、地下通道等公共场所，应当在电梯处设置语音提示功能，便于视力残疾人、老年人等识别电梯所在位置、运行方向以及所在楼层。

前款规定的公共场所已建成但未在手扶电梯或者直升电梯设置语音提示功能的，应当逐步完成设置。

第二十条 市、区政务服务数据管理部门应当依照国家、省的有关规定，将无障碍信息交流建设纳入本级政府信息化建设规划。

有关行业主管部门、残疾人联合会、老龄工作委员会办公室等应当根据轮椅车使用者、视力残疾人、语言听力残疾人等群体无障碍信息交流的需求，引导和鼓励有关科研单位、企业或者个人开展无障碍环境建设课题研究，研发、推广和应用无障碍地图、教学材料、翻译软件等满足无障碍信息交流的技术、产品、服务。

第二十一条 市、区人民政府及其有关部门应当加强官方网站的无障碍信息建设、改造，并将下列重要的公开政务信息制作成盲文版或者有声版提供给市、区公共图书馆，供视力残疾人阅读：

（一）市、区人民政府年度工作报告；

（二）本级国民经济和社会发展规划和年度计划；

（三）统计部门年度统计公报中的重要数据资料；

（四）与残疾人权益密切相关的本市政府规章和行政规范性文件。

第二十二条　视力残疾人携带导盲犬或者肢体重残人士携带扶助犬出行，应当随身携带相关证件；出入公共场所和乘坐公共交通工具，应当遵守国家、省、市有关规定。任何单位和个人不得阻拦。

公共场所工作人员应当按照国家、省、市有关规定，为携带导盲犬的视力残疾人、携带扶助犬的肢体重残人士提供必要的无障碍服务。

第二十三条　城镇新建、改建、扩建道路、公共建筑、公共交通设施、居住建筑、居住区，不符合无障碍设施工程建设标准的，由有关主管部门责令改正，依法给予处罚。

第二十四条　肢体残疾人驾驶或者乘坐的机动车以外的机动车占用无障碍停车位，影响肢体残疾人使用的，或者停车场经营者对违规占用无障碍停车位的行为未加劝阻的，由公安机关交通管理部门依法给予处罚。

第二十五条　无障碍设施的所有权人或者管理人对无障碍设施未进行保护或者及时维修，导致无法正常使用的，由有关主管部门责令限期维修；造成使用人人身、财产损害的，无障碍设施的所有权人或者管理人应当承担赔偿责任。

第二十六条　违反本规定，单位或者个人存在违法行为的，有关主管部门依法处理后，可以按照本市规定将有关单位或者个人的违法信息纳入本市公共信用信息管理系统，实行联合惩戒。

第二十七条　有关行政管理部门及其工作人员违反本规定，不依法履行职责的，由有权机关责令改正，对负有责任的领导人员和直接责任人员依法给予处分；构成犯罪的，依法追究刑事责任。

第二十八条　本规定自 2020 年 5 月 1 日起施行。2003 年 10 月 1 日广州市人民政府公布的《广州市无障碍设施建设管理规定》（市政府令〔2003〕第 10 号）同时废止。

杭州市无障碍环境建设和管理办法

(2021年8月10日杭州市人民政府令第328号公布 自2021年10月1日起施行)

第一章 总 则

第一条 为了创造无障碍环境，保障残疾人、老年人等社会成员平等参与社会生活，促进社会文明和进步，根据《中华人民共和国残疾人保障法》《中华人民共和国老年人权益保障法》《无障碍环境建设条例》等有关法律、法规，结合本市实际，制定本办法。

第二条 本市行政区域内无障碍环境建设和管理，适用本办法。

本办法所称无障碍环境，是指便于残疾人、老年人等社会成员自主安全地通行道路、出入相关建筑物、搭乘公共交通工具、交流信息、获得社会服务的环境。

第三条 市人民政府对本市无障碍环境建设和管理工作实行统一领导，成立市无障碍环境建设和管理领导机构，负责组织、协调、指导、督促本行政区域内的无障碍环境建设和管理工作，建立联席会议制度，确定年度工作目标。市无障碍环境建设和管理领导机构的日常工作由市城市管理行政主管部门承担。

市城乡建设行政主管部门负责本行政区域内建设工程项目无障碍设施建设的监督管理。

市城市管理行政主管部门负责本行政区域内既有城市道路、人行过街设施、公共厕所、政府投资的公共停车场（库）等场所的无障碍设施改造和维护的监督管理。

市数据资源行政主管部门负责市人民政府门户网站信息交流无障碍工作；指导市人民政府有关部门和各区、县（市）人民政府门户网站信息交流无障碍工作；负责公共数据平台对各类无障碍信息系统的数据支撑。

市发展和改革、财政、经济和信息化、规划和自然资源、住房保障和房产管理、交通运输、园林文物、文化广电旅游、卫生健康、教育、体育、民政、公安、商务、市场监管、机关事务管理、金融、邮政等有关部门按照市人民政府有关规定在各自职责范围内做好无障碍环境建设和管理工作。

第四条 各区、县（市）人民政府负责本行政区域内无障碍环境建设和管理工作，成立无障碍环境建设和管理领导机构，并明确日常工作机构。

各区、县（市）人民政府有关部门在各自职责范围内做好无障碍环境建设和管理工作。

乡（镇）人民政府、街道办事处按照上级人民政府的要求做好无障碍环境建设和管理工作。

第五条 残疾人联合会负责残疾人家庭无障碍改造，组织建设工程竣工验收前无障碍设施试用体验，配合有关部门做好无障碍环境建设的宣传，指导开展无障碍相关技能培训等工作。

残疾人联合会、依法设立的老年人组织（以下简称老年人组织）、妇女联合会等组织，有权向政府及其有关部门反映相关社会成员提出的加强和改进无障碍环境建设和管理的意见和建议，开展社会监督。

村民委员会、居民委员会协助做好无障碍环境建设和管理工作。

第六条 无障碍环境建设是全社会的共同责任。

任何单位和个人可以就无障碍环境建设情况向有关部门提出意见和建议，有关部门应当及时办理和答复。

鼓励单位和个人为无障碍环境建设提供捐助，参加无障碍环境建设的宣传和志愿服务。

第七条 市、区、县（市）人民政府应当将无障碍环境建设纳入本行政区域国民经济和社会发展规划以及国土空间规划。

市、县（市）人民政府组织编制、实施本行政区域内的无障碍环境建设发展规划。无障碍环境建设发展规划应当包括无障碍设施建设与改造、信息交流建设和社会服务等内容。编制无障碍环境建设发展规划，应当征求残疾人联合会、老年人组织、妇女联合会等组织的意见。

市、县（市）人民政府应当至少每五年组织一次无障碍环境建设发展规划实施情况评估。无障碍环境建设发展规划实施情况评估报告应当向社会公布。

第八条 本市在国家标准基础上，按照打造国际一流无障碍城市的目标，推动制定并实施符合杭州城市定位、与杭州经济社会发展水平相适应的无障碍环境建设规范和标准。

第九条 本市依托杭州城市大脑,推动建设无障碍环境数字化服务平台,推进无障碍环境场景应用,并将无障碍环境建设纳入智慧城市建设内容,为残疾人、老年人等社会成员自主安全出行、交流信息、获得社会服务等提供信息化渠道。

第十条 市、区、县(市)人民政府有关部门应当加强对无障碍环境建设的宣传,普及无障碍环境知识,提高全体社会成员的无障碍环境意识。

广播电台、电视台、报刊、新闻网站等媒体应当按照有关规定,开展无障碍环境建设公益宣传。

第十一条 鼓励支持服务残疾人、老年人等社会成员的无障碍技术、产品的研发、推广和应用。

市、区、县(市)人民政府对在无障碍环境建设工作中取得显著成绩的单位和个人,按照有关规定给予表彰。

第十二条 市、区、县(市)人民政府及其有关部门、企业事业单位、社会团体以及个人应当支持和配合检察机关依法开展的无障碍环境建设领域公益诉讼工作。

市、区、县(市)人民政府及其有关部门应当及时对无障碍环境建设和管理相关检察建议和司法建议进行书面反馈。

第二章 无障碍设施建设和管理

第十三条 城镇新建、改建、扩建道路、公共建筑、公共交通设施、居住建筑、居住区,应当符合无障碍设施工程建设有关标准。

无障碍设施工程应当与主体工程同步设计、同步施工、同步验收投入使用。

新建的无障碍设施应当与周边已有的无障碍设施相衔接；周边尚未建设或者尚未建成无障碍设施的，应当预留无障碍设施衔接条件。

乡、村庄的道路、基本公共服务设施、基本公共活动场所等的建设，应当逐步达到无障碍设施工程建设有关标准。

第十四条 设计单位在进行建设项目设计时，应当按照无障碍设施工程建设有关标准，设计配套的无障碍设施。

施工图审查机构应当按照无障碍设施工程建设有关标准，审查施工图设计文件。

施工单位应当按照经审查合格的施工图设计文件和施工技术标准进行无障碍设施施工，对施工质量负责。

工程监理单位应当按照无障碍设施工程建设有关标准和经审查合格的施工图设计文件，对无障碍设施施工质量实施监理。

第十五条 城乡建设行政主管部门负责对建设工程项目施工图设计文件审查工作实施监督管理，并对建设工程项目设计、施工、监理等人员进行必要的无障碍设施知识培训。建设工程质量监督机构应当将无障碍设施建设情况纳入质量监督报告。

第十六条 建设单位在组织建设项目竣工验收时，应当同时验收配套建设的无障碍设施。

下列新建、改建和扩建的公共场所竣工验收前，建设单位可以通知残疾人联合会，邀请残疾人、老年人等社会成员代表试用体验无障碍设施，并听取其意见建议：

（一）特殊教育、康复、社会福利等机构；

（二）国家机关、事业单位的政务服务场所；

（三）城市道路以及机场、火车站、汽车客运站、客运码头、城市轨道交通站点等公共交通场所；

（四）文化、教育、体育、医疗卫生等公共服务场所；

（五）金融、邮政、通信等营业场所；

（六）大中型商场、餐饮、住宿等商业服务场所；

（七）旅游景点、公园和公共厕所等公共场所；

（八）法律、法规、规章规定的与残疾人、老年人等社会成员日常生活工作密切相关的其他公共场所。

第十七条 对城镇已建成的道路、公共建筑、公共交通设施、居住建筑、居住区，不符合无障碍设施工程建设有关标准的，市、区、县（市）人民政府应当在征求相关所有权人、管理人和残疾人、老年人等社会成员代表以及相关社会团体的意见基础上，制定无障碍设施改造计划并组织实施。

政府投资的建设项目的无障碍设施改造，由其所有权人或者管理人负责；非政府投资的建设项目的无障碍设施改造，由其所有权人负责。

居住区无障碍设施维修、更新和改造，需要使用专项维修资金的，按照住宅物业管理的相关规定办理。

第十八条 老旧小区无障碍设施改造由各区、县（市）人民政府按照有关规定纳入本辖区老旧小区综合改造提升工作统筹实施。

鼓励老旧小区依法加装和改造坡道、扶手、电梯等设施。

市、区、县（市）人民政府应当按照规定组织有关部门推进符合条件的残疾人、老年人家庭的无障碍设施改造；城乡建设等有关部门应当为残疾人、老年人等社会成员家庭无障碍设施改造提供技术指导。

第十九条　新建、改建、扩建的保障性住房项目应当配置一定数量的无障碍住房以满足残疾人、老年人等社会成员的需求。住房保障和房产管理行政主管部门应当将无障碍住房信息在保障性住房选房清单中标示注明。

鼓励酒店等商业服务建筑配置一定比例的无障碍客房。

第二十条　城市公共交通运营单位应当逐步在公共交通工具上设置语音、字幕报站系统以及无障碍踏板、扶手、轮椅席位等无障碍设施。

机场、火车站、汽车客运站、客运码头、城市轨道交通站点等公共交通场所应当根据需要，配置轮椅等辅助器具，设置为残疾人、老年人等社会成员服务的购票取票设施、等候专座和绿色通道。公交站点逐步设置盲文站牌、语音提示等服务设施。

鼓励道路旅客运输经营者、客运出租汽车经营者配置为肢体残疾人服务的无障碍车辆。

第二十一条　城市的主要道路、主要商业区和大型居住区的人行天桥和人行地下通道，应当按照无障碍设施工程建设有关标准配备无障碍设施，人行道交通信号设施应当按照无障碍环境建设发展规划逐步配置过街音响提示装置，完善无障碍服务功能,以适应残疾人、老年人等社会成员通行的需要。

第二十二条 鼓励停车场(库)通过停车位预约、设置可变车位等方式满足残疾人、老年人等社会成员的特殊停车需求。

政府办事服务中心、二级以上医院、三星级以上酒店、大型商场及其他城市大中型公共场所的公共停车场(库)和大型居住区的停车场(库),应当按照无障碍设施工程建设有关标准,在方便残疾人通行的位置设置无障碍停车位,供肢体残疾人驾驶或乘坐的机动车停放,并在无障碍停车位设置显著标志。

不符合使用条件的车辆不得占用无障碍停车位。停车场(库)管理者对违规占用无障碍停车位的,有权予以劝阻;对不听劝阻的,有权要求其立即驶离或者拒绝提供停车服务;对拒不驶离或者强行停车,扰乱停车场公共秩序的,应当及时报告公安机关依法处理。

肢体残疾人使用的专用代步工具可以进入步行街、步行景点等区域。

第二十三条 杭州市区实行政府定价管理的停车场(库),对残疾人驾驶的机动车实施停车费减免。具体办法由市人民政府另行制定。

县(市)实行政府定价管理的停车场(库)对残疾人驾驶的机动车实施停车费减免的,由县(市)人民政府规定。

鼓励其他停车场(库)对残疾人驾驶的机动车实施停车费减免。

第二十四条 无障碍标志的设置应当符合有关标准,并纳入城市环境或者建筑内部的引导标志系统,指明无障碍厕所、电梯、坡道等无障碍设施的走向及具体位置。

第二十五条　改建、扩建城市道路或者城市道路交通设施改造时，不得破坏人行道和非机动车道无障碍设施的连续性。

第二十六条　无障碍设施的所有权人和管理人，应当对无障碍设施进行保护，有损毁或者故障及时进行维修，确保无障碍设施正常使用。

第二十七条　任何单位和个人不得损毁、擅自占用无障碍设施或者改变无障碍设施的用途。

因城市建设、重大社会公益活动等原因需要临时占用城市道路的，应当避免占用无障碍设施；确需占用无障碍设施的，应当按照有关规定办理相关手续，设置护栏和易识别的警示标志，并采取必要的替代措施；临时占用期满，应当立即恢复无障碍设施原状。

第三章　无障碍信息交流

第二十八条　残疾人、老年人等社会成员依法享有无障碍地获取政府信息和其他公共信息的权利。市、区、县（市）人民政府及其有关部门应当采取措施，为残疾人、老年人等社会成员获取、交流公共信息提供便利。

市、区、县（市）人民政府及其有关部门发布重要政府信息、突发事件信息以及与残疾人、老年人相关的信息，应当创造条件提供语音和文字提示等信息交流服务。

第二十九条　市、区、县（市）人民政府网站、政府部门网站、政府公益活动网站、残疾人和老年人组织网站、社会公共服务网站及其移动终端应用,应当按照规定要求加强无障碍化建设,提供无障碍信息传播与交流服务。

鼓励电子商务、电子地图等网络平台提供无障碍信息服务。

第三十条　市、区、县(市)人民政府设立的公共图书馆应当开设视力残疾人阅览室,配备盲文读物、有声读物,提供语音读屏、大字阅读等软件和设备。其他图书馆应当创造条件逐步开设视力残疾人阅览室。

第三十一条　市人民政府设立的电视台应当创造条件,在播出电视节目时加配字幕,每周至少播放一次配备手语的新闻节目。区、县(市)人民政府设立的电视台在播出电视节目时应当逐步加配手语或者字幕。

鼓励视频网站、影院等播放配备字幕、解说的影视作品。

第三十二条　电信业务经营者应当创造条件为有需求的听力、言语残疾人提供文字信息服务,为有需求的视力残疾人提供语音信息服务,并推进无障碍程序及应用的开发。

电信终端设备制造商应当提供能够与无障碍信息交流服务相衔接的技术、产品。

第三十三条　报警、消防、医疗急救、交通事故等紧急呼叫系统和"12345"政务服务便民热线应当具备文字信息报送、呼叫功能,保障听力、言语残疾人等社会成员的需要。

第四章　无障碍社会服务

第三十四条　提供政务服务和其他公共服务的单位应当对

工作人员进行无障碍知识教育和服务技能培训，创造条件为残疾人、老年人等社会成员提供助视、助听、助行设备并开展相应服务。

举办邀请听力残疾人参加的公共活动，举办单位应当提供字幕或者手语服务。

鼓励志愿者、志愿服务组织为无障碍环境建设提供志愿服务，为残疾人、老年人等社会成员出行、交流信息等提供帮助。

第三十五条　提供政务服务和其他公共服务的单位应当采取措施，推广应用适合残疾人、老年人等社会成员需求特点的智能信息服务，根据需要对残疾人、老年人等社会成员使用相关信息化服务给予指导和帮助，并尊重残疾人、老年人的习惯，保留现场办理等传统服务方式。

第三十六条　市、区、县（市）人民政府有关部门和考试组织单位应当根据需要，为残疾人等社会成员参加国家举办的升学考试、职业资格考试和任职考试提供便利。有视力残疾人参加的，应当为其提供盲文试卷、电子试卷或者由专门工作人员予以协助。

第三十七条　组织选举的部门应当为残疾人参加选举提供便利；有条件的，应当为视力残疾人提供盲文选票，或者根据需要提供大字或者电子选票。

第三十八条　市、区、县（市）人民政府应当按照完整居住社区建设要求，加强无障碍环境社区建设，推动完善社区文化、体育、养老、医疗卫生等公共服务设施的无障碍服务功能。

第三十九条　视力残疾人携带有证明文件且采取保护措施

的导盲犬可以出入公共场所和乘坐公共交通工具，相关单位应当提供便利。

第四十条　城市应急避难场所应当完善无障碍服务功能，依法制定、实施无障碍应急避难预案，并对工作人员进行无障碍服务培训。

第五章　法律责任

第四十一条　城镇新建、改建、扩建道路、公共建筑、公共交通设施、居住建筑、居住区，不符合无障碍设施工程建设有关标准的，由城乡建设行政主管部门责令改正，依法给予处罚。

第四十二条　损坏、擅自占用无障碍设施或者改变无障碍设施用途的，由综合行政执法等有关主管部门责令改正，依法给予处罚。

第四十三条　无障碍设施的所有权人或者管理人对无障碍设施未进行保护或者及时维修，导致无法正常使用的，由有关主管部门责令限期维修；造成使用人人身、财产损害的，无障碍设施的所有权人或者管理人应当承担赔偿责任。

第四十四条　违反无障碍环境建设和管理相关规定，依照《浙江省公共信用信息管理条例》等有关规定应当列为不良信息的，依法记入有关单位、个人的信用档案。

第四十五条　有关行政管理部门工作人员滥用职权、玩忽职守、徇私舞弊的，依法给予处分。

第六章 附 则

第四十六条 本办法自 2021 年 10 月 1 日起施行。2004 年 3 月 17 日杭州市人民政府令第 201 号公布的《杭州市无障碍设施建设和管理办法》同时废止。

图书在版编目（CIP）数据

无障碍环境建设法查学用指引／王学堂编著．—北京：中国法制出版社，2023.9
ISBN 978-7-5216-3843-1

Ⅰ.①无… Ⅱ.①王… Ⅲ.①无障碍环境建设法-法律解释-中国 Ⅳ.①D922.75

中国国家版本馆 CIP 数据核字（2023）第 161924 号

责任编辑：陈　兴　　　　　　　　　　　　　　封面设计：杨泽江

无障碍环境建设法查学用指引
WUZHANG'AI HUANJING JIANSHEFA CHAXUEYONG ZHIYIN

编著／王学堂
经销／新华书店
印刷／三河市紫恒印装有限公司
开本／880 毫米×1230 毫米　32 开　　　印张／13.75　字数／233 千
版次／2023 年 9 月第 1 版　　　　　　　 2023 年 9 月第 1 次印刷

中国法制出版社出版
书号 ISBN 978-7-5216-3843-1　　　　　　　　　　　　定价：49.00 元

北京市西城区西便门西里甲 16 号西便门办公区
邮政编码：100053　　　　　　　　　　传真：010-63141600
网址：http://www.zgfzs.com　　　　　编辑部电话：010-63141802
市场营销部电话：010-63141612　　　　印务部电话：010-63141606

（如有印装质量问题，请与本社印务部联系。）